AF533981

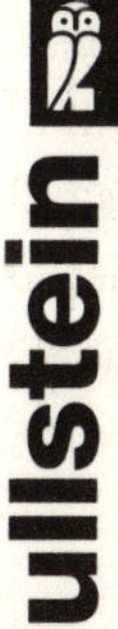
ullstein

FiL, eigentlich Philip Tägert, ist Urberliner, im Märkischen Viertel aufgewachsen und Ex-Punk. Bereits mit zehn Jahren gewann FiL den Schreibwettbewerb der *Berliner Morgenpost*, mit vierzehn veröffentlichte er seine ersten Comics im Berliner Stadtmagazin *zitty*, das seitdem in zweiwöchigem Rhythmus die Abenteuer seiner Helden Didi & Stulle präsentiert. Nach einer abgebrochenen Ausbildung zum Kunstmaler konzentrierte er sich hauptsächlich auf seine Arbeit als Zeichner, ist seit 1992 allerdings mindestens genauso erfolgreich als Bühnen-Entertainer und Sänger tätig. Auch die Bühnenkarriere hatte sich schon früher abgezeichnet, als er – ebenfalls bereits mit vierzehn – als Gitarrist der Punkband Kollektiv Antiserum fungierte. Ständiger Begleiter seiner Bühnenshows ist der Handpuppenhai Sharkey. Dem erfolgreichen One-Pager bei *zitty* folgte ein umfangreiches Oeuvre weiterer Comic-Werke wie der Reihe *Always Ultra* und den kleinformatigen Geschichten *Teufel und Pistolen*, der Kultheftreihe von Berlin Comix. Im Verlag *Reprodukt* sowie im *zitty*-Verlag sind bislang zehn vierfarbige Sammelbände von »Didi & Stulle« erschienen. Seit 2009 gibt es eine DVD von FiL: »Die FiL & Sharkey Show«, einen Mitschnitt der gleichnamigen Show aus dem Kölner Wohnzimmertheater. Im Oktober 2014 erschien sein erster autobiografischer Roman *Pullern im Stehen* und 2016 sein zweiter Roman *Mitarbeiter des Monats*. 2020 erschien der Reise- und Tourbericht *Worte über Orte*. Seine aktuelle Bühnenshow heißt »Wege zum Glück und wieder zurück«.

FiL

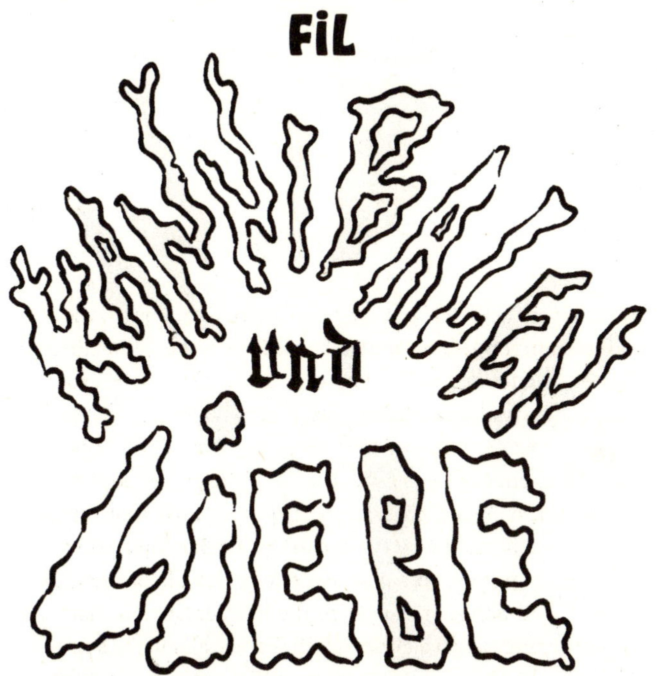

Ultra-fetzige Horror-Stories

Ullstein

»IS THAT THE MEAT
YOU WANTED TO EAT?«
motörhead

Besuchen Sie uns im Internet:
www.ullstein.de

Wir verpflichten uns zu Nachhaltigkeit

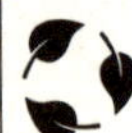

- Papiere aus nachhaltiger Waldwirtschaft und anderen kontrollierten Quellen
- Druckfarben auf pflanzlicher Basis
- ullstein.de/nachhaltigkeit

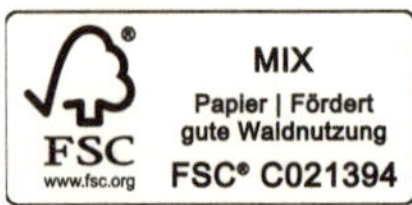

Originalausgabe im Ullstein Taschenbuch
1. Auflage Oktober 2024

Umschlaggestaltung: Thomas Gilke, Buckow
Titelabbildung: © Fil
Satz: Arnold & Domnick, Leipzig
Gesetzt aus der Dolly Pro
Druck und Bindearbeiten: ScandBook, Litauen
ISBN 978-3-548-06876-3

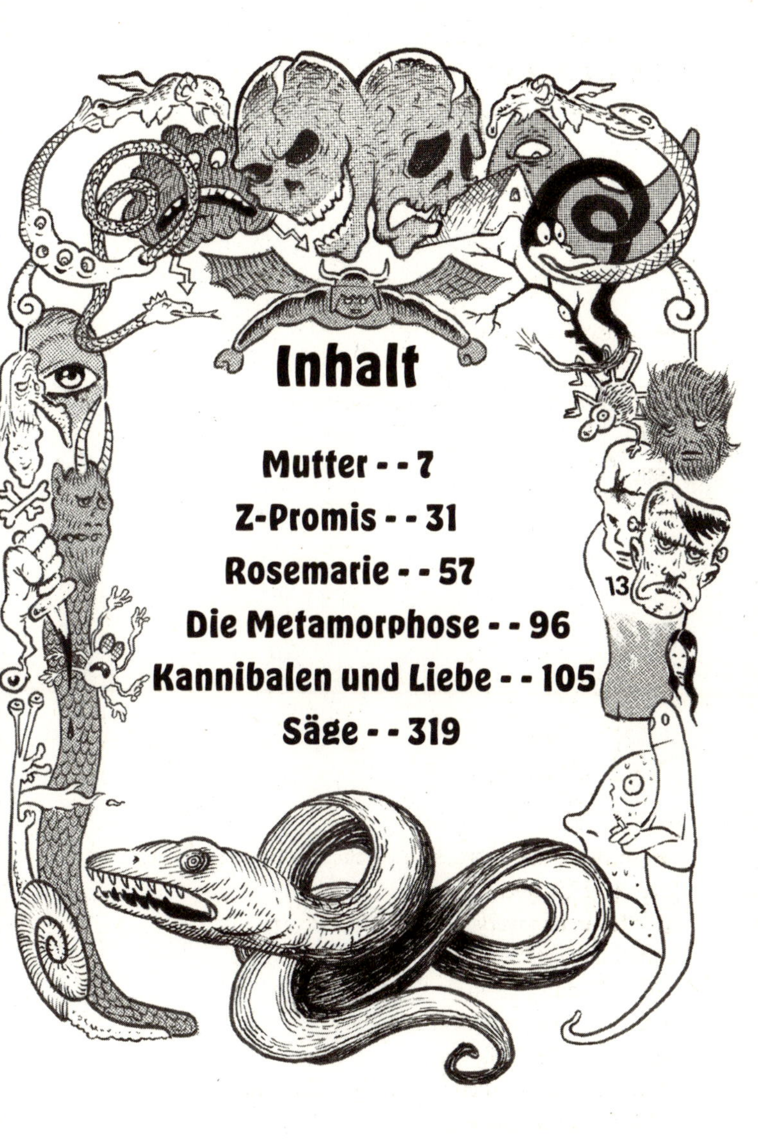

Inhalt

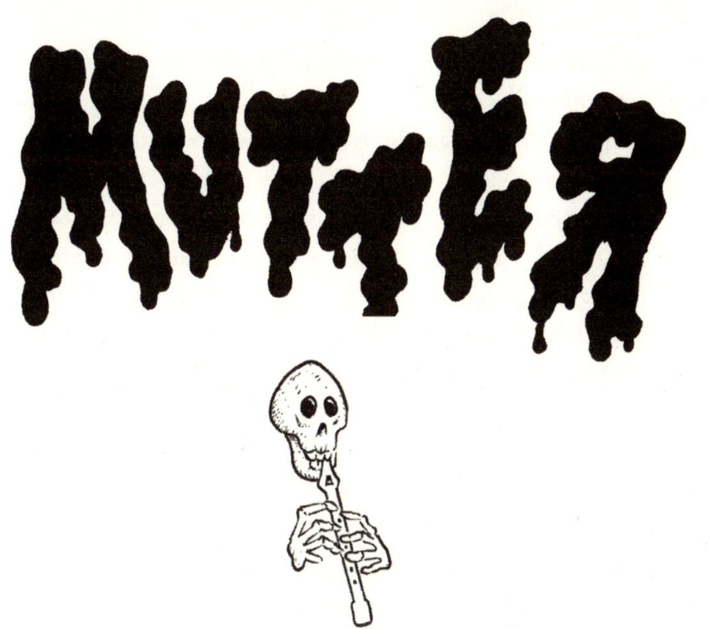

»Hast du das Teewasser aufgesetzt?«, fragt Mutter.

»Haha, sehr witzig«, antworte ich, die Augen verdrehend. Aber dann muss ich doch lachen.

»Was denn?«, fragt Mutter daraufhin mit schönster Unschuldsmiene und stemmt die Hände in die Hüften. »Wolltest du dir keinen Tee machen? Du weißt, ICH trinke Kaffee.«

»Ja, das weiß ich, Mutter. Genauso, wie ich weiß, dass DU dieses Wasser aufgesetzt hast. Wenn du mich ins Bockshorn jagen willst, musst du früher aufstehen.«

»Ich habe nicht die geringste Ahnung, wovon du sprichst. So langsam wird mir das unheimlich. Also, du möchtest keinen Tee.«

Sie dreht die Gasflamme runter, schüttelt den Kopf, holt

die Pralinenschachtel aus dem Hängeschrank und offeriert mir eine.

Ich nehme Nougat, Mutter natürlich Krokant.

»Da fehlen auch welche«, sagt sie genüsslich kauend.

Mutter! An der ist eine Staatsschauspielerin verloren gegangen. Vier Tage hausen wir nun schon zu zweit in dieser abgelegenen Skihütte, und seit vier Tagen unterhält sie mich unermüdlich mit ihrem albernen Quatsch. Sie setzt Wasser auf, öffnet Schranktüren, vertauscht Sofakissen, versteckt Schuhe, Zahnpasta, Hosen, meine Brille – um dann stets zu beteuern, sie wäre es nicht gewesen.

Wenn das jemand anders mit mir abziehen würde, würde es mich vermutlich wahnsinnig nerven, vor allem, weil das alles so glasklar durchschaubar und todesalbern ist. Aber es macht einfach solche Freude, Mutter beim Komödiespielen zu beobachten. Wie sie die Stirn runzelt, die Lippen schürzt, mit dem Fuß aufstampft und dann so wunderschön verdächtig unverdächtig flötet: »Waaas? Iiiiich doch nicht!«

Es ist so süß. Wie sie diese ganze alberne Gruselkomödie stoisch einfach immer weiter durchzieht, das ist typisch Mutter. Wenn die sich einmal etwas ins Köpfchen gesetzt hat, dann ist dagegen kein Kraut gewachsen.

Und natürlich rührt es mich auch, denn ich weiß ja, warum sie das alles macht. Für mich. Manchmal denke ich, alles, was Mutter macht, macht sie für mich. Aber ich glaube, nie konnte ich ihre Hilfe so gut gebrauchen wie jetzt. Auf andere Gedanken will sie mich bringen.

Mich aus dem Loch rausholen.

Das Loch. Dorthinein war ich gefallen, nachdem Ellie aus heiterem Himmel verkündet hatte, dass es aus ist zwischen ihr und mir. Einfach so. Aus. Nachdem wir nun zwei Jahre verlobt waren und nächste Woche sogar zusammenziehen wollten, lässt sie die Bombe platzen: »Ich liebe dich nicht mehr.« Ohne Begründung, ohne ein weiteres Wort, zack, bumm. Ich war am Boden zerstört. So hatte mich Mutter vorgefunden, als sie vom Einkaufen kam.

»Wir brauchen einen Tapetenwechsel«, hatte sie gesagt und sofort diese Hütte hier in den Schweizer Alpen gemietet.

»Aber die Arbeit«, hatte ich eingewandt. »Ich kann da doch nicht einfach weg.«

»Papperlapapp, schnippschnapp«, hatte sie geantwortet. »Schau dich mal an, wie du hier im Sessel hängst! Du bist doch gar nicht in der Lage zu arbeiten, dafür hat Madamchen gesorgt. Nein, ich werde nichts gegen sie sagen, ich bin ja froh, dass es endlich vorbei ist. Du weißt, was ich von dem ganzen Kokolores hielt. Aber eine Auszeit brauchst du, da gibt es gar keine Diskussion. Soll ich mit deinem Chef sprechen, oder willst du das machen?«

»Ich mach's selbst«, hatte ich gemurmelt. Mutter hatte ja recht gehabt. Auf der Arbeit anzurufen, hatte ich mich dennoch nicht getraut, sondern stattdessen eine E-Mail geschrieben, und noch am selben Abend waren wir aufgebrochen. Mutter am Steuer. Das schien uns beiden sicherer, ich neige in emotionalen Ausnahmesituationen dazu, etwas – sagen wir mal – zögerlich zu fahren. Kaum zu glauben, dass das erst fünf Tage her ist.

Schon auch witzig, dass wir nun ausgerechnet in einer

Skihütte gelandet sind – weder Mutter noch ich fahren ja Ski.

Wir waren nie im Skiurlaub gewesen wie andere Leute. »Ich kann dir auch so den Fuß brechen, dann sparen wir das Geld für die Reise«, hatte Mutter immer gesagt, wenn ich etwas in der Richtung vorgeschlagen hatte, und so war es dann doch immer wieder Mallorca geworden. Bereue ich nicht. Tatsächlich habe ich mir in meinem ganzen 43-jährigen Leben noch nie etwas gebrochen, und wenn das nicht Mutters Verdienst ist, fress ich 'nen Besen.

Die Hütte ist geräumig und auf eine rustikale Art fast luxuriös – hat Mutter mal wieder blendend ausgesucht, die Frau ist der Mozart des Online-Bookings. Man könnte hier jetzt sowieso nicht Ski fahren wegen des Sturms. Er fing gerade an, als wir am Mittwoch eintrafen, und seither wird er mit jedem Tag wüster. Im Radio nennen sie ihn bereits den Jahrtausendsturm, da möchte man wirklich nicht vor die Tür.

Zum Glück hatten wir uns am ersten Tag schon im örtlichen Supermarkt mit Proviant für zwei Wochen eingedeckt. Und so sitzen wir nun seit vier Tagen urgemütlich im Warmen, während draußen die Hölle losbricht, spielen Scrabble, essen Pralinen und schauen fern. Das perfekte Leben.

Zum Glück funktioniert der Fernseher, Internet haben wir nämlich nicht. Darüber kam es dann doch fast zum Streit, als Mutter vor der Abreise meinte: »Nichts da, schnipp, schnapp, Tablet und Smartphone bleiben zu Hause. Nicht, dass du nächtelang Madamchen hinterhergoogelst wie ein kranker Kater. Das hätte sie gern, oh ja, das würde ihr gefallen, dieser Person, aber das lasse ich nicht zu, da kannst du dich auf den Kopf stellen.«

Ich hatte nachgegeben. Jetzt vermisse ich meine geliebte Börsen-App, aber in Bezug auf Ellie hatte Mutter hundertprozentig recht. Es tut gut, keine Stalking-Möglichkeit zu haben. Ich werde schnell schwach. Mutter weiß das.

Tatsächlich denke ich viel weniger an Ellie, als ich befürchtet hatte. Es ist einfach zu nett hier mit Mutter, und ihre albernen Pranks halten mich zusätzlich auf Trab.

Aber täusch dich da mal nicht, damit kommst du auf Dauer nicht durch, Mutter.

Einmal werde ich dich auf frischer Tat erwischen, zieh dich warm an.

»Was glaubst du, wie lange der Sturm noch anhält?«, frage ich Mutter drei Tage später beim Frühstück. Es gibt ihre legendären Speckpfannkuchen. Ich kann mich nicht zurückhalten und nehme einen dritten. Dazu hat Mutter echten Kaba-Kakao gemacht, mit einem großen Tupfer Sprühsahne. Wenn der Urlaub vorbei ist, passe ich nicht mehr durch die Tür.

»Woher soll ich das wissen?«, sagt sie gut gelaunt. »Irgendwann wird er schon abflauen. Sag mal, hast du mein Strickzeug gesehen?«

Dein Strickzeug ist fein säuberlich im Badezimmerschrank verstaut, Mutter. Das hat der Geist heute Nacht gemacht. Was du kannst, kann ich nämlich schon lange.

»Nein«, sage ich. »Meinst du, Hugo hat es stibitzt?«

Da! Lachfältchenattacke an Mutters Mund. Aber sie behält die Fassung. Oh, diese Komödiantin!

»Hugo ist ganz schön umtriebig in letzter Zeit«, sagt sie. Wir sind dazu übergegangen, den Geist Hugo zu nennen. Einen lieben Namen wollten wir ihm geben, er ist ja ein freundlicher Geist und versteckt die Dinge immer so, dass sie ganz leicht zu finden sind. Jetzt kippt sie noch eine Kelle Pfannkuchenteig in die spritzende Pfanne.

»Oh nein, ich bin total voll«, jammere ich.

»Papperlapapp, Schnickschnack«, entgegnet sie. »Hat dir das dein Madamchen in den Kopf gesetzt? Dass du ›auf deine Linie achten‹ sollst? Ein Spornosexueller solltest du werden, oder wie war das? Quitschquatsch. Du bist prima, wie du bist, und wenn's dir schmeckt, dann schmeckt's dir, basta.«

Volltreffer. Mutter natürlich wieder. Tatsächlich hatte Ellie ständig an meinem Gewicht rumgenörgelt. Gut, bei 1 Meter 65 sind 99 Kilo kein Pappenstiel. Allerdings bin ich auch nicht mehr der Jüngste, und ab dreißig setzt es bei Männern an, da kann man nichts machen. Ellie durfte ich mit solchen wissenschaftlichen Fakten allerdings nicht kommen, da ging es immer nur Salat hier, weniger Speckpfannkuchen da.

Ich gebe nach, halte Mutter meinen Teller hin und mache die freudige Entdeckung, dass es mir fast gar nichts mehr ausmacht, an Ellie zu denken. Es schmerzt nicht, es ist da nur noch so eine leichte Übelkeit.

Ellie war die erste Frau in meinem Leben (nach Mutter natürlich), sie hatte allerdings schon mit mehreren was gehabt. Nun gut, sie war auch zwölf Jahre älter als ich. Während der zwei Jahre, die wir zusammen gewesen waren, war ich ständig verunsichert gewesen, ob ich ihren

Erwartungen auch entsprach. War ich »männlich« genug? Sollte ich ihr die Tür aufhalten, das Essen bezahlen, sollte ich meine Eifersucht zeigen oder verbergen? Mit Mutter hatte ich über Ellie nie reden können, das artete immer sofort in Streit aus. Und das, wo Mutter und ich sonst praktisch nie stritten. Wenn ich bei Ellie übernachtet hatte, hatte ich oft wach gelegen und diese fremde Frau neben mir beobachtet, mit der ich nun mein Leben teilen sollte. Es kam mir falsch vor. Vor allem: Was würde aus Mutter werden, wenn ich zu Hause auszog? Ich war doch alles, was sie hatte. Aber ich konnte auch nicht von Ellie lassen. Ich hatte sie geliebt. Oder zumindest hatte ich mir das eingebildet.

»Beine breit – Hochzeitskleid«, hatte Mutter einmal gesagt. Damals hatte ich nicht verstanden, was sie damit meinte, fand es sogar unpassend und vulgär, aber jetzt bekomme ich langsam eine Ahnung. Hatte mich Ellie eingewickelt mit ihren Waffen einer Frau? Mein Gott, die Trennung ist erst eine Woche her, aber es kommt mir vor, als wären Jahre vergangen seitdem.

Niemals hätte ich vermutet, dass Liebeskummer so leicht zu ertragen ist. Sogar, dass Mutter Ellie »Madamchen« nennt, stört mich nicht mehr, dabei sind wir uns früher wegen dieses Ausdrucks regelrecht an die Gurgel gegangen. Warum bloß? Ist doch witzig: »Madamchen«. Und es passt auch. Ellie ist wirklich ein »Madamchen«. Hihi.

Tag 9. Hugo hat wieder zugeschlagen! Heute Morgen, als ich zum Zähneputzen ins Bad ging, war der Spiegel mit

Lippenstift beschmiert. In ungelenken Buchstaben stand dort: »Ich weiß, was du getan hast.«

Huuu, ich zittere, Mutter! Aber du hast dich schon wieder verraten. Denn erstens: Wer hier im Hause benutzt denn Lippenstift? Hallo? Und jetzt kommt's: Ich erkenne die Farbe wieder. Das ist dieses ins Ketchupige spielende Rot, das du dir letzten Monat versuchsweise gekauft hattest und mit dem du so unglücklich warst. Oh ja, natürlich achte ich auf so was. Ein paar Tage hast du's probiert, dann bist du wieder beim guten alten Karmesin gelandet. Aber du kannst ja nichts wegwerfen, Mutter. Und natürlich nimmst du für deinen Streich nicht den guten Lippenstift, sondern den Fehlkauf. Selbst das Tatort-Team Weimar würde dir jetzt langsam auf die Schliche kommen.

Aber ich spiele weiter mit, es ist einfach zu amüsant. Dein Gebiss macht jetzt mal einen kurzen Ausflug in den Kühlschrank, mit schönen Grüßen von Hugo.

Ach, wir haben es hier wirklich gut. Man merkt, dass man sich erholt, wenn man sich gehen lassen kann. Gestern haben Mutter und ich vorm Fernseher eine ganze Flasche Baileys geleert, und sie wurde so herrlich albern, wie ich sie, glaube ich, noch nie erlebt habe.

Das Einzige, was stört, ist der Geruch. Jetzt ist er auch schon wieder präsent, stärker als gestern sogar, kommt's mir vor. Mutter sagt, das muss ein Waschbär oder ein anderes Tier sein, das irgendwie in die Zwischenwände oder auf den Dachboden gelangt ist und dort starb. Und nun verwest. Ein schauriger Gedanke. Eher halbherzig haben wir schon nach diesem Tier gesucht, in der Hoffnung, es nicht zu finden, denn was sollten wir dann tun? Anfassen würde es wohl keiner von uns. Tja, hätte ich mein Smartphone dabei, hätten wir einen Kammerjäger rufen können, bloß ob der bei dem Sturm überhaupt gekommen wäre? Mutter und ich haben uns erst mal mit Kölnischwasser beholfen, von dem sie – ich konnte es kaum fassen – mindestens einen Zehnjahresvorrat mitgeschleppt hat. Wirklich! Literweise Kölnischwasser hat sie gekauft, als hätte sie geahnt, dass wir es so gut brauchen würden. Muss ein Supersonderangebot gewesen sein.

»Hugo weiß, was ich getan habe«, sage ich beim Frühstück.

»Wirklich?«, fragt Mutter. »Und mein Gebiss hat er wohl auch versteckt?«

Ich lache, zwinkere und blicke hüstelnd Richtung Kühlschrank. Mutter versteht und holt das gute Stück aus dem Eierfach.

»Erfrischend«, sagt sie, nachdem sie es eingesetzt hat, und zwinkert mir zu.

An Ellie habe ich heute den ganzen Tag nicht gedacht. Schätze, ich bin vollkommen über sie hinweg. Aber das sage ich Mutter nicht. Am Ende beschließt sie dann, wieder heimzufahren, und ich will diesen Urlaub so lange ausdehnen wie möglich.

Ich kann nicht schlafen. Nicht, weil Mutter schnarcht, bei Gott nicht, daran bin ich gewöhnt. Wahrscheinlich würde ich eher OHNE Mutters Schnarchen nicht einschlafen können. Nein, es ist tatsächlich der Gestank. Er ist noch stärker geworden, als wäre das, was ihn absondert, näher gekommen. Nach einer Stunde des Herumwälzens stehe ich auf, um mir ein Schlummerbrot zu machen. Doch gerade, als ich das Licht in der Küche anknipsen will, erstarre ich. Der Gestank ist hier noch einmal doppelt so stark – das tote Tier muss in der Küche sein. Und das wiederum heißt, dass es gar kein totes Tier ist, denn die bewegen sich ja nun einmal nicht von selbst. Hat sich ein Obdachloser in unsere Hütte geschlichen? Hat er vor dem Sturm Unterschlupf gesucht und versteckt sich nun hier? Auf dem Dachboden! Da hatte Mutter zwar nachgesehen, aber ihre Augen sind ja nicht mehr die besten, und Frau Eitelchen sieht gar nicht ein, dass sie eine Brille braucht. Lebt jemand schon seit Tagen auf dem Dachboden und kommt nachts in die Küche, um Essen zu stehlen? Mit pochendem Herzen starre ich ins Dunkel der Küche, die Hand immer noch am Lichtschalter. Ich kann die Präsenz eines anderen Wesens spüren. Zu hören ist nichts. Ist er genauso erstarrt wie ich? Sicher hat er ein Küchenmesser in der Hand. Wenn ich hier stehen bleibe, werden sich meine Augen an das Dunkel gewöhnen, und ich werde seine Umrisse erkennen. Das könnte ich nicht ertragen! Halb wahnsinnig vor Angst tue ich das einzig Vernünftige. Ich drehe mich auf dem Absatz um, renne hoch ins Schlafzimmer und wecke Mutter.

»Da ist jemand in der Küche!«, wispere ich panisch.

»Papperlapapp, schnippschnapp«, sagt Mutter.

»Doch, wirklich, glaub mir, da ist einer, ein Obdachloser oder so was. Daher kommt auch der Gestank, es ist kein totes Tier, es ist ein Mensch!«

Mutter sieht mich kurz verständnislos an. Dann kriecht

der Schalk in ihre Augen, und sie setzt sich schmunzelnd auf.

»Ein Mensch?«, fragt sie. »Aber vielleicht kein lebender Mensch, hm? Vielleicht ist es …« Unvermittelt packt sie mich an der Schulter und lässt ihren Kopf vorschnellen, sodass unsere Nasen aneinanderstoßen. Dazu ruft sie mit schauriger Stimme: »HUGO!«

Ich schreie auf. Dann schreie ich noch einmal. Ich kann mich nicht mehr beruhigen.

»Mutter!«, rufe ich danach wütend. Sie lacht schallend.

»Komm mal mit, Herr von und zu Hasenfuß«, sagt sie, hüpft aus dem Bett und schickt sich an, die Treppen hinabzusteigen.

»Nein, Mutter, geh nicht da runter!«, zische ich so leise und so eindringlich, wie ich kann.

Aber Mutter lässt sich ja niemals von etwas abbringen. Sie geht runter. Zähneklappernd und von Angstschweiß durchnässt, bleibe ich oben.

Sie schaltet das Licht in der Küche ein. Der Schein dringt nach oben.

»Ah, Herr Hugo, schön, Sie endlich einmal persönlich kennenzulernen«, höre ich sie sagen. »Ist das Ihr Kopf, den Sie in der Hand halten? Warum nicht, ist sicher ganz bequem, da kann der Hals sich mal entspannen. Oh, und was haben Sie denn da in der anderen Hand. Eine Axt? Hilfe! Argggurgel, koller koller koller.«

»Haha, sehr witzig, Mutter!«, rufe ich, die Treppe hinuntertrottend. In der Küche steht Mutter – wenn man mir diesen Scherz verzeihen will – sozusagen »mutterseelenallein«. Keine Spur eines Eindringlings. Der Gestank ist zwar noch da, scheint aber jetzt nicht stärker als oben im Schlafzimmer zu sein.

Mutter lacht. Dann aber nimmt sie mich kurz in den Arm und sagt: »Ich bin sicher, du hast nur schlecht geträumt. Oder vielleicht ein bisschen zu viel ›Hugo‹ gespielt, hm?« Hier zwinkert sie mir zu. Dann öffnet sie den Kühlschrank, holt Eier und Butter raus und sagt: »Ich denke, wir haben uns beide ein paar Mitternachtsspeckpfannkuchen verdient auf den Schreck.«

Irgendetwas stimmt nicht. Zunächst einmal der Sturm. Tobt seit zwölf Tagen. Seit unserer Ankunft. Wann macht ein Sturm so etwas? Wenn ich aus dem Fenster sehe, ist dort alles weiß. Wenn ich mein Ohr ans Fenster presse, höre ich es draußen stürmen, aber sonst hört man nichts hier in der Hütte. Ist dort draußen überhaupt Sturm? Manchmal hätte ich gute Lust, rauszugehen und es zu überprüfen, aber Mutter ist dagegen. »Zu gefährlich«, sagt sie, »da weht's dich gleich in eine Gletscherspalte, wir müssen einfach abwarten.«

Zweitens: Hugo. Mich beschleicht wirklich langsam das Gefühl, Mutter denkt, Hugo wäre ich. Ich meine, ich bin es ja auch zur Hälfte. Aber ich denke wirklich langsam, sie glaubt, es wäre NUR ich. Natürlich, Mutter ist eine Extraklassemimin, habe ich ja schon erwähnt, aber wer hält so was zwölf Tage durch? Sie täuscht es unglaublich echt vor, und wenn – also wenn Mutter nicht die andere Hälfte Hugos ist, wer ist es dann? Wer schreibt sonst morgens die Nachrichten an den Badezimmerspiegel? »Ich weiß, was du getan hast.« »Du hast Blut an deinen Händen.« »In der

Hölle warte ich auf dich.« Es ist langsam wirklich nicht mehr witzig. Ein paarmal habe ich Mutter schon gebeten, damit aufzuhören, habe sogar meine Karten auf den Tisch gelegt und zugegeben, dass einige Hugo-Streiche auf mein Konto gingen. Selbst da lachte sie nur kopfschüttelnd, als würde sie das für einen besonders ausgefuchsten Trick von mir halten.

Aber hier kann doch niemand sein außer Mutter und mir, wir hätten das doch mitkriegen müssen – ein Geräusch, irgendwas. Gerade wenn er auf dem Dachboden haust – eigentlich ja der einzige Ort, wo er sein könnte –, gerade dann müsste man ihn doch hören. Der Boden müsste knarren.

Manchmal, wenn Mutter in der Küche hantiert, schleiche ich mich zur Dachluke und lausche – nichts. Der Gestank ist furchtbar – der originale Gestank und die Kölnischwasserschwaden, die wir hier versprühen. Warum hatte Mutter überhaupt so viel Kölnischwasser dabei?

Und dann ist da noch etwas – ich weiß, dass wir einen Grund hatten, auf diese Skihütte zu fahren, aber ich kann mich an den nicht mehr erinnern. Es ist kein normaler Urlaub, ich habe ja sogar meinen Chef angelogen, um freizukriegen. Warum?

»Madamchen«, denke ich manchmal, dieses Wort scheint irgendetwas zu bedeuten. Aus Mutter ist auch nichts herauszukriegen. Sie lächelt nur immer vielsagend, wenn ich sie nach dem Grund unseres Aufenthalts frage, und sagt dann Sachen wie »Warum schwarum pippeldipopp«. Dann muss ich natürlich lachen und vergesse bei Pralinen und Honigtee, was ich eigentlich gefragt hatte.

Also, es ist ein schöner Urlaub, den Mutter da organisiert hat für uns, ich bin ihr dankbar, aber irgendetwas stimmt nicht. Irgendwas ist faul im Staate Dänemark. Ich schlafe schlecht.

Tag 16. Es kommt vom Dachboden. Der Gestank. Der Gestank kommt vom Dachboden, das ist nicht mehr zu leugnen. Das tote Tier, oder was auch immer es ist, muss dort oben sein.

Ich habe Angst davor, aber ich muss es jetzt endlich sehen. Mutter schläft noch, ich schleiche mich aus dem Schlafzimmer und verfange mich im Dunkeln mit dem Ärmel in der Türklinke. Zum Glück reißt der Stoff nicht, da könnte ich mir was anhören von Mutter, wenn ich ihr gutes Nachthemd zerrissen hätte. Seit drei Tagen trage ich nun schon Mutters Klamotten, seit Hugo meine gesamte Garderobe verschwinden ließ. All meine Hemden, Hosen, Unterhosen, mein Mantel, meine Schuhe – alles ist weg und bisher auch noch nicht wieder aufgetaucht.

»Du gehst zu weit, Mutter«, habe ich gerufen. Sie hat die Unschuldige gespielt. Und inzwischen glaube ich ihr auch fast. Ich kann mir kaum noch vorstellen, dass sie Hugo ist. Ich spiele seit Tagen keine Streiche mehr, und trotzdem passiert mehr als zuvor. Ständig steht irgendwas an einem ungewohnten Ort, mehrmals am Tag finden wir Inschriften auf Schranktüren und Spiegeln, immer mit Lippenstift geschrieben, immer auf irgendein dunkles Geheimnis hinweisend.

Mutters ketchupfarbener Lippenstift ist weg, sagt sie – ich glaube ihr. Aber es macht keinen Sinn. Wenn jemand mit uns beiden hier wäre, dann müssten wir ihn hören, und Geister gibt es nicht. Geister gibt es nicht, das weiß ich. Merkwürdig auch, dass Mutter gar nicht beunruhigt ist. Im Gegenteil, sie lässt es sich hier gut gehen. Sie läuft die meiste Zeit im Nachthemd herum. Und der Sturm hört nicht auf.

So viele Rätsel. Eins werde ich jetzt aber lösen: das des Dachbodens. Ich habe eine Taschenlampe und ein langes Küchenmesser, und derart bewaffnet, fummle ich vorsichtig, um Mutter nicht zu wecken, die Dachbodentreppe aus ihrer Verankerung und klappe sie herunter.

Meine Nackenhaare richten sich auf, während ich hochsteige. Stufe um Stufe. Messer und Taschenlampe in der rechten Hand, damit ich mich mit der linken am Geländer festhalten kann. Jetzt bin ich an der Decke angelangt, ich löse die Verriegelung der Luke und drücke sie langsam auf. Sie quietscht. Ich drücke langsamer. Wegen Mutter.

Dann ist die Luke offen, und wenn ich noch einen Beweis gebraucht hätte, dass der Gestank von hier kommt – jetzt hätte ich ihn. Ich kriege kaum Luft, so grauenhaft süßlich-faulig dünstet es aus der Öffnung. Es ist stockdunkel da oben. Klar. Deshalb habe ich die Taschenlampe.

Am liebsten würde ich sofort wieder hinabsteigen. Ich bin kein Held. Nein, ich bin kein Held, ich bin ein 43-jähriger Mann, der noch bei seiner Mutter lebt, der nie eine Frau hatte, der immer allem aus dem Weg ging bzw. es sich von seiner Mutter aus dem Weg räumen ließ.

Darum sind wir hier! Blitzt es mir auf einmal durchs Hirn, darum sind wir hier, weil Mutter mir etwas aus dem Weg geräumt hat! Mutter hat etwas für mich getan, etwas

Großartiges, etwas so Liebevolles und Aufopferndes, dass mir für einen Moment Tränen in die Augen schießen, obwohl ich keine Ahnung habe, was es war. Die Empfindung von unendlicher Dankbarkeit ist so stark, dass sie sogar für einen Moment die Angst überlagert. Dann kommt die allerdings zurück. Dort oben auf dem Dachboden ist etwas. Etwas ist da oben, etwas, das gotterbärmlich stinkt und vielleicht auch Dinge unten verrückt oder stiehlt. Hugo. Hugo, der Geist.

Ich nehme die Taschenlampe in die linke Hand, steige mit puddingweichen Beinen eine Stufe höher und stecke den Kopf durch die Luke.

Es ist stockdunkel. Ich traue mich nicht, die Taschenlampe anzuknipsen. Es gibt keine Geister, sage ich mir, und was auch immer dort oben ist, ist tot und kann dir nichts tun. Jetzt schau nach. Aber ich kann nicht. Und dann höre ich es.

Ein Schubbern, ein Geräusch wie ein Handtuch, das beim Abtrocknen über einen Teller wischt. Es ist ein ganz leises Geräusch, aber es ist da. Und es kommt von überall her. Überall um mich herum schubbert es. Jetzt kommt noch ein feines Knacken dazu, ein Knistern – was ist das? Ich will nicht wissen, was hier oben ist, aber vielleicht werden sich meine Augen gleich an das Dunkel gewöhnen, und dann muss ich es sehen. Ich senke den Blick, starre zu Boden – und der Boden bewegt sich! Der Boden hier hebt und senkt sich, der Boden macht dieses Geräusch! Ohne zu wissen, was ich tue, schalte ich die Taschenlampe ein und sehe – Würmer. Maden. Asseln. Hunderte, vielleicht Tausende Insekten krabbeln herum, der Boden ist übersät von

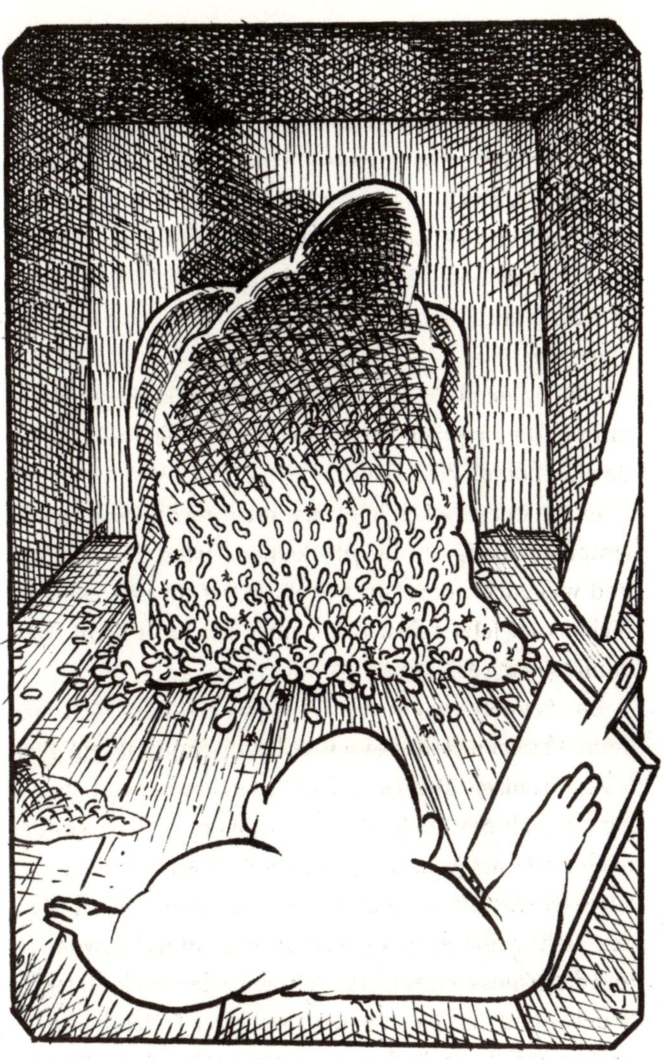

ihnen. Einige klettern schon meinen Arm hoch. Angeekelt schüttele ich sie ab, schaue dabei hoch und sehe – einen Sessel. An der hinteren Wand des Dachbodens steht ein Sessel vor dem Fenster. Und jemand sitzt darin! Ich sehe seinen Hinterkopf.

Ich schreie laut auf, ducke mich und knalle die Luke zu. Das Vorhängeschloss flutscht mir mehrmals aus meinen zitternden Fingern, aber schließlich kriege ich es doch zu. Dann klettere ich, so schnell ich kann, die Treppe hinunter, reiße mir das Nachthemd vom Leib und untersuche meine Arme. Keine Maden. Habe ich mir das alles eingebildet? Aber da! Da kriechen Maden aus dem Nachthemd heraus! Ich trete nach ihnen, reiße ein sentimentales Ölgemälde mit Bergmassiv von der Wand und schlage damit kreischend wieder und wieder auf die Biester ein, bis ich sicher bin, dass sie alle tot sind.

Oh nein, Mutters Nachthemd!

Mit spitzen Fingern hebe ich es auf, trage es zur Waschmaschine, schlinge mir ein Handtuch um die Hüften und gehe ins Schlafzimmer.

»Mutter?«, flüstere ich.

Keine Antwort.

»Mutter?«, sage ich laut. Ich muss sie wecken, ich muss ihr von dem Ding auf dem Dachboden erzählen, sie wird wissen, was zu tun ist.

»Mutter!«

Ich schalte das Licht ein. Mutters Bett ist leer. Nicht nur leer. Es ist frisch gemacht. Wie lange war ich denn weg? Doch nur fünf Minuten, oder? Wieso macht Mutter mitten in der Nacht ihr Bett? Und wo ist sie? Panik befällt mich.

Ich schalte alle Lampen in der Hütte ein und rufe laut nach ihr. Aber sie bleibt verschwunden. Auf dem Dachboden kann sie nicht sein, da war ich gerade. Ist sie rausgegangen? Nachts bei dem Sturm? Nein. Ihre Kleider sind auch alle noch da. Und ihre Schuhe. Ohne Schuhe nachts bei Sturm grundlos raus – nein. Sie muss hier noch irgendwo sein. Ich suche. Ist ihr etwas zugestoßen? Hat sie einen Herzinfarkt bekommen und liegt jetzt hinterm Sofa? Und hat vorher noch ihr Bett gemacht? Das ergibt doch alles keinen Sinn. Wie ein kopfloses Huhn renne ich von Raum zu Raum. Ich öffne die Schubladen, als könnte sie zerhackt darin liegen.

So. Schluss. »Reiß dich zusammen«, sage ich laut. »Denk an Mutter. Sie ist vielleicht in Gefahr.«

Ich gehe in die Diele, nehme das Telefon und wähle die Nummer der Polizei.

»Dienststelle Nordost«, sagt eine Männerstimme am anderen Ende der Leitung, und mir wird klar, dass das die erste fremde Stimme ist, die ich seit ... Wie lange? Seit Ewigkeiten höre. Für einen Moment kann ich nichts sagen.

»Hallo?«, sagt die Stimme. »Möchten Sie etwas melden?«

»Ja, ich ... meine Mutter ist verschwunden.«

»Ihre Mutter?«

»Ja. Seit ... seit einer Viertelstunde ungefähr. Ich weiß, das ... ich weiß schon, das scheint nicht lange ...« Ich verspüre den starken Impuls, den Hörer wieder aufzulegen. Das ist ein Scherz! Mutter hat sich hier irgendwo versteckt – oder?

»Wo befinden Sie sich?«

SAG IHM NICHT DIE ADRESSE! Sag ihm nicht, wo du bist, das Ding auf dem Dachboden, das ist ein böses Ding, das darf er nicht sehen! Aber dann muss ich an Mutter denken. Das Wichtigste ist, dass wir sie wiederfinden. Und ich gebe ihm die Adresse. Zum Glück steht sie auf einem laminierten Zettel, der neben dem Telefon liegt.

Okay. Sie schicken einen Wagen. Sie werden Mutter finden. Es ist nicht zu spät, gib die Hoffnung nicht auf. Ich muss mich aber anziehen, bevor sie kommen, und es sollte etwas Maskulines sein, ein Hosenanzug, kein Kleid, und flache Schuhe.

Da sehe ich es.

Am Badezimmerspiegel ist eine neue Inschrift. Ich bin sicher, dass die gerade noch nicht da war, ich war doch im Bad, als ich das Nachthemd auf die Waschmaschine gelegt habe, und ich bin sicher, da stand da noch nichts.

»Sie ist nicht fort«, steht da. Eigentlich eine tröstliche Nachricht. Ich drehe mich um – an der Wand gegenüber steht: »Sie ist noch hier.«

»Aber wo?«, rufe ich, und meine Stimme klingt fremd. Viel höher als sonst und gleichzeitig rau. Alt klingt meine Stimme. Sehr alt.

Ich bin nackt, das Handtuch habe ich längst verloren, aber ich habe etwas in der Hand, das fällt mir jetzt erst auf. Etwas kleines Glattes. Irgendwie will ich nicht wissen, was es ist, ich mag da nicht hinschauen, dann hebe ich die Hand aber doch und sehe – den ketchuproten Lippenstift.

Habe ich den gedankenlos aufgehoben, lag er hier? Oder habe ICH diese Sätze geschrieben, bin ICH der Geist, war

ICH die ganze Zeit Hugo, der komplette Hugo, bin ich wahnsinnig geworden?

Es würde erschreckend viel Sinn machen. Und – Mutter? Wo ist sie? Habe ich ihr etwas angetan?

Ich lausche konzentriert, als könnte ich die Antwort hören.

Aber nichts. Die Hütte ist totenstill. Ich gehe noch mal ins Schlafzimmer. Mutters Bett, das fällt mir jetzt auf, ist nicht nur ordentlich gemacht, es ist sogar ausgesprochen professionell gemacht. So kriegt man das als Privatmensch eigentlich gar nicht hin. Es sieht aus, als hätte da noch nie jemand drin geschlafen. Eine kleine Gummibärchentüte liegt auf dem Kopfkissen.

Da schrillt die Türklingel, und ich schreie auf. Jemand klopft. Laut und fordernd. Solche Geräusche bin ich nicht mehr gewohnt.

Schnell werfe ich mir einen Morgenrock über und gehe zur Tür.

»Der Sturm«, denke ich noch, aber als ich die Tür öffne, ist draußen kein Sturm. Es ist eine sternklare Nacht, und vor mir stehen zwei Polizisten.

Sie zucken zusammen. Erst denke ich, ich habe vergessen, mich anzuziehen, und stehe hier wie ein Irrer nackt, aber dann fällt mir ein: Es ist der Geruch. Der Geruch wird ihnen merkwürdig vorkommen.

»Ein toter Waschbär«, sage ich. Das ist keine gute Begrüßung.

»Guten Abend, meine Damen und Herren«, füge ich deshalb hinzu. Es sind zwei Herren, stimmt also fast.

»Wir haben einen Notruf erhalten über eine vermisste ältere Dame«, sagt der eine Polizist. »Sind Sie das?«

Wegen des Morgenmantels denkt er, ich wäre Mutter. Ich muss lachen. Es klingt so furchtbar, dass ich sofort wieder damit aufhöre.

»Nein«, sage ich. »Mutter. Es ist Mutter.«

»Dürfen wir hereinkommen?«

Ich lasse sie herein. Sie sehen sich um. Gehen ins Schlafzimmer, ins Wohnzimmer, ins Bad.

Die Nachrichten! Die Lippenstiftnachrichten! Und ich habe den Lippenstift noch in der Hand! Ich muss auf sie ja wie ein Psychopath wirken.

»Das«, sage ich und deute auf die Schmierereien, »na ja ... das ist ... nichts Besonderes.«

Man merkt, wie sehr der Gestank ihnen zusetzt, einer hält sich seine Mütze vors Gesicht.

»Wie lange wohnen Sie schon hier oben, Frau ...?«

Frau? Jetzt reicht's aber. Wer ist denn hier verrückt?

»Herr«, sage ich, »Herr.« Absurderweise fällt mir mein Name grad nicht ein.

»Hugo«, sage ich. »Hugo Richter. Wie lange wir schon hier sind? Ich weiß nicht. Die Tage ... Sie können sich ja vorstellen, wie das ist – die Tage verschmelzen so bei dem Sturm.«

»Sturm?«, fragt der eine.

Ich nicke. Dann schüttele ich den Kopf, falls doch kein Sturm ist, was ich langsam glaube.

Der eine schaut seinen Kollegen bedeutsam an, geht aus dem Bad und spricht leise in sein Funkgerät. Ich verstehe »verwirrt« – das stimmt. Und »alte Frau«, und das stimmt nicht. Mutter ist nicht alt.

»Wir würden uns gern auch auf dem Dachboden umsehen«, sagt der erste Polizist.

Untersuchungshaft. Fast drei Wochen bin ich schon hier. Sie kommen immer wieder und »erklären« mir meinen Fall, aber es macht keinen Sinn. Ich versuche jedes Mal, angestrengt zuzuhören, um den Fehler zu finden, bislang erfolglos. Es fällt mir schwer, mich zu konzentrieren. Meistens dämmere ich vor mich hin. Mutter haben sie nicht gefunden, aber ich weiß, dass sie noch lebt. Ich spüre es. Das ist übrigens der einzige Punkt, in dem wir übereinstimmen: Mutter lebt. Das sagen die auch.

Nur, sie wollen mir weismachen, ICH sei Mutter. Richtig, sie behaupten, ich sei meine eigene Mutter, das wäre ja mal ein medizinisches Kuriosum, vorsichtig formuliert.

Die Geschichte, die sie verzapfen, geht so: Ich bin Mutter, und mein Sohn Hugo (also ich. Ich weiß, es ist verwirrend. Und das sind nun Staatsangestellte), also mein Sohn hat sich verlobt mit einer gewissen Elisabeth. Und dieses Madamchen wollte er heiraten und mit ihr zusammenziehen.

Als ob ich Mutter so was jemals antun könnte, papperlapapp, schnippschnapp.

Und es sei zum Streit gekommen, sagen sie, wobei ich meinen Sohn und seine Verlobte ermordet hätte.

Die Leiche der Frau hätten sie bei uns zu Hause gefunden, mit der Leiche des Sohnes sei ich auf diese Skihütte geflohen. Richtig, das Ding auf dem Dachboden, das soll Hugo gewesen sein, also ich.

Merken Sie, wie verwirrend das alles ist? Ich nicke zu

alldem nur, weil diese Leute mich ohnehin nicht verstehen werden.

Mutter werden sie aber zuhören. Mutter wird kommen und mich hier rausholen. Wenn es jemand schafft, dann sie. Sie wird mich nicht im Stich lassen. Sie ist nicht tot. Das sagen die hier ja auch.

Diese Gewissheit bleibt: Mutter lebt.

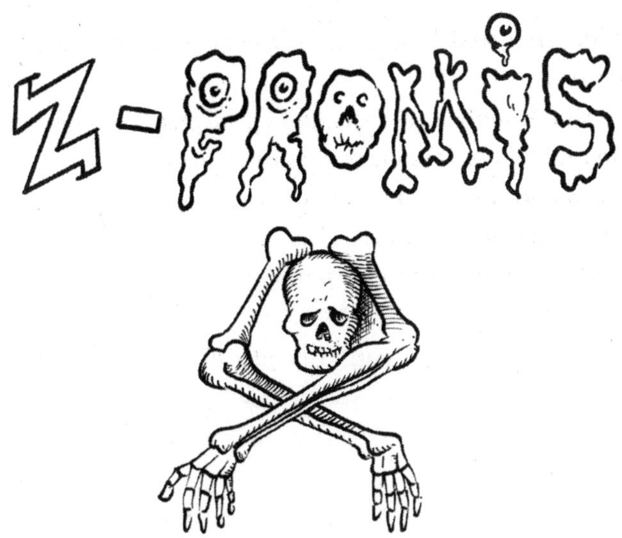

Das Solo House in Berlin-Mitte gilt als einer der exklusivsten Orte der Stadt. Ein hoher Mitgliedsbeitrag schützt das Etablissement vor dem Ansturm des Pöbels und macht die Sache spannend. Wer ist bereit, 1.000 Euro im Jahr zu zahlen – nur für das Privileg, dort Kaffee zu trinken, zu saunieren oder zu speisen? Jedes Klubmitglied muss unten im Foyer zudem sein Handy abgeben. So sind die Solo-Leute vom Rest der Welt abgeschnitten, ein Luxus, den man heutzutage höchstens noch in einem russischen Hochsicherheitsknast findet.

Triumphal und irgendwie auch ein wenig finster ragt das Solo House an der Kreuzung Torstraße, Ecke Prenzlauer Allee hervor und hebt sich vom Rest der Stadt ab. Was ist sein Geheimnis?

Erbaut wurde es 1998 von dem exaltierten Multimilliardär Hans Solo. Wobei, »erbaut« kann man jetzt gar nicht sagen, »erbaut« ist hier das falsche Wort. Solo hatte es 1998 nur gekauft. Erbaut wurde es exakt 62 Jahre zuvor.

Adolf Hitler – auch so ein Spinner – hatte es damals höchstpersönlich in Auftrag gegeben. Sieben Jahre diente es offiziell als Reichsnazihitlerjugendverwaltungshauptquartier. Es wurde gemunkelt, dass dort im Keller geheime Laboratorien existierten, in denen inoffiziell Menschenversuche durchgeführt wurden. So waren sie ja gewesen, die Nazis: Menschenversuche? Klar, warum nicht. Lass mal machen.

Mit dem Ende der Nazidiktatur wurde der Mantel des Schweigens über diese Experimente ausgebreitet, wenn sie denn je stattgefunden hatten.

Im Arbeiter-und-Bauern-Staat diente das Solo House dann 40 Jahre als leer stehendes Objekt, und nach der Wende wurde es von einem gewissen Heinrich Hiller, der sich als Großneffe Hitlers ausgab, an die Schweizer Firma Cityfucker's Global verkauft.

Von denen erstand es nun wieder Hans Solo, der schon lange die Vision hatte von einem Haus, wo Leute reingehen, sitzen und essen und trinken können. Aber nicht alle Leute. Nur bestimmte. Und so entstand das Solo House, um welches sich gleich nach der Eröffnung bereits Legenden zu ranken begannen.

Einige vermuteten, der Name Solo stünde für »solovely Ostberlin«, andere behaupteten dagegen, es handle sich um die Abkürzung für »Sabine Oder Linda Oder«. Ein Insider wies darauf hin, dass Solo rückwärtsgelesen Loso ergebe, das japanische Wort für Los, und das wiederum lasse vermuten, irgendein bedeutendes Ereignis stünde vor der Tür.

Diese Theorie weist allerdings verschiedene Schwachpunkte auf, zum Ersten: Was für ein Ereignis soll das sein? Des Weiteren ist Loso gar nicht das japanische Wort für Los – es ist überhaupt kein japanisches Wort. Und – als wäre das alles nicht schon Zweifelfutter genug: Solo ergibt rückwärtsgelesen gar nicht Loso, sondern Olos, und Olos heißt auf Japanisch »Brechen Sie jetzt bitte ungezwungen in Gelächter aus«.

Vielleicht ist der Name »Solo« aber auch ganz einfach eine Anspielung auf Hans Solos Nachnamen, der ja ebenfalls Solo ist.

Die Geschichte, die ich erzählen möchte, begann an einem sonnigen Nachmittag im April. Der erfolgreiche Schauspieler, Regisseur, Modeschöpfer und Entrepreneur Schwill Tiger saß mit seinem Mündel Matthias und der Deutschrocklegende Anselm Ephigenius Schrowange auf der Terrasse des Solo House am Pool. Sie tranken Chiasamen-Bisonzungen-Smoothies, Pandablut und flüssiges Gold.

Von hier oben blickten sie auf Berlin herab. Mit gespreizten Beinen lag die Stadt da. In der Nachmittagssonne verführerisch funkelnd, schien sie auf die nächste Hammeridee zu warten, auf den nächsten Impuls.

Schwill und Matthias feierten gerade den Abschluss ihrer neuesten gemeinsamen Produktion: »Ich sterbe bald, du Spasti«. Eine verrückt-verknallt-brechfreche Buddykomödie mit Tränendrüsenbonus hatten die beiden auf die Beine gestellt. Begeistert spielten sie sich gegenseitig Szenen daraus vor.

Schrowange hielt derweil Ausschau nach Nutten.

»Leute«, fragte Schwill nach einer Weile unvermittelt. »Wisst ihr, worauf ich mal wieder Bock hätte?«

Mit dieser Art Fragen – das wusste Matthias – begannen oft die tolldreistesten Abenteuer. Darum richtete er gespannt die Ohren auf und zuckte erwartungsvoll mit dem rechten Augenlid.

Tiger streckte seine muskulösen longsleeveumgarnten Arme weit von sich, gähnte wie ein hungriger Löwe und ließ nicht locker: »Wisst ihr's? Wisst ihr, worauf ich echt mal wieder Bock hätte?«

»Raus mit der Sprache!«, rief Matthias, schämte sich aber sogleich, weil seine Stimme vor Begeisterung hell und klar wie die eines kleinen Kindes geklungen hatte – und er war doch hier ein Mann unter Männern. Um den Fauxpas zu kompensieren, spreizte er die Beine und rieb dort ein wenig leise stöhnend herum. Dann küsste er Schwill auf die Wange und fragte trocken und rau: »Worauf denn bloß, du verfluchter Hurensohn?«

»Ich hätte mal wieder so richtig Bock auf ein hart gekochtes Ei«, sagte Tiger, sich die feuchte Wange wischend. »Wisst ihr, so wie früher im Zug. Kennt ihr das noch? Mit den Eltern im Zug, und dann holt die Mudda die hart gekochten Eier raus. Eiskalt und innen hart und grau. Kennt ihr das noch?«

Matthias war jung, er kannte nur Riegel und Foodora, nickte aber heftig mit leuchtenden Augen.

Schrowange wiederum war alt, ihn interessierten keine Eier der Vergangenheit. Die Zukunft interessierte ihn, zumindest ein Teilaspekt davon, nämlich seine Zukunft in den Armen einer jungen Frau.

»Meint ihr, die da hinten würd's mit mir machen?«, fragte er, auf eine atemberaubende Brünette zeigend.

»Das ist die Kellnerin«, sagte Schwill.

»Für zweihundert?«, fragte Schrowange. »Sind zweihundert genug hier? Muss ich direkt fragen, oder soll ich warten, bis SIE fragt?«

»Das ist die Kellnerin«, sagte Schwill. »Respektier die mal. Kotzt mich an, wenn Typen Frauen nicht respektieren.«

Schrowange runzelte verwirrt die pergamentene Stirn.

»Woran erkennt ihr denn die Nutten hier?«, fragte er.

Matthias, der darauf keine Antwort wusste, antwortete: »Sie haben so ihre Signale, Anselm Ephigenius, weißt du. Manchmal eine Handtasche, manchmal ein seidenes Tuch. Oder auch eine geblümte Jacke. Es kann alles Mögliche sein, es ist jedes Mal anders.«

»So 'n graues Ei«, sagte Schwill. »Einfach so 'n normales Ei. Was ist daran falsch?«

»Nichts!«, rief Matthias.

»Kotzt mich an, wenn jemand so 'n normales hart gekochtes Ei nicht zu schätzen weiß«, sagte Schwill. »Wenn jemand so sagt, ey, ich hab's jetzt geschafft, bin 'n Superstar, ich ess so was nich mehr. Das find ich so arrogant den Leuten gegenüber, die das täglich essen müssen. Kinder, die das essen müssen, weil sie nichts anderes haben. Ey, wer so abgehoben ist und dies nicht sieht, der kotzt mich an.«

Matthias wandte kurz den Kopf ab, um die Tränen, die ihm in die Augen geschossen waren, vor Schwill zu verbergen. Er liebte diesen Mann. Nicht erotisch. Nein, es war eine Freundschaft. Es war DIE Freundschaft seines Lebens. Aber es war so schwer, immer das Richtige zu sagen, den richtigen Gesichtsausdruck zu finden, die richtige Körperhaltung einzunehmen. Schwerer als die schwerste Rolle war das.

»Something more?«, fragte die Kellnerin, die an ihren Tisch gekommen war. Matthias strahlte sie mit tränenüberströmten Wangen an. Dieses Mädchen sollte auf keinen Fall denken, er wäre zu gut für sie.

Schrowange zog ein Bündel Zwanzigeuroscheine aus der Hemdtasche und begann, sie halblaut zu zählen.

»Have you eggs?«, fragte Tiger.

»Of course. How would you like them? Poached? Scrambled? Sunny side up?«

Matthias lachte sicherheitshalber laut auf. Für den Fall, dass die Kellnerin grad einen Witz gemacht hatte. Sie sollte nicht denken, er wäre zu sophisticated für ihren hemdsärmeligen Humor. Damit Schwill sich nicht vernachlässigt fühlte, packte er ihn am Revers und küsste ihn ohne Zunge auf den Mund. Dann streichelte er Schrowanges hageren Oberschenkel, der sich unter dem Seidenstoff der grünviolettchangierenden Pluderhose anfühlte wie ein Eselspenisskelett. Dann stand er auf und sprang bekleidet in den Pool.

»I want a normal egg. Cooked in a usual pot. Cooked

really hard, so that it's grey in the middle. You know? Like on the train with your parents as a kid.«

Die Kellnerin war im Heim aufgewachsen. Züge gab es in Doomistan nicht. Dennoch nickte sie.

»I will ask the cook.«

Sie ging in die Küche. Hier regierte François.

»Can you make an egg that's grey in the middle?«, fragte die Kellnerin.

»Non«, rief François. »I will certainement pas faites ça! C'est indiscutable!«

»But this one guy is asking for it«, sagte die Kellnerin. Sie hieß Lattra.

»Thisöh one guy, thisöh one guy! With you americans it'se allwayse ›thisöh one guy‹! I don'te caire aboute thisöh one guy, I have a reputation. Dior makes no Primart, eh? Truffaut, he makes no Bud Spencer movie, non? And I make not undesirable egg with grey coleur. For no thisöh one guy!«

Seufzend verließ Lattra die Küche. Sie wäre gern Architektin geworden, sie mochte klare Strukturen.

»I'm very sorry«, sagte sie, zurück am Tisch unserer Helden, wo Matthias inzwischen auch wieder saß. Nackt bis auf die Unterhose und mit einem breiten unsicheren Grinsen auf dem Gesicht.

»The cook says he can't make you a grey egg. Perhaps you would like something else.«

»No!«, sagte Schwill, und Matthias schüttelte den Kopf so heftig, dass Chlorwassertropfen in alle Richtungen spritzten.

»No, I want just a normal egg. WHY IS THIS A PROBLEM?! A normal egg like normal persons eat! Not this …«, er hob seine diamantbesetzte Pandablutkaraffe hoch, betrachtete sie angewidert und schleuderte sie dann über die Terrassenbrüstung, »not this shit here!«

»I'm very sorry, Sir«, versicherte Lattra und zog sich zurück.

»Kotzt mich an«, sagte Schwill. »Wenn sich Leute für was Besseres halten und sich zu fein sind, so 'n normales Ei zu machen. Da kotz ich.«

»Sag mal, und der Straßenstrich ist erst ab 19 Uhr?«, fragte Schrowange zum fünften Mal heute. Eine gigantische babystramplerblaue Vene stand auf seiner Stirn zwischen den ganzen Falten, und auch die Vene selbst schien in Falten gelegt zu sein. Matthias beschloss, niemals alt zu werden.

»Ich red jetzt mit dem Koch. So 'ne Scheißarroganz, das seh ich nicht ein«, rief Schwill und erhob sich.

»Ich komm mit!«, rief Matthias und zog sich die nasse Hose an.

»Wo geht ihr hin?«, fragte Schrowange.

Matthias schenkte dem dürren Greis ein offenes Lächeln, das jener als »Zu den Nutten« interpretierte, und so kam es, dass sie alle drei loszogen.

Aber wo ging es zur Küche? Es musste eine Tür sein, auf der NICHT WC stand. Hier. Diese Tür womöglich. Schwer war sie, grau und mit metallenen Nieten beschlagen. Schwill stemmte sie auf.

Von einem Tisch ganz in der Nähe betrachteten Madonna und Lady Gaga, die heute ebenfalls im Solo House zu Gast waren, die Szene.

»What are those fuckers doing?«, fragte Gaga. »Don't they realize that that's the *forbidden door?*«

»Let them go«, erwiderte Madonna. »Let's not consider ourselves with those crazy krauts. This is OUR time. WE are the goddesses here. Let's concentrate on US.«

»You're right«, sagte Gaga.

»Bitch, you know it«, antwortete Madonna.

Schwill, Matthias und Schrowange standen auf einmal im Dunkeln.

»Scheiße, find ich das scheiße: kein Licht. Kotzt mich an«, fluchte Schwill.

Matthias zündete sein Feuerzeug an, welches er glücklicherweise eingesteckt hatte.

»In der Wildnis wäre ich nicht aufgeschmissen«, dachte er und fühlte sich kurz ganz gut. Dann fühlte er sich wieder weniger gut, irgendwie sogar schlecht, traurig oder so, und sein Daumen wurde heiß.

»Da!«, sagte Schwill. »Da sind Treppen!«

Tatsächlich befanden sie sich am oberen Absatz eines modrig riechenden, sehr alt wirkenden Treppenhauses. Die Treppen führten hinab.

»Na los«, schlug Schwill vor, und die drei machten sich an den Abstieg. Nachdem Matthiassens Feuerzeug explodiert war, tasteten sie sich im Dunkeln weiter. Es ging tiefer und tiefer. Scheinbar endlos. Bis auf die kurze Geschichte vom Regenbogenwurm und der Heiligen Mutter Gottes, die

Matthias erzählte, herrschte Schweigen. Schweigen unter Männern ist eine besondere Sache.

Endlich endeten die Treppen. Sie mussten mindestens zwanzig Meter unter der Oberfläche sein, es roch nach Keller, und der Boden schien aus gestampfter Erde zu bestehen.

Einige Dutzend Meter tasteten sie sich an dem rauen Mauerwerk der Wand entlang, bis sie einen schwachen Lichtschein wahrnahmen.

»Da!«, rief Matthias, kam sich aber sogleich furchtbar dumm vor, weil die andern den Lichtschein ja selbstverständlich auch gesehen hatten. Mit seinem dussligen »Da« wirkte er, als wolle er sich hier als Entdecker und Chef der Expedition aufspielen, und das wollte er nun wirklich überhaupt nicht.

»Da da«, versuchte er, die Situation zu retten. »Ich lieb dich nicht, du liebst mich nicht. Da da da. Da da da.«

»Ich hab Stefan Remmler gekannt«, sagte Schrowange. »War 'n Arschloch. Dem is nur um die Kohle gegangen, das wusste jeder.«

»Ich wünschte, ich hätte damals schon gelebt«, sagte Matthias.

»Wir können ja tauschen«, schlug Schrowange vor.

»Oh ja, gern! Sofort!«, rief Matthias, begeistert in die Hände klatschend.

»Haltet doch mal beide kurz die Fresse«, zischte Schwill. »Hört ihr das?«

Jetzt hörten es die anderen auch.

Ein Summen. Ein feines metallisches Summen. Es kam aus der Richtung des Lichtscheins.

Vorsichtig gingen sie bis zum Ende des Ganges. Der Lichtschein kam unter einer Tür hervor. Schwill tastete die Tür ab. Auch sie war schwer und metallbeschlagen – so wie die oben es gewesen war.

Seine Hand fand die Klinke, und mit einem gepressten Ächzen drückte er die Tür auf.

Die plötzliche Helligkeit blendete unsere Abenteurer, und instinktiv kniffen sie die Augen zu. Außer Matthias, der sich mit der Lee-Strasberg-Methode seine Instinkte abtrainiert hatte.

»Oh«, sagte er. Und dann sagte er es noch einmal: »Oh.«

Sie standen in einer riesigen Halle. Schien eine Art Lagerhalle zu sein, wiewohl sie fast leer war. Nur in einer Ecke lagen ein halbes Dutzend Skelette. Dunkelbraun und vertrocknet, fast schon mumifiziert. Auch altmodische Feuerwaffen lagen dort und Reste von Bekleidung. Stiefel, Gürtel. Militärisch wirkten die Sachen, aber es war unmöglich zu sagen, von welcher Armee.

An der Wand dahinter hing ein riesiger Wandteppich mit einem Hakenkreuz drauf.

»Kein Wunder, dass die in so 'ner Scheißküche nix hinkriegen, kotzt mich an«, grummelte Schwill.

»Ich will wieder hoch. Ans Licht. Zu den Girls«, wimmerte Schrowange. Immer wenn er sich an einem unterirdischen Ort aufhielt, musste er an das kühle Grab denken, das auf ihn wartete.

Matthias nahm seine adrige, mit Todesflecken und weißen Drahthaaren besprenkelte Hand und drückte sie aufmunternd.

»Auf keinen Fall, wir ziehen das jetzt durch«, sagte er. Schwill sah ihn überrascht an.

»Oh, sorry, wolltest DU das sagen?«, fragte Matthias.

»Ich will hier weg!«, rief Schrowange.

»Dahinten ist noch 'ne Tür«, sagte Schwill. »Da kommt das Summen her.«

Sie durchquerten die Halle, und tatsächlich: Unter dem Wandteppich befand sich eine weitere Tür. Hier war das Summen lauter.

»Mann oder Maus?«, fragte Schwill.

»Mann!«, piepste Matthias, beugte sich vor, um Schwill zu küssen, verfehlte den Freund aber, denn der öffnete genau in diesem Moment die Tür.

»Wow«, entfuhr es Matthias.

»Das ist ja mal krass!«, sagte Schwill.

»Kommt, wir gehen«, schlug Schrowange vor.

Der zweite Raum war mindestens doppelt so groß wie der erste. Eine riesige Halle. Hier waren zu beiden Seiten Käfige übereinandergestapelt. Es sah ein bisschen aus wie der Warenabholbereich bei IKEA. Außer, dass hier keine Waren waren, sondern eben Käfige.

In den Käfigen befanden sich Leichen. Mindestens drei Dutzend. Die meisten trugen Naziuniformen, einige aber auch Zivil. Einer war als Clown kostümiert. Das Merkwürdige war, dass all diese Leichen in sitzender Haltung aufgebahrt waren. Im Schneidersitz saßen sie da. Es wirkte, als würden sie unsere drei Abenteurer mit ihren toten Augen durch die Käfigstangen hindurch beobachten. Irgendwas musste diese Leichen von hinten stützen. Vermutlich hatten sie Metallstangen im Rücken, und im Gegensatz zu den Skeletten in der Halle wirkten sie, als seien sie noch nicht lange tot.

Jemand musste diese Leichen einbalsamiert und dann sitzend mit Metallstangenunterstützung in den Käfigen drapiert haben.

Wer und warum? Matthias hustete. Die Luft hier war nicht gut. Süßlich und faul und staubtrocken. Er hatte das Gefühl, mit jedem Atemzug winzige trockene, tote Leichenpartikel in die Lunge zu bekommen.

Das Summen kam von einer Art Turbogenerator am Ende des Raums, eine graugrüne zehn Meter hohe Maschine, auf die ein Hakenkreuz gepinselt war. Unter dem Hakenkreuz stand in ungelenker altdeutscher Schrift das Wort »Lebensfunke«. Darunter war ein großer Hebel angebracht.

Langsam gingen unsere Freunde zwischen den Käfigen auf den Generator zu. Alle drei spürten die unwirklich ungute Präsenz der toten Augen, die sie zu beobachten schienen.

»Vielleicht ist hier dein Opa dabei, Schwill«, versuchte Matthias die Situation augenzwinkernd zu entkrampfen und fügte dann beschwichtigend hinzu: »Oder meiner. Meiner könnte es auch sein. Mann, das war 'ne furchtbare Zeit.«

»Das Archiv!«, flüsterte auf einmal Schrowange.

Die beiden Jüngeren drehten sich zu ihm.

»Das Archiv«, wiederholte der Sänger. Er war kreidebleich geworden. Rote Flecken bildeten sich auf seiner Haut, und die krausen Ohrenhaare tanzten zitternd.

»Davon haben wir in den 70ern erstmals gehört«, murmelte er, ohne die anderen beiden anzusehen, wie zu sich selbst sprechend. »Es ging damals das Gerücht um, die Bundesregierung hätte ein geheimes Archiv, in dem sie Informationen über sogenannte Verfassungsfeinde sammeln. Ein riesiges Archiv, und alles, was sie ausspionierten, würde dort in Aktenordnern abgelegt. Oder auf Mikrofilm festgehalten. Damals galtest du schon als Verfassungsfeind, wenn du nur in 'ner WG gelebt hast oder in wilder Ehe, versteht ihr? Und gerade wir Liedermacher waren doch permanent unter Beobachtung! Mir war schon immer klar, dass die uns fertigmachen wollen. Ich hatte auch einige Freunde in Verdacht, Agenten der Regierung zu sein. Mein damaliger Manager und meine Ex – ich bin sicher, die haben für den Verfassungsschutz gearbeitet ... Und hier sind die ganzen Informationen gelandet. Hier: im *Archiv*!«

»Macht keinen Sinn, Mann«, sagte Schwill. »Das sieht mir hier eher nach Nazikram aus.«

»Nein, das ist das Archiv! Hier lagern sie die Akten über mich! Irgendwo hier sind meine Akten! Verfluchte Scheiße, ich dreh durch!«

»Wo sollen denn hier deine Akten sein? Tote Nazis, Digga. Kuck doch selbst.«

»Ich finde, ihr habt beide recht«, sagte Matthias, ging zum Generator und betätigte den Hebel.

Warum er das tat, hätte er hinterher gar nicht so richtig sagen können. Auf jeden Fall umfasste er den alten rostigen Hebelgriff und zog das Ding nach unten. Es ertönte ein Knall, wie wenn hundert Türen gleichzeitig zugeschlagen werden – das Summen schwoll an, das Licht flackerte, und dann verstummte das Summen schlagartig.

Und dann ging das Licht aus.

Dunkelheit.

Stille.

»Das Archiv«, flüsterte Schrowange.

»Fresse!«, zischte Schwill.

»Ja, Mann. Fresse«, bekräftigte Matthias. Aber in einem freundlichen Ton.

Die Dunkelheit war vollkommen. In Kombination mit der süßlich schweren Luft verschwand jedes Gefühl für Raum. Es schien wärmer geworden zu sein. Die feuchtkalte Luft hatte sich blitzartig erhitzt. Oder kam ihnen das nur so vor?

»Lasst uns mal hier wieder abhauen«, flüsterte Schwill. Matthias nickte. Niemand sah sein Nicken. Als ihm das bewusst wurde, hörte er auf zu nicken. Nach einer kurzen Pause fing er aber wieder damit an. Einfach so. Nur für sich selbst.

»Es geht hier lang. Hier ist der Ausgang«, sagte Schwill.

»Ja«, sagte Matthias und ging vorsichtig in eine Richtung, von der er hoffte, dass es die war, die Schwill meinte.

»Wollen wir uns nicht an den Händen fassen?«, fragte er dann.

»Ich halte doch deine Hand«, flüsterte Schrowange.

»Nein«, sagte Matthias.

»Meine ist's auch nicht«, sagte Schwill.

Plötzlich ertönte ein schleifendes Geräusch. Dann eine Art Grunzen. Dann wieder das Schleifen. Es kam näher.

»Matthias, bist DU das?«, fragte Schwill. Seine Stimme klang höher als sonst.

»Okay, ich geb's zu, sorry!«, lachte Matthias, der zwar gar nichts machte, sich aber plötzlich in den Gedanken verliebt hatte, er wäre so ein Scherzkeks, der hier im Dunkeln den anderen Streiche spielte.

»Nein«, kam es aus Schrowanges Ecke. Ein leises Nein, ein gemurmeltes Nein und doch so voller Panik und Entsetzen, dass Matthias das Blut in den Adern gefror.

Dann wieder das Schleifen, das Grunzen, ein ohrenbetäubender Schrei, gefolgt von noch mehr Grunzen, diesmal aus verschiedenen Ecken.

»Neiiiiiiinnnnnn, oh Gott, neiiiiiinnnn!«, schrie Schrowange. Dann ging sein Schrei in ein Gurgeln über, und es ertönten schmatzende Geräusche.

»Wir müssen hier raus, hier stimmt was nicht«, stellte Schwill fest.

Da ging das Licht plötzlich wieder an.

Das Erste, was Matthias auffiel, waren die geöffneten Käfigtüren. Dann erst sah er die Leichen. Die Leichen saßen nicht mehr. Steifbeinig, verschlafen wirkend, lehnten einige an den Käfigtüren oder an den Wänden. Sie schienen Schwierigkeiten zu haben, aufrecht zu stehen. Aber sie bewegten sich. Langsam, schwerfällig. Einer, in einer schwarzen SS-Uniform, drehte sich zu Matthias, blinzelte und leckte sich mit einer grünlichen Zunge die eingefallenen Lippen. Dann grinste er und streckte die Hand aus.

»Dich ...«, hauchte er, stieß sich von der Wand ab und

torkelte ein paar Schritte auf Matthias zu. Dabei ertönte wieder das schlurfende Geräusch von vorhin. »Dich ...«, wiederholte der Tote. Sein Kopf pendelte lose auf dem Hals, und er öffnete den Mund weit wie ein angreifender Hai.

Matthias wich zurück, trat auf etwas Glitschiges, verlor kurz das Gleichgewicht, konnte sich aber noch fangen. Er schaute nach unten. Dort lag Schrowange. Er war tot. Ein weiterer Toter hockte über ihm und nibbelte schwerfällig am fahlen Fleisch des aufgeschlitzten achtfachen Echogewinnerhalses. Der Boden war tiefrot von Blut. Mehr Blut, als Matthias in dem schmalen bleichen Sänger je vermutet hätte. Ohne mit dem Kauen aufzuhören, hob der Tote den Blick und sah Matthias an. Fast nachdenklich. Auch er trug eine Naziuniform.

»Dich ...«, ertönte es da wieder. Matthias drehte sich um und sah das Gesicht des SS-Zombies direkt vor seinem eigenen.

Es war kein gutes Gesicht. Einerseits zombifiziert, voller Maden und grobporig – andererseits mal wieder die typisch völkisch verkorkste Nazifresse. Diese herzhaft hanshafte Naivität vortäuschende Visage, mit dem ständigen Spagat zwischen Verbrechen gegen die Menschlichkeit und »Magst denn nicht mit mir in die Sommerfrische fahren, Resi, du Herziges, du Liebes? Ach, sei mir doch wieder gut, hörst?«. Nazis waren das Letzte.

»Mich eben nicht!«, schrie Matthias und trat zu. Er verfehlte den Nazi um einige Zentimeter, weil ihm während des Tritts schlagartig ein interessantes Hörbuchprojekt, das er diese Woche erhalten hatte, in den Sinn kam, rutschte nun doch auf dem glitschigen Boden aus und fiel hin.

Steife dürre Finger griffen nach seinen Fesseln, seinen Schultern und hielten diese mit erstaunlicher Kraft fest. Auf dem Rücken liegend, hilflos mit dem Rumpf hin- und herscheuernd, sah er mehr Leichen wie in Zeitlupe heranwanken. Da war auch der Clown, der ein kleines rostiges Beil mit beiden Händen umklammert hielt.

»Dich …«, hauchte der SS-Zombie diesmal direkt in Matthias' Ohr. Er hatte sich neben unseren Freund gehockt, hielt seine Arme am Boden fest und schickte sich an, in die rosige weiche Wange zu beißen, als ein ohrenbetäubender Knall ertönte. Der Zombiekopf zerplatzte, und ein flatschend fauliger Fleischregen ging auf Matthias

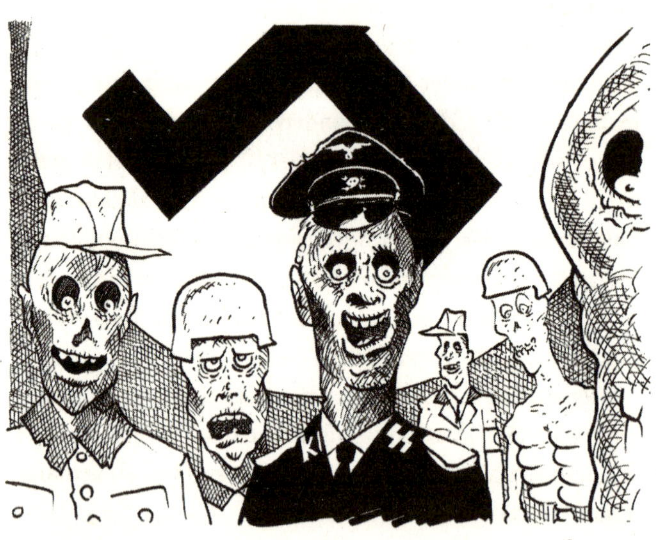

nieder. Er sah Schwill über sich. In beiden Händen Maschinenpistolen. Das perfekte Filmplakat.

»Scheißnazis. Kotzen mich so an«, knurrte der Freund und begann, aus beiden Rohren zu feuern. Links und rechts brachen Zombies zusammen und zerplatzten. Blut, Gedärme, Augen, Hirn flogen durch den Raum. Auf einmal war alles rosa-gelblich. Matthias kam es vor, als hätte er eine fleischfarbene Sonnenbrille aufgesetzt.

»Steh auf!«, rief Schwill, und Matthias rappelte sich hoch. »Schnell, zum Ausgang!«

»Kann ich auch so ein Gewehr haben?«, fragte Matthias.

»MP. Kein Gewehr. Das sind MPs. Hab ich da drüben gefunden. Waren die einzigen, die funktionieren.«

»Super. Kann ich denn eins von denen haben vielleicht?«

»Jetzt nicht. Nachher vielleicht«, sagte Schwill. »Muss mal kucken.«

»Okay«, sagte Matthias und zertrümmerte einem angreifenden Zombie mit einer ehrlichen Rechten den Unterkiefer. Schwill gab ihm dann mit der MP den Rest.

Schwill lud nach. Irgendwie wusste er, wie das geht, und hatte offenbar auch was zum Nachladen dabei. Dann ballerte er in alle Richtungen. Matthias hielt sich die Ohren zu.

»Es sind zu viele!«, rief er, als Schwill eine Pause machte, um noch mal nachzuladen.

»Es sind doch nur noch zwei«, sagte Schwill, und Matthias erkannte, dass es tatsächlich so war. Alle Nazileichen lagen in Fetzen am Boden. Körperteile klebten an den Käfigen.

Die beiden Übriggebliebenen kamen wankend und ziemlich verunsichert schauend auf sie zu. Einer trug eine Art Matrosenanzug mit keck schiefem Hütchen. Schwill verpasste ihm zuerst eine Salve in den Unterleib. Sein Gesicht nahm erst einen verwunderten, dann einen verärgerten Ausdruck an. Er öffnete den Mund, wie um sich zu beschweren, da schoss ihm Schwill das Gesicht weg, und er brach zusammen. Wenn man die Monster in den Kopf traf, hörten sie auf, sich zu bewegen, hatte Matthias bemerkt. Wie bei Zombies. Eigentlich wirklich genau wie bei Zombies.

Der letzte Untote war Schrowange. Er schaute auf den zerschossenen Matrosen, dann zu Matthias und Schwill, und seine Lippen formten ein Lächeln. Die linke Hälfte seines Gesichts war zerfressen, sodass die Zähne dort aus der Wange lugten, was das Lächeln zu einer Art Hyperlächeln machte.

»Schaut, Jungs«, sagte er, und seine Stimme klang heiser, von weit her kommend und irgendwie fremd. »Ich lebe noch. Ich bin noch am Leben.«

»Klasse!«, sagte Matthias und wollte schon auf ihn zulaufen, um ihn zu umarmen, aber Schwill drehte seinen linken gebeugten Arm zur Seite, sodass der MP-Lauf gegen Matthias' Brust schlug, was ihn prompt stoppte.

»Nicht«, sagte er. »Das ist einer von ihnen.«

»Aber nein«, lächelte Schrowange, hustete und spuckte einen dunklen Fleischklumpen aus, während er langsam steifbeinig näher wankte. »Nein, nein, ich bin es. Anselm Ephigenius – euer Freund.«

»Schwill ...«, begann Matthias.

»Lass dich nicht täuschen«, sagte Schwill. »Anselm ist tot. Das ist eins von diesen Monstern.«

Schrowange drehte seinen Kopf knirschend zu Matthias. Seine Augen leuchteten blau. Vorher waren sie braun gewesen.

»Matthias«, sagte er. »Matthias, erklär ihm, dass er einen Fehler macht. Du siehst doch, dass ich es bin. Ich bin verletzt, mein Hals, meine Backe.« Hier verzog er das Gesicht zu einer Grimasse, die irgendwie gekünstelt wirkte, weil die Augen ironisch dazu zwinkerten. »Ich brauche medizinische Versorgung, ich habe Angst, dass sich das entzündet. Ich habe solche Angst, Matthias.«

»Keinen Schritt weiter!«, rief Schwill und richtete einen Pistolenlauf auf das Wesen, von dem Matthias nicht sagen konnte, ob es noch sein alter Freund war oder nicht.

»Hilf mir, Matthias«, seufzte es jetzt. »Lass nicht zu, dass er mich erschießt. Siehst du nicht? Schwill ist wahnsinnig geworden.«

Matthias legte eine Hand auf Schwills Schulter.

»Lass uns nichts übereilen«, sagte er. »Vielleicht kann man ihn wieder heilen.«

»Ja!«, rief Schrowange, und seine blauen Augen leuchteten auf. »Ja, ganz genau! Ich kann geheilt werden, ich spüre es!« Er wankte unmerklich noch ein bisschen näher an Matthias heran. »Bitte. Gebt mich nicht auf. Ja, sie haben mich infiziert durch ihre Bisse, aber ich bin doch zu einem sehr großen Teil auch noch ich selbst, und mit eurer Hilfe kann ich geheilt werden.«

Schwill ließ den Pistolenlauf auf Schrowanges Kopf gerichtet. Er kniff ein Auge zu.

»Ich will jetzt wissen, was für ’ne Scheiße hier eigentlich abgeht«, sagte er.

»Natürlich, natürlich«, rief Schrowange. »Ich kann das alles erklären, junger Freund, wenn Sie vielleicht so liebenswürdig wären, die Waffe zu senken, die macht es mir nicht gerade leicht, mich zu … konzentrieren, verstehen Sie? Ich versichere Ihnen …«

»Die Waffe bleibt, wo sie ist«, sagte Schwill.

»Auch gut, daran soll’s nicht scheitern. Ich werde Ihnen nun die Umstände erläutern, und ich bitte Sie zu bedenken, dass ich das zwar kann, weil ich durch den Biss dieser Unglücklichen Teil ihrer Kollektivseele geworden bin – aber dennoch zum größeren Teil immer noch der gute alte Elias Anaphalgus …«

»Anselm Ephigenius«, berichtigte Matthias.

»Genau. Anselm Ephigenius, danke, das meinte ich. Bitte verstehen Sie, dass ich der immer noch am meisten bin von ganzem Herzen.«

»Raus mit der Sprache«, sagte Schwill. »Was ist das hier? Irgend so ’n geheimes Naziprojekt oder so ’ne Scheiße?«

»Genau!«, rief die Kreatur, klatschte beifällig in die Hände und machte noch einen winzigen Schritt auf Matthias zu. »Bravo! Sehr gut, Mylord. Es ist exakt das. Darf ich vorstellen: Geheimoperation ›Lebensfunke‹. 1939 haben wir uns hier eingerichtet in den Kellergewölben der HJ. Unser Führer Adolf Hitler betrachtete dieses Projekt stets als eine Herzensangelegenheit. Ewiges Leben. Darum ging es hier. ›Was nutzt mir denn ein tausendjähriges Reich, wenn ich diese tausend Jahre gar nicht erlebe?‹, pflegte der Führer nur halb im Scherz zu frotzeln, haha. Aber es ist nicht witzig. Auf jeden Fall, das Ding hatte höchste Priorität, und so machten wir uns an die Arbeit. Die besten Wissenschaftler, Forscher und Mystiker des Reichs, alle hier unten einkaserniert. Allerstrengste Geheimhaltungsstufe versteht sich. Nach einigen erfolglosen Jahren ...«

Schrowange hustete so stark, dass er sich krümmte. Unmerklich glitt er hustend noch ein wenig näher heran.

»Bitte um Vergebung. Nach einigen Jahren kam dann der Durchbruch. Wir hatten mit verschiedenen keltischen und afrikanischen Giften experimentiert, die die Probanden an den Rand des Todes bringen, und eines Tages gelang es uns, sie stabil dort zu halten.«

»Am Rand des Todes?«, fragte Schwill.

»Also – fast. Nicht ganz. Ein bisschen über diesen Rand hinaus. Sehen Sie, der Tod ist gar nicht so schlimm, wie man immer denkt. Im Gegenteil. Es ist eine ausgesprochen angenehme, beruhigende und erleuchtende Angelegenheit. Nach dem Tod verschmelzen unsere Seelen mit den Seelen aller anderen Lebensformen. Andere Menschen, Tiere – aber auch Pflanzen, alles, was lebt – kehren nach dem Tod in diesen Kollektivzustand zurück, aus dem sie einst kamen.«

»Das ist schön«, flüsterte Matthias.

»Nicht wahr?«, strahlte die Kreatur. »Unseren Wissenschaftlern gelang es, ein Serum zu entwickeln, das die Seelen Sterbender im Moment des Todes ... abfängt. Just bevor sie sich in die Kollektivseele eingliedern würden, leitet die hoch entwickelte Chemie unseres Lebensfunke-Serums die Seelen um in einen alternativen Pool.«

»Ich versteh kein Wort«, sagte Schwill.

»Ich glaube, er will sagen, dass wir im Tod alle Brüder sind«, sagte Matthias.

»Was soll das sein, dieser alternative Pool?«, fragte Schwill.

»Nichts weniger als die Unsterblichkeit, mein Herzensguter«, grinste die Kreatur. »Es funktioniert so: Unsere Wissenschaftler brachten einen Mann mit ausgeklügelten Giften an den Rand des Todes, spritzten ihm dann, kurz bevor sie ihn tatsächlich töteten, das Lebensfunke-Serum. Dadurch wurde seine Seele sozusagen umgelenkt. Anstatt sich im Kollektivseelenbecken aufzulösen, bleibt die Seele hier auf der Erde, mischt sich mit den Seelen der anderen Lebensfunke-Pioniere. Eine Art Dornröschenschlaf. Der Tod ist besiegt. Der Tote kann wiedererweckt werden. Das Lebensfunke-Serum ist nun in ihm und breitet sich wie ein Virus aus. Er muss nicht mehr trinken, braucht allerdings frisches Menschenfleisch zum Überleben. Wenn ein Unsterblicher einen Sterblichen aber nur beißt, ohne ihn ganz aufzuessen, wird jener ebenfalls unsterblich und hat Zugang zum Wissen der Kollektivseele. So erging es mir.«

»Also wie bei Zombies«, sagte Schwill.

»Nein, es ist schon etwas anders als bei Zombies.«

»Es ist genau wie bei Zombies. Überhaupt kein Unterschied. Hättest auch gleich sagen können: Wir sind Zombies.«

»Nun, einen Unterschied gibt es doch«, sagte die Kreatur.

»Welchen? Spuck's aus.«

»Ich find das total schön mit der Kollektivseele«, sagte Matthias.

»Der Unterschied ist, dass die Ansteckung nicht nur durch Bisse erfolgt, sondern wie bei einem herkömmlichen Virus zusätzlich durch Tröpfcheninfektion. Was bedeutet ...«, hier zeigte er auf Matthias und Schwill, die beide von oben bis unten mit Blut, Knochensplittern und Gedärm besudelt waren, »was bedeutet, dass ihr zwei Hübschen schon längst zu uns gehört.«

»Das stimmt!«, rief Matthias. »Schwill, das stimmt tatsächlich! Spürst du's? Spürst du, wie wir mit allem verbunden sind auf einmal? Ich fühle so viele andere Seelen, und da ist auch deine, Schwill! Du bist mir so nah auf einmal, so nah! Mein ganzes Leben hat mir genau das gefehlt: Teil einer Gemeinschaft zu sein! Oh Gott, ist das schön! Diese Farben! Siehst du die Farben, Schwill?«

Matthias sank auf die Knie, weinend und lachend zugleich. Noch nie in seinem Leben war er so glücklich gewesen.

»Was machst du denn da, steh auf!«, rief Schwill, zu ihm runterschauend. In dem Moment schlug Schrowange die auf seinen Kopf gerichtete Maschinenpistole zur Seite, schnellte mit unerwarteter Geschwindigkeit vor und biss zu. Er biss in Schwills Hals und fräste sich durch das muskulöse Fleisch wie eine Elektrosäge, während er mit steifgliedriger Kraft beide Hände mit den Pistolen festhielt.

»Du Sau, du ...«, schrie Schwill. Dann brach er zusammen.

Matthias schaute ungläubig.

»Was … warum … warum hast du das getan, Bruder? Schwill hätte dich nicht getötet, er ist doch einer von uns.«

»Jetzt ja«, sagte Schwill und richtete sich wieder auf. Seine Augen strahlten in demselben unnatürlichen Blau wie die des anderen Toten.

»Ich hab ein bisschen geflunkert«, kicherte Schrowange. »Das Virus überträgt sich nicht durch Tröpfcheninfektion. Nur durch Bisse.«

»Also … doch wie bei Zombies?«, fragte Matthias, immer noch am Boden kniend.

Schrowange verdrehte die Augen.

»Ja«, sagte er. »Wie bei Zombies. Es ist alles genauso wie bei Zombies.«

»Hab ich doch gesagt!«, lachte Schwill, und gemeinsam fraßen sie Matthias auf.

Dann verließen die drei die Käfighalle, deckten sich im Vorraum mit Schusswaffen ein und wankten leise kichernd die Wendeltreppe hoch zum großen Speisesaal des Solo House, wo die Klubmitglieder nichts ahnend tafelten. Unbewaffnet und ohne Handys.

Rosemarie

»Nimm dir noch ein Stück Zitronella-Sandkuchen. Du musst ja jetzt für zwei essen«, sagte Rosemaries Großvater.

»Das stimmt eben witzigerweise gar nicht«, antwortete Rosemarie. »Schwangere sollten sich ausgewogen ernähren, genug Vitalstoffe zu sich nehmen, aber sie müssen nicht wirklich mehr essen.«

»Was für ein Quatsch! Du pickst wie ein krankes Vögelchen. Kein Wunder, dass man noch nichts sieht bei dir. Wenn du so weiterhungerst, geht dir das alles wieder ein.«

»Ich bin erst in der neunten Woche. Da KANN man noch gar nicht viel sehen«, entrüstete sich Rosemarie. Sven beugte sich vor, sodass Großvaters milbiges, durchgesessenes keksfarbenes Sofa, einem Wasserbett gleich, träge Wellen schlug, und legte seine Hand beschwichtigend auf Rosemaries Bauch.

»Ach Gott, jetzt werden schon die Wochen gezählt!«, rief Großvater und verdrehte die Augen. »Am liebsten noch die Tage und die Stunden, was? Und immer mit dem Mondkalender. Wir haben damals die Kinder einfach gekriegt, wie sie kamen, und nicht nach irgendwelchen Listen und Berechnungen.«

»ICH würde gern noch ein Stück Sandkuchen nehmen«, sagte Sven und hielt seinen Teller hoch. Großvater ignorierte ihn.

»Werd bloß nicht so eine Helikoptermutter«, schnaubte er.

»Du weißt doch gar nicht, was das ist«, entgegnete Rosemarie.

»Will ich auch gar nicht wissen. Ihr spinnt alle. Eure ganze Generation spinnt. Esst kein Fleisch, wollt keine Kriege und Vergewaltigungen, aber Laubbläser und Düsenflieger und beheizbare Toiletten – jahaha, DIE wollt ihr. Und wenn ihr mal was arbeiten sollt, dann kriegt ihr gleich Burn-out und schreit MeToo.«

Sven stellte seinen Teller langsam wieder auf den Tisch. Großvater zündete sich eine Zigarette an.

»Könntest du bitte draußen rauchen?«, fragte Rosemarie.

»Draußen sind die Terroristen, da geh ich nicht hin«, erwiderte Großvater. »Islamisten, Messerstecher, Wasserpfeifen – hat ja deine linksversiffte Regierung alle schön eingeladen. Außerdem ist das hier meine Wohnung.«

»Gut, dann geh ICH eben raus«, sagte Rosemarie und stand auf.

»Vollkommen hysterisch«, murmelte Großvater kopfschüttelnd, aber er drückte die Zigarette im Aschenbecher aus. Rosemarie setzte sich wieder.

»Ihr seid alle wahnsinnig«, erklärte Großvater. »Wir haben damals einfach das Essen gegessen und das Trinken getrunken, aber bei euch gibt es lauter Regeln und Verbote. Alles ist auf einmal schlecht fürs Klima, jeder Furz«, hier ließ er einen fahren, »ist plötzlich schlecht fürs Klima. Hilfe, Hilfe, das Klima, das Klima! Auf einmal soll man keine Delfine mehr schlachten, und die Autos müssen alle elektronisch sein. Aber wenn dann mitten auf der Autobahn die Batterie alle ist, dann heißt es wieder MeToo, MeToo. Und wer raucht, der gehört ja sowieso gleich an den Marterpfahl. Wer raucht, der ist ja schlimmer als ein Teufel.«

»Rauchen ist schädlich für das Baby«, sagte Rosemarie.

»Sagt wer? Doktor von Hirschhausen? Das ist doch Wellness. Ich hab damals die gesamte Schwangerschaft hindurch geraucht.«

Sven legte wieder seine Hand auf Rosemaries Bauch.

Sven war ein schöner Mann, aber seine Hände waren feucht.

Fünfzig Jahre jetzt noch diese feuchten Hände, dachte Rosemarie kurz. So dachte sie in letzter Zeit oft.

Fünfzig Jahre Svens eher langatmig vorgetragene Geschichten, die sie nun blöderweise auch alle schon kannte. Fünfzig Jahre seine hundert stinkigen Sneaker, die sich in der Diele türmten. Fünfzig Jahre gelöschter Verlauf, wenn er abends noch kurz am Computer saß, nachdem sie schon schlafen gegangen war. Warum löschte er immer wieder diese letzte Stunde? Sie sah es doch jedes Mal am nächsten Morgen. Natürlich schaute er sich Pornos an.

Früher hatte Rosemarie geglaubt, dass das nur Gestörte

tun würden, aber es schien inzwischen wirklich jeder einzelne Mann zu machen. Ihre Freundinnen hatten ihr erzählt, dass deren Männer alle von dem Dreck abhängig waren.

Aber ich bin doch schwanger!, schoss es ihr durch den Sinn. Wie kann er nur?

Ihre innere Stimme klang schrill und zickig, und sogleich schämte sie sich.

Seit sie schwanger war, mit den ganzen gesteigerten Sinneswahrnehmungen und allem, überwältigte sie manchmal die Vorstellung, dass alle Männer, denen sie begegnete, entweder vom Wichsen kamen oder zum Wichsen gingen. Es kam ihr dann vor, als wären sie alle schon völlig verblödet vom dauerhaften Pornokonsum, zu keinem klaren Gedanken mehr fähig, wie Junkies nur auf den nächsten Schuss aus. Milchig sah das Weißgelbe in ihren verwaschenen Augen aus, als würde sich das Sperma bis dort oben stauen. Ihr wurde dann übel. Ihr war sowieso ständig übel. Wenn ihr nicht übel war, musste sie heulen.

Kennen Sie diese in weißes Leinen gekleideten, glücklich im Yogasitz ihre Schwangerschaft genießenden Frauen, denen ihr Partner liebevoll mit einer Hand den Nacken massiert, während er mit der anderen eine Wiege zimmert? Diese Frauen mit dem Glow, mit dem Hammerteint, die durch Frühlingslandschaften schweben und einfach mal alles auf der Reihe haben? Und die in jedem Schwangerschaftsratgeber abgebildet waren? Rosemarie war nicht so eine Frau.

Okay, Sven guckte Pornos. Noch fünfzig Jahre pornoguckender Sven. Was sie daran am meisten verstörte, war, dass er sein Geschäft in der Küche verrichtete. In ihrer gemeinsamen Küche. Sie waren erst vor fünf Monaten eingezogen, Rosemarie war zunächst so glücklich gewesen über die neue Wohnung. Wirklich eine neue Wohnung. Hier hatte vor ihnen noch nie jemand gehaust, das würde ihr Nest werden, aber jetzt begann sie, sich vor der Küche zu ekeln. Angstvoll schielte sie morgens in alle Ecken. Wo wichste Sven hin? Ließ er es einfach auf den Boden suppen? Spritzte er in die unteren Schubladen? Ins Waschbecken? Sollte sie ihn mal darauf ansprechen? Bloß wie?

»Hallo, jemand zu Hause?«, fragte Großvater und klopfte ihr mit klammen, kalten, kantigen Knöcheln dröhnend und viel zu heftig an die Stirn.

»Aua, spinnst du?!«, rief Rosemarie.

»MeToo, MeToo!«, kreischte Großvater in einem unangenehmen Falsett.

Der Alte ging ihr so dermaßen auf die Eierstöcke. Sie wollte ihn gerade anschreien, da fiel ihr Blick auf den Aschenbecher, in dem er seine Ernte 23 ausgedrückt hatte.

Es war immer noch der Aschenbecher, den Rosemarie ihm damals im Kindergarten getöpfert hatte. Nach all den Jahren benutzte er den noch. Tränen schossen ihr in die Augen. Sie empfand plötzlich so viel Liebe für diesen widerwärtigen Mann. Er war ganz allein auf der Welt seit Großmutters Tod – kein Wunder, dass er so schratig geworden war.

»Wer nimmt jetzt noch einen Schnaps?«, fragte Großvater.

»Ich sehr gern«, sagte Sven und hielt idiotischerweise wieder seinen Teller hoch.

Armer Sven. Es war fünf Uhr nachmittags. Den letzten Porno hatte er dem gelöschten Verlauf zufolge gestern um elf geguckt. Wahrscheinlich weichten Entzugserscheinungen sein Hirn schon auf.

Großvater nahm zwei Wassergläser und eine schmierige Schnapsflasche, die noch aus den frühen Siebzigerjahren zu stammen schien, vom Regal und goss die Gläser voll. Eines stellte er vor sich, das andere vor Rosemarie.

»Das ist nicht dein Ernst, oder?«, fragte sie.

»Was denn, jetzt nicht mal mehr 'n kleinen Schnaps? Ist doch vegan. Reine Kräuter.«

»Ich trink doch keinen Alkohol, wenn ich schwanger bin!«

Patsch, wieder Svens Hand auf dem Bauch. Sie hatte große Lust, ihm eine zu scheuern. (Ölte er sich die Hände mit Sperma ein? Waren sie deswegen immer so feucht?)

»Was soll das denn schaden?«, fragte Großvater.

Rosemarie schüttelte nur den Kopf, schob das Glas weg und versuchte gleichzeitig, die Wichshand abzuschütteln, was ihr aber nicht gelang.

»Verstehst du das?«, fragte Großvater und wandte sich zum ersten Mal, seit sie seine Wohnung betreten hatten, an Sven.

Als der sich räuspernd zu einer Antwort aufraffte, drehte Großvater sich wieder zu Rosemarie.

»Ich hab damals jeden Tag Schnaps und Bier getrunken, die ganzen neun Monate lang bis kurz vor der Geburt. Erklär mir mal bitte, was daran jetzt schon wieder schlecht ist.«

»Opa, jeder weiß, dass Alkohol schlecht für ungeborenes Leben ist. Das sagen alle.«

»Ach, und wenn alle aus dem Fenster springen, dann machst du das auch?« Großvater schüttelte den Kopf. »Los jetzt, sei nicht kindisch.«

Er schob ihr das Glas wieder hin.

»Ich nehm gern einen Schnaps«, sagte Sven. Hoffentlich würde das Kind nicht so ein Schleimer werden wie er. Hoffentlich würde es überhaupt was werden – wie lange wichste er wohl schon? Vielleicht Jahre. War sein Sperma durch dieses permanente Abpumpen am Ende schon so verdünnt, dass ihr Kind mit durchsichtiger Haut geboren werden würde?

Rosemarie sah dieses Wesen mit bestürzender Klarheit vor sich. Die Adern, Venen, Organe, die Augäpfel, alles sichtbar wie bei einer von diesen ekligen Zeichnungen, die sie in Biologie hatten studieren müssen. Ihre normale Übelkeit ging in Phase zwei über. Schwankend stand sie auf und wankte zur Toilette.

»Mach nicht wieder die Klobrille runter!«, rief Großvater ihr hinterher. »Das ist kein Transgenderhaushalt hier! Und Messerstecher nehm ich auch nicht auf, sag das deiner Regierung!«

»Ich würde sehr gern einen Schnaps nehmen, Herr Klöten«, hörte sie Sven noch säuseln, bevor sie die Tür hinter sich schloss.

Gleich ging es ihr besser. Vielleicht würde sie sich gar nicht übergeben müssen. Allein auf der Toilette, bei verschlossener Tür – das rief Erinnerungen wach. Als Teenager hatte sie diese Zuflucht oft gesucht auf Familienfeiern.

»Feiern«. Was auch immer die Familie da trieb, ganz sicher war es kein »Feiern«.

Auf eine naive Weise war sie immer wieder gern mit ihren Eltern zu diesen grotesken Veranstaltungen gegangen. Obwohl sie es irgendwann hätte besser wissen können, hatte sie diese Treffen immer mit einer Art kindlichem Sich-aufgehoben-Fühlen verbunden. Und die Erwachsenen, die mit ihren schweren Körpern tief in den weichen Sesseln saßen, waren wie Inseln, bewohnte zivilisierte Inseln, die etwas beruhigend Verlässliches ausstrahlten. Andere Kinder waren wild und interessant, aber mitunter auch gefährlich – in der Erwachsenenwelt herrschte Ruhe. Was die Erwachsenen bei ihrer »Feier« redeten, hatte sie nie richtig mitgekriegt. Sie hatte es einfach genossen, unsichtbar, aber sicher Teil eines Ganzen zu sein. Familie. Hatte ihr ein gutes Gefühl gegeben. Aber nicht mehr als Teenager. Als Teenager wurde man permanent dafür bestraft, kein Kind mehr zu sein. Würden Sven und sie auch so werden? Würden sie ihr Kind, das Rosemarie jetzt schon mehr liebte als alles andere, abstoßen wie ein leprakrankes Glied, sowie es Anzeichen von Autonomie entwickeln würde? Nein. Nie. Niemals.

»Bist du ins Klo gefallen?«, rief Großvater. »Oder kriegst du jetzt noch Bulimie, um deine schlanke Linie nicht zu verlieren?«

Das war derselbe Mann, der ihr früher so beruhigend brummig Geschichten vorgelesen hatte. Na ja. Struwwelpeter. War eigentlich schon damals der reine Horror gewesen, sie hatte das nur nicht erkannt. Als Kind konnte man gar nicht anders, als den Opa lieb zu haben.

Ihr fiel auf, dass sie weinte.

Sie wischte sich die Tränen von den Wangen, schaute in den Spiegel, fand sich abstoßend, spülte und ging zurück ins Wohnzimmer.

Großvater hatte dort inzwischen den Spiegel von der Wand abgehängt und auf den niedrigen Esstisch gelegt. Er zerhackte weißes Pulver mit einer Kreditkarte, strich es zu zwei Lines und steckte sich einen Zehneuroschein in die Nase.

»Wir müssen langsam mal los, Opa«, sagte Rosemarie.

»Nach meinem Dammriss konnte ich sieben Monate nicht kacken«, sagte Sandra.

Rosemarie rechnete im Stillen nach: Sandras Sohn war fünfeinhalb Monate alt. Entweder hatte sie den Dammriss schon vor der Geburt gehabt, oder sie übertrieb mal wieder. Schweigend zündete sie eine neue Duftkerze an und ordnete die Blumen in der kalkweißen Keramikvase.

»Und worauf du dich auch freuen kannst: keine Nacht mehr schlafen. Gar nicht mehr. Sowie du die Augen zumachst, fängt der kleine Scheißer an zu brüllen.«

»Oh, du Arme. Schläft er immer noch nicht durch?«

»Er schläft nie. Er schreit und kackt und hat Milchschorf. Und meine Brustwarzen hat er vollständig abgekaut. Wirklich. Da ist nichts mehr. Sie sehen aus wie bei einer Schaufensterpuppe. Das kann ich dir sagen: Deiner Figur darfst du schon mal bye-bye winken. Mein Körper besteht nur noch aus Rissen, Dellen, Schuppen und Schürfwunden. Und seit dem Dammriss sind Vagina und Anus praktisch eine Öffnung.« Sie lachte bitter. »Jetzt könnte David ja seinen tollen Analverkehr haben, mit dem er mir seit Jahren in den Ohren liegt. Aber Fehlanzeige. Der Penner hat mich schon seit anderthalb Jahren nicht mehr angefasst.«

»Na ja, ist halt auch eine stressige Zeit, oder? Da kann's schon mal passieren, dass …«, begann Rosemarie, aber Sandra unterbrach sie.

»Ich sage dir, es sind alles Schweine. Auch dein Sven. Er wird seine wahre Natur zeigen, verlass dich drauf.«

»Ach, Sven ist eigentlich ganz in Ordnung. Er hilft, wo er kann …«

»Du, ich muss mir das nicht anhören«, unterbrach Sandra sie. »Wenn du den anderen die heile geile Barbiewelt vorspielen willst – bitte. Aber beleidige nicht meine Intelligenz. Ich bin deine beste Freundin, ich hab ein Anrecht auf Leidensgeschichten.«

Sandra war keineswegs Rosemaries beste Freundin, aber sie wollte sie dennoch nicht enttäuschen.

»Na ja, ich bin manchmal schon verunsichert …«, murmelte sie.

»Zu Recht«, sagte Sandra, »ich sage nur: Dammriss. DAMMRISS.«

Wirklich und wahrhaftig sagte sie von da an nur noch »Dammriss«. Sie betonte dieses Wort zwar jedes Mal anders, es blieb dennoch dasselbe Wort. Rosemarie nickte dazu. Das Ganze bekam etwas Musikalisches.

Dann, keinesfalls zu früh, hörten sie Schlüsselgeräusche. Es war Sven, der mit dem Einkauf nach Hause kam.

»Hey, Baby«, sagte er, stellte den schweren Rucksack ab,

ging zu Rosemarie, küsste sie auf den Mund und strich ihr dabei einmal mit feuchter Hand durchs Haar.

»Ich mach uns Risotto. Willst du zum Essen bleiben, Sandra? Hallo, überhaupt.«

Er ging in die Küche.

»Sag mal, spinnt der? ›Hallo, überhaupt‹??? Wenn das mein Freund wäre, würd ich ihm ›Hallo, Baby‹ geben. Du weißt, ich würde so was nie tun, aber merkst du, wie er die ganze Zeit mit mir flirtet? Der Mann ist so was von notgeil.«

»Findest du?«

»Ach, Schätzchen. Irgendwann solltest du mal aufwachen. Nur 'n kleiner Tipp. Ich muss los. Tschüss, Sve-hen!«

»Willst du doch nicht bleiben? Okay. Tschüss«, rief Sven aus der Küche.

»Warum will er denn unbedingt, dass ich noch bleibe? Denkt er, alle Frauen liegen ihm zu Füßen? Da hat er sich aber verrechnet. Und du weißt, ich würde dir so was sowieso nicht antun.«

Sandra umarmte Rosemarie und stand auf.

»Mist, mein Katheter ist schon wieder voll. Kann ich den kurz bei euch im Bad auswechseln?«, fragte sie.

»Sandra, das ist doch deine Handtasche und kein Katheter«, sagte Rosemarie.

»Ja? Du weißt mal wieder alles, oder, Missy? Missy und die mit Löffeln gefressene Weisheit. Aber du wirst dich noch so was von wundern, du wirst dich grün und blau wundern, das schwöre ich dir.«

Und sie knallte die Wohnungstür so heftig hinter sich zu, dass Sven verwundert aus der Küche schaute.

Kurz darauf klingelte es wieder.

»Hast du was vergessen, Sandra?«, fragte Rosemarie, die Tür öffnend. Draußen stand keuchend ihr Großvater.

»Wahnsinn«, ächzte er. »Das ist der pure Wahnsinn. Im dritten Stock, aber kein Fahrstuhl. Wollt ihr mich umbringen?«

»Ach ja, ich hab deinen Großvater zum Essen eingeladen«, rief Sven aus der Küche.

»Warum?«, entfuhr es Rosemarie.

Großvater runzelte die Stirn.

»Weil wir uns gestern so gut unterhalten haben«, rief Sven. »Ich dachte, das setzen wir fort.«

»Gibt wieder was ohne Fleisch, was?«, keuchte Großvater, führte ein gelbliches Taschentuch zum Mund und hustete hinein. Anschließend zeigte er es Rosemarie. Ein dunkelbrauner Fleck war zu sehen, der allerdings schon vorher da gewesen war.

»Ihr wollt mich umbringen«, wiederholte er.

Sehr viel später, nachdem Sven Großvater endlich nach Hause gefahren hatte, saßen sie im Schlafzimmer vor ihren Laptops. Rosemarie hatte Svens Laptop nicht gern in ihrer Nähe, wusste aber nicht, wie sie ihm das erklären sollte.

»Dein Opa ist schon einer«, sagte Sven.

»Das stimmt. Hat mich übrigens gewundert, dass du ihn eingeladen hast.«

»Komm, lass uns nicht streiten, Baby«, schlug Sven vor, nahm eine Hand von der klebrigen Tastatur und legte sie auf Rosemaries Bauch.

»Weißt du, worauf ich mich freue?«, fragte er dann.

»Worauf?«

»Ich freu mich drauf, dass deine Schwangerschaft endlich vorbei ist und wir wieder unser altes Leben leben können.«

»Äh … was?«

»Na, weißt schon – wie früher. Jetzt ist ja 'ne Ausnahmezeit, das ist mir doch total klar, aber wenn's vorbei ist und du wieder schlank bist und wenn wir wieder um die Häuser ziehen, da freu ich mich halt richtig drauf. Auch endlich mal wieder einen kiffen zusammen oder nach Thailand. Hätte total Bock, mal 'n Tauchkurs zu machen.«

»Na ja«, sagte Rosemarie, »ganz so wie vorher wird es aber sicher erst mal nicht mehr werden mit dem Baby.«

»Wie meinst du das?«

»Na, wir müssen uns doch um das Kleine kümmern, da werden wir ganz schön mit zu tun haben.«

Sven runzelte die Stirn. Er sah aus wie der junge Alain Delon.

»Und wie lange wird das dauern ungefähr, was meinst du? Sechs Monate?«

»Nein, länger.«

Sven bewegte tonlos die Lippen und tippte mit dem Daumen an die Finger. Er zählte. Dann nahm er die Hand von Rosemaries Bauch und legte sie auf seinen eigenen.

»Kannst du das nicht allein machen?«, fragte er mit traurigen Augen. »Wäre das okay? Ist ja nur … Weißt du, ich hatte mich jetzt schon so auf mein altes Leben gefreut …«

»Ich werde deine Hilfe schon brauchen.«

»Vielleicht auch nicht! Du bist doch total gut im Organisieren! Meinst du nicht, du kriegst das auch allein hin? Baby! Bitte, bitte. Mir ist das echt wichtig, mein altes Leben, weißt du?«

Rosemarie wurde wieder übel. Sie stand auf, ging ins Bad und kotzte.

»Heißt das Ja?«, rief Sven ihr hinterher.

»Ein Mann ist ein Mann«, sagte Rosemaries Großvater, der absurderweise am nächsten Tag schon wieder zu Besuch gekommen war. »Ein Mann hat Bedürfnisse und Grenzen. Du kannst einen Mann nicht zum Mädchen machen.«

»Das find ich jetzt interessant, Opa Klöten. Wie meinen Sie das genau?«, fragte Sven und goss Großvater noch Portwein nach.

»Na, ist doch klar«, rief Großvater. »Heutzutage soll der Mann doch seine weibliche Seite zeigen.«

Er spuckte verächtlich auf den Teppich. »Bei der Geburt dabei sein, den Abwasch machen, duschen, die Brust rasieren ... Ihr wollt keine Männer, ihr wollt Schwuchteln.«

Sven lachte laut und schrill.

»Das ist ein witziger Vergleich«, sagte er dann.

»Das ist überhaupt kein Vergleich, sondern einfach nur stumpf«, berichtigte Rosemarie. »Und würdest du bitte nicht auf den Boden spucken, Opa?«

»Und was, wenn doch? Rufst du dann MeToo? MeToo! MeToo!«

»MeToo!«, stimmte Sven fröhlich mit ein und klatschte in die Hände. Als ihn Rosemaries Blick traf, verstummte er allerdings, nahm ihre Hand, rieb sie sanft und murmelte: »Baby! Geht's dir gut?«

»Geht's dir gut!«, brüllte Großvater, offensichtlich schon betrunken. »Was ist aus der Welt geworden? Hauptsache, der Frau geht's gut, was ist denn mit dem Mann?!«

»Interessant«, sagte Sven und ließ Rosemaries Hand los.

»Ja, was ist denn mit dem Mann?«, fragte sie. »Geht's dir nicht gut, Sven? Vermisst du vielleicht etwas?«

»Baby ...«, murmelte Sven.

»Natürlich vermisst er was!«, schrie Großvater. »Sieh ihn dir doch an, er geht ein, wenn er seine Wolfsnatur verleugnen muss! Mein Gott, als meine drei Kinder geboren wurden, war ich im Krieg. DAS ist der Weg des Mannes.«

»Krieg hatte ich auch schon mal überlegt«, sagte Sven.

»Wie bitte?«, fragte Rosemarie.

»Ja, Baby, das wollte ich dir noch erzählen. YouTube stellt grad eine Privatarmee zusammen gegen Spotify. Ich hatte überlegt, mich da einzuschreiben. Weißt du, die suchen noch Kampftaucher, und vielleicht erinnerst du dich, dass ich schon immer ein inneres Drängen verspürt hab, 'n Tauchkurs zu machen. In Thailand vielleicht, weißt du.«

»Du wirst jetzt nicht in den Krieg ziehen, Sven«, sagte Rosemarie.

»Nicht?«

»MeToo, MeToo!«, schrie Großvater.

»Halt's Maul!«, brüllte Rosemarie und sprang auf. Sofort spürte sie einen stechenden Schmerz im Bauch, was sie noch wütender machte. »Halt endlich dein Maul, und verpiss dich, du Vollirrer, ich hab die Schnauze voll von dir!«

»Baby«, sagte Sven.

»Und du, halt auch dein Maul! Ihr macht mich wahnsinnig mit euerm Gewäsch! Du ziehst nicht in den Krieg, du gehst nicht tauchen, du bleibst verdammt noch mal hier und unterstützt mich, das ist auch DEIN Kind, das ich hier kriege!«

»MeToo, MeToo«, sagte Großvater, aber es klang nicht mehr so triumphierend. Seine Unterlippe begann zu zittern.

»Fresse! Ich geh jetzt kotzen, und wenn ich wiederkomme, ist dieser alte Sack nicht mehr hier, kapiert?!«

Sie ging ins Bad, drehte die Wasserhähne auf und kniete vor der Toilette nieder.

Sie blieb lange im Bad.

Als sie wieder rauskam, hatte Sven den Tisch abgeräumt und die Kerzen gelöscht. Er stand in der Küche und bearbeitete die Vorhänge mit einer Haarbürste. Die Spülmaschine war eingeräumt, stand aber noch offen.

»Hey, Baby«, sagte er, als sie hereinkam. »Sorry about that. Wir sind, glaub ich, alle ein bisschen mit den Nerven runter, kann das sein?«

»Warum lädst du dieses Arschloch dauernd zu uns ein? Ich dachte immer, du kannst ihn nicht leiden?«

»Aber ... Baby. Ich hab das für dich gemacht. Schau, wir werden doch eine Familie, da dachte ich, es ist gut, die alten Verbindungen zu stärken. Dein Großvater liebt dich, weißt du?«

»Weiß ich eigentlich nicht. Er war schon immer stressig. Aber jetzt ist es unerträglich geworden.«

»Sag das nicht, Baby. Er ist alt und hat niemanden mehr.

Denk mal, wie es dir später gehen wird, wenn du alt bist und mich nicht mehr hast.«

»Wieso sollte ich dich dann nicht mehr haben?«

»Ach, weiß ich nicht … wegen Krieg vielleicht, oder so … und … vielleicht fühlen wir uns dann nicht mehr so zueinander hingezogen. Wenn wir älter sind, das kann doch sein. Dann wäre es ja verlogen, noch zusammenzubleiben. Ich mein, wir haben zwar eine offene Beziehung, aber …«

»Seit wann haben wir eine offene Beziehung?«

»Nein, ich … Sagtest du nicht neulich so was? Dass du gerne offen … gegenüber den Möglichkeiten des Lebens bleiben möchtest und dich nicht so auf einen Partner festlegen willst?«

»Was?«

»Sorry, Baby, vielleicht hab ich da was durcheinandergebracht. Kannst du mir mal das Salz geben?«

»Wozu willst du jetzt Salz?«

»Hier für die Gardinen. Ich putz doch grad die Gardinen. Bitte. Ist im großen Schrank.«

»Ich weiß, wo das Salz ist«, sagte Rosemarie und öffnete die Schranktür.

Mit einem Satz sprang ihr Großvater aus dem Schrank.

Gewürze, Teebeutel, Konserven und Tassen flogen durch den Raum.

»MeToo! MeToo!«, kreischte Großvater in einem ekelhaften Falsett.

Sven krümmte sich vor Lachen.

Rosemarie hielt sich entgeistert den Bauch und rang nach Luft. Tränen traten ihr in die Augen.

»Wir atmen ein, und wir atmen aus«, sagte die Yogalehrerin. Rosemarie folgte der Anweisung. Schien nicht viel zu helfen.

Normalerweise hatte schon der uterusfarbene Raum eine beruhigende Wirkung auf sie, aber heute war sie zu aufgewühlt.

»Wir kommen an«, sagte die Lehrerin, »wir kommen hier auf der Matte an.«

»Fick dich doch«, murmelte Rosemarie. Die wunderschöne Schwangere neben ihr sah kurz mit gerunzelter Stirn in ihre Richtung. Rosemarie zeigte ihr den Finger. Die andere schüttelte den Kopf. Weniger verneinend, eher, um Rosemaries negative Fingerenergie wie Wassertropfen abzuschütteln. Sie war mit Sicherheit ein Model. Alle hier beim Schwangerschaftsyogakurs schienen Models zu sein. Zwei Meter groß, mit perfekten Kugeln an ihren ansonsten hundemageren Peter-Pan-Körpern. Sie gingen hier zum Yoga, dann wieder nach Hause in ihr Maisonette-Dachgeschoss-Loft, wo ihre Partner ihnen liebevoll Nacken und Yoni massierten bis zum Geburtstermin.

»Widmet eure Praxis jemandem, den ihr liebt«, sagte die Yogalehrerin. »Schickt ihm all eure positive Energie.«

Rosemarie dachte an das Baby in ihrem Bauch, das unschuldige Geschöpf, das keine Ahnung hatte, in was für einen Scheißdreck es hineingeboren werden würde. Sie schickte ihm alle positive Energie, die sie hatte. Damit konnte es die Gebärmutter vielleicht für drei Minuten beleuchten, dann würde es wieder dunkel werden.

»Wir alle spüren manchmal auch Wut und Hilflosigkeit«, sagte die Yogalehrerin.

Das Model neben Rosemarie runzelte wieder kurz ihre perfekte Stirn. Wut und Hilflosigkeit? Diese Konzepte schien sie nur rein intellektuell erfassen zu können, selbst erlebt hatte sie so was natürlich noch nicht. Rosemarie verspürte den Drang, ihr eine reinzuhauen.

»Das ist okay«, sagte die Lehrerin. »Wertet diese Gefühle nicht. Lasst sie fließen. Schickt sie aus eurem Körper. Widmet sie jemandem, den ihr nicht so liebt. Vielleicht Trump.«

»Would Adolf Hitler also be okay? I'm half jewish«, fragte ein Model.

»Alles geht«, sagte die Lehrerin. »Schaut in euch hinein, denkt an jemanden, den ihr nicht liebt, und widmet ihm eure negative Energie.«

Rosemarie musste nicht lange überlegen. Sie grinste schief. Schickte ihre negativen Gefühle einer bestimmten Person, und sofort fühlte sie sich besser.

»Dein Großvater«, sagte Sven, »er ... er ist gestern Nacht gestorben.«

»Was?« Rosemarie rieb sich die Augen. In letzter Zeit schlief sie immer in den Tag hinein. Sven hatte sie wach gerüttelt. Er saß auf dem Bett mit dem Telefon in der Hand.

»Es hat gerade jemand angerufen. Er ist einfach eingeschlafen und nicht wieder aufgewacht. Sie können sich das nicht erklären. Er war gesund und stark wie ein Baum. Willst du 'n Kaffee?«

»Ich trink doch keinen Kaffee mehr.«

»Sorry, ich dachte, auf den Schreck. Also ich brauch

jetzt mal einen. Wow. Mein Gott, er war vorgestern noch bei uns.«

»Sven, ist das ein blöder Witz?«

»Was? Nein.«

»Er ist wirklich tot? Er versteckt sich nicht im Schrank und kommt da rausgesprungen wie letztens?«

»Das war doch bezaubernd. Ich hoffe, ich hab auch noch so 'nen Anarcho-Humor, wenn ich alt bin. Aber nein – kein Scherz. Tut mir leid. Ich weiß, du standest ihm sehr nahe.«

Rosemarie fühlte keine Trauer. Auch keine Schuld. Würde sicher noch kommen. Es war so absurd. Ein absurder Zufall. Es konnte ja nur ein Zufall sein. Negative Yogaenergie konnte doch niemanden töten. Blödsinn. Sie schüttelte den Kopf wie das Model gestern, aber die Perplexität blieb an ihrem Hirn kleben.

Schuld und Trauer würden noch kommen, sie war noch zu geschockt. Der Schock ließ jetzt erst mal nur kleine alltägliche Gefühle durch wie Appetit und Freude.

Freude war falsch. »Freude aus«, befahl sie ihrer Seele.

Sie hatte ihren Großvater gekillt. Mit purer Gedankenkraft. Yoga wirkte eben doch. Ach Quatsch, Yoga. Sie selbst hatte das gemacht – sie konnte mit ihren bösen Gefühlen töten. Sie war eine Superheldin. Trauer und Schuld und Scham und Tränen würden noch kommen.

Zum ersten Mal seit drei Monaten verspürte sie keine Morgenübelkeit.

»Ich ruf mal meine Schwester an«, rief sie.

Sven rief zurück: »Ich mach mir mal 'n Kaffee!«

»Ja!«, rief sie zurück. »Okay!«

»Alles klar!«, rief er.

Trauer und Schuld würden noch kommen.

»Ich glaube, ich bin böse geworden durchs Schwangerschaftsyoga«, sagte Rosemarie.

»Ich weiß nicht«, antwortete Sandra, nahm ihr schlafendes Baby aus dem Kinderwagen und begann, es zu schütteln. »Ich glaube, es liegt eher am Dammriss. Das ist die Grenze. Irgendwie reißt da auch etwas in der Seele, man spürt es richtig. Ich sage, es ist der Dammriss. Der Dammriss macht uns zu schlechteren Menschen, aber das will ja keiner hören.«

Das Baby begann zu schreien. Sandra verdrehte die Augen und begann zu singen.

»Mozart«, sang sie. »Mozart, Mozart, Mozart.«

»Vielleicht hat er Hunger«, sagte Rosemarie.

»Nein, Durst«, erwiderte Sandra, zauberte eine Trinkflasche aus ihrem Ärmel und steckte sie ihrem Kind in den Mund. »Die haben nie Hunger. Immer nur Durst. Das lernst du noch. Wenn du erst mal«, hier machte sie ihr patentiertes Dammriss-Geräusch mit dem Mund, »eine von uns bist.«

»Ich verstehe mich selbst nicht mehr«, sagte Rosemarie. »Also – möglicherweise hab ich meinen Großvater getötet … mit so ’ner Art Yoga-Voodoo. Ich weiß, wie das klingt.«

»Klingt wie Dammriss, nur nicht so krass. Glaub mir, so was hast du vorher noch nicht erlebt.«

»Ich glaub eigentlich überhaupt nicht an so was, aber es fühlt sich total so an – und das Übelste ist: Ich verspüre keine Schuld, überhaupt keine. Wenn ich daran denke, bin ich vollkommen kalt wie eine Maschine.«

»Ja, genauso ist es bei mir auch.«

»Aber du hast niemanden umgebracht.«

»Noch nicht. Halt mal bitte kurz.«

Sandra gab Rosemarie das Baby, stand auf und verließ das Café.

In Rosemaries Armen beruhigte sich der Kleine sofort und schlief wieder ein.

Durch und durch schlecht kann ich also nicht sein, dachte sie. Es war schön, dieses leichte, kleine, warme Wesen im Arm zu halten. Sie freute sich auf die Geburt ihres eigenen Kindes. Stellte sich vor, wie Sven und sie dann zu beiden Seiten dieses kleinen Wunders liegen und es beobachten würden. Die ganze Liebe. Die Vorstellung von diesem nie versiegenden Wasserfall der Liebe, der sich dann über sie alle drei ergießen würde, ließ sie lächeln. Ihre Gefühle waren also nicht weg, nur in Bezug auf Großvaters Tod schienen sie seltsam abgestumpft zu sein. War das vielleicht einfach ein so großer Schock gewesen, dass ihr Fühlen diesbezüglich eingefroren war? Weil sein Tod sie eben gerade besonders traf? Möglich, aber wohl eher nicht. Großvater war nicht der erste Todesfall in ihrer Verwandtschaft.

Hell, ihre beiden Eltern waren vor drei Jahren gestorben. Zeitgleich. War 'ne mysteriöse Geschichte gewesen. Sogar die Polizei hatte sich kurz eingeschaltet wegen Verdacht auf Mord, weil bei beiden Schusslöcher in der Stirn festgestellt wurden, nachdem sie bei Großvater zu Besuch gewesen waren. Der hatte sie auch gefunden. In seinem Wohnzimmer. Tot. Mit ebendiesen merkwürdigen Schusslöchern.

»Bei Schusswunden gehen wir erst mal von einem Verbrechen aus«, hatte der Kommissar Großvater erklärt, der sich darüber ziemlich aufgeregt hatte.

»Am Ende wollen Sie noch meinen Revolver seh'n, aber den find ich nicht!«, hatte er gerufen.

Der Kommissar war dann merkwürdigerweise auch gestorben, sogar auch mit einem Schussloch in der Stirn.

»Da habt ihr's, Lügenpresse, das soll ich wohl auch wieder gewesen sein, nur Pech für euch, dass ich da gerade in der Küche war und mir einen Kaffee gemacht hab!«, hatte Großvater gerufen, und tatsächlich konnte er diesen Kaffee vorweisen. Er war kalt, aber das stützte seine Geschichte, weil ja seither Zeit vergangen war.

Die Polizei hatte dann von Großvater als Tatverdächtigem abgelassen. Übrigens war es gar nicht die Polizei gewesen, sondern ein Sicherheitsdienst.

Kanzler Spahn hatte damals die gesamte Exekutive privatisiert, und in den meisten Städten sorgte nun die westchinesische Firma Xen Yang für Recht und Gesetz.

Rosemarie hatte denen für die Feststellung der Tode 2.000 Euro zahlen müssen. Weitere Investigationen wären noch teurer geworden, darum hatte sie davon abgesehen. Ein freundlicher Xen-Yang-Mitarbeiter hatte sie allerdings nach ihrer Telefonnummer gefragt, falls weitere Umstände ans Licht kämen. Und wirklich hatte er sie ein paar Tage später angerufen und sich mit ihr an einem neutralen Ort verabredet. Im Soda-Klub.

Dort hatte er ihr erklärt, dass unweit von Großvaters Wohnung ein Ankerzentrum war, aus welchem manchmal Flüchtlinge ausbrächen.

»Aber es gibt keine Hinweise, dass es einer von denen war?«, hatte Rosemarie gefragt.

»Hinweise!«, hatte der Mitarbeiter gesagt. »Hinweise sind grundsätzlich von der Regierung gesteuert. Alles, was man Ihnen sagt, ist falsch. Die Regierung verschweigt die wahren Fakten und lanciert falsche.«

Rosemarie hatte das Treffen schnell beendet und wurde danach noch ungefähr anderthalb Jahre von dem Typen gestalkt.

Als Sandra nach zwei Stunden noch nicht wiedergekommen war, zahlte Rosemarie, legte das friedlich schlafende Baby in seinen Wagen und machte sich auf die Suche.

Es fühlte sich gut an, draußen auf der Straße einen Kinderwagen zu schieben. Es lag eine einfache archaische Klarheit in dieser Handlung, aber sie wollte dieses Kind jetzt nicht für immer behalten, sie erwartete ja ihr eigenes.

Sie fand Sandra vor einem Spätkauf in der Nähe, wo sie einem Junkie und zwei italienischen Touristinnen Kartentricks zeigte.

Als Sandra Rosemarie sah, stand sie auf, griff wortlos den Wagen und schob ihn davon. Ihr nachblickend, fiel Rosemarie auf, dass sie hinkte.

Rosemarie wartete, bis das letzte schwangere Topmodel seine Matte zusammengerollt, sein Handy wieder eingeschaltet und den Yogaraum verlassen hatte.

Dann ging sie zaghaft nach vorn, wo die Lehrerin hockend in ihren Laptop tippte.

»Entschuldigung, ich hätte eine Frage ...«, murmelte Rosemarie. Die Lehrerin drehte den Schwanenhals in ihre Richtung und knipste ihr breites Lächeln an wie eine Treppenhausbeleuchtung.

Sie fragte nicht »Ja?« oder »Worum geht's?«. Sie ließ ihr Lächeln sprechen, welches zu gleichen Teilen »Texte mich bitte voll, Darling« und »Zisch ab, Fettbacke, ich hab Feierabend« zu sagen schien.

Verunsichert fragte Rosemarie: »Mich würde interessieren, ob man ... auch Böses bewirken kann mit Yoga ...«

Die Lehrerin seufzte. Dann sagte sie: »Es gibt nichts Böses. Alles, was wir bewirken, ist gut.«

»Also rein theoretisch, wenn man statt positiver Energien nun negative schicken würde ... wir sollen doch immer positive Energien schicken am Ende der Praxis ... und wenn man dann aus Versehen mal negative schickt ...?«

»Negative Energie ist dasselbe wie positive Energie. Im Westen denken die Menschen dualistisch. In Gegensätzen. Beim Yoga ergänzen, stabilisieren und stützen sich diese scheinbaren Gegensätze und lösen sich dadurch auf. Schau: Wir atmen ein ...«

Sie atmete ein.

»... und wir atmen aus.«

Sie atmete aus.

»Da gibt es kein ›positiv‹ und ›negativ‹, es ist alles im Fluss, und es ist alles gut.«

»Aber wenn ... also nur als Beispiel ... wenn jemand stirbt ...?«

»Wenn jemand stirbt, dann war seine Zeit gekommen. Ich weiß, das ist schwer zu begreifen, und wir empfinden Trauer. Vielmehr MEINEN wir, wir müssten Trauer empfinden, dabei ist der Tod Anlass zur Freude. In Indien tragen die Menschen Weiß bei einer Beerdigung und feiern sie wie einen Geburtstag. Denn das ist der Tod: eine Geburt in ein neues Leben. Etwas Wundervolles. Trauer ist da gar nicht angebracht.«

»Ach ja? Witzig. Mein Opa ist gestorben, und ich empfinde auch keine Trauer. Aber ich dachte, ich mach da was falsch.«

»Nein, das ist total gut. Dein Opa hat jetzt ganz viel Karma bewältigt und hinter sich gelassen. Du solltest dich für ihn freuen.«

»Auch wenn ich vielleicht schuld an seinem Tod bin?«

»Gerade dann. Schau mal hier.« Die Lehrerin hielt Rosemarie ihren schlanken Arm vor die Nase und zeigte auf eines ihrer unzähligen Tattoos. »Yin und Yang, siehst du? Licht und Schatten, Leben und Tod – es ist alles eins. Verstehst du?«

»Also bin ich nicht böse?«

»Du bist nicht böse. Du bist total in Ordnung, so wie du bist. Du hast deinen Platz, und alles, was du tust oder zu tun meinst, ist in Ordnung und dient der Erfüllung des großen kosmischen Plans.«

»Wow«, sagte Rosemarie.

»Baby, ich hab mich entschlossen, dir Zeit zur Bewältigung zu geben«, sagte Sven.

»Was?«

»Du brauchst doch Zeit. Mir ist klar geworden, wie egoistisch ich war. Weißt schon, mit meinem Krieg in Thailand. Hab nur dran gedacht, mein YouTube zu verteidigen, und gar nicht an dich. Jetzt ist mir aber klar geworden, wie wichtig es für dich ist, hier allein zu Hause zu bleiben. In Ruhe.«

»Wovon redest du?«

»Von London. Ich hab jetzt einen Vertrag unterschrieben. Sie suchen neue Kaffeetester für die Londoner Innenstadt. Ich hab mich da beworben und die Stelle gleich gekriegt.«

»Sven, das kannst du doch nicht bringen? In drei Wochen ist der Geburtstermin.«

»Der stimmt doch beim ersten Mal fast nie. Sag mal, hast du überhaupt die Schwangerschafts-App gelesen, die ich uns runtergeladen hab? Ich werd doch nicht lange wegbleiben, Baby. Eine Woche oder einen Monat. Boah, ich werd dich so vermissen. Aber am Ende tut das unserer Beziehung sogar noch gut. Abstand. Respekt. Sexy.«

»Du bleibst hier«, sagte Rosemarie und packte sein Handgelenk.

»Der Tod deines Großvaters hat dich mitgenommen. Du brauchst einfach mal 'ne Auszeit«, rief Sven, befreite sich aus ihrem Griff und rannte zur Tür.

Dort stand schon sein gepackter Rollkoffer.

»Ich freu mich so für dich, du wirst Mutter! Das ist doch der Wahnsinn!«, rief er, stieß die Tür auf und hechtete das Treppenhaus runter.

»Ist das nicht mutig von Sven, dass er ganz allein noch mal in London einen Neuanfang wagt?«, fragte Svens Mutter, ihren Tee schlürfend. »Mit den ganzen Brexit-Unsicherheiten und allem. Schon das Geld. Er muss ja jetzt immer das Geld umrechnen, wenn er sich einen Kaffee bestellt. Aber es beeindruckt mich, dass er sich auf so ein Abenteuer einlässt. Es beeindruckt mich, wiewohl es mich nicht wundert. Sven war schon immer außergewöhnlich lebensfroh und sinneswach. Schon als Kind.«

Rosemarie bereute, Svens Mutter besucht zu haben. Sie schwieg und kramte in ihrer Sporttasche.

»Was trägst du da, wenn ich fragen darf – dieses Kleid? Es ist so abscheulich weit geschnitten. Ist das diese sogenannte Schwangerenmode?«

»Kann schon sein«, sagte Rosemarie. Ihre Beine waren voll Wasser, alle ihre inneren Organe fühlten sich platt gequetscht an, und sie hatte Pickel.

»So was hatten wir damals nicht. Auch keine Schwangerentees.« Sie spuckte aus. Rosemarie musste kurz an Großvater denken. (Immer noch keine Reue.) »Oder Schwangerenkissen. Ihr müsst euch niicht wundern, wenn ihr wie Behinderte behandelt werdet, wenn ihr für alles eine Extrawurst braucht. Schwangerenzahnpasta, Schwangerenskilifte, Schwangerensocken.«

Rosemarie stand auf, warf sich die Tasche über die Schulter und ging zur Tür.

»Du leuchtest gar nicht«, sagte Svens Mutter. »Du hast keinerlei Leuchten. Dich umgibt eher eine Art Nebel. Wo gehst du hin?«

»Zum Schwangerenyoga«, sagte Rosemarie.

»Beide Arme und beide Beine gebrochen!«, rief Svens Mutter. »Beim Kaffeetrinken! Kannst du dir das vorstellen?«

Diesmal saßen sie in Rosemaries Küche. Diesmal trank Svens Mutter Schnaps.

»Und das an seinem ersten Tag in der neuen Heimat! Jetzt müssen wir ihn zurückfliegen lassen, das Gesundheitssystem da drüben gilt ja nur noch für Mitglieder der Königsfamilie und Gitarristen.«

»Ja, es ist krass«, stimmte Rosemarie zu. Svens Mutter hatte ihr von dem Unglück zuerst am Telefon erzählt und sich dann selbst eingeladen.

Wieder empfand Rosemarie absonderlicherweise keine Schuld. Eher einen leichten Rausch. Sie war eine Superheldin. Schwangerenyogawoman. Und: Sie hatte ja nicht nur schlechte Energie zu Großvater und Sven geschickt, sondern auch gute Energie an ihr Baby. Wenn dieses Yoga-Voodoo genauso im Guten funktionierte wie im Bösen, würde ihr Baby das glücklichste Kind der Welt werden. Sie verstand jetzt auch, warum sie keine Schuld empfand: weil Sven und Großvater totale Arschlöcher waren beziehungsweise gewesen waren. Das war Yin und Yang. Licht und Schatten. Die Arschlöcher mussten sterben oder leiden, damit ihr Baby glücklich werden konnte, wenn sie selbst es schon nicht war. Kosmischer Ausgleich. Fickt euch doch.

»Sven«, weinte Svens Mutter, »mein armer zärtlicher, aufgeweckter, kognitiv gut entwickelter Sven! Wie mutig er diese schrecklichen Schmerzen erträgt.«

»Ist ja kein Dammriss«, sagte Rosemarie. »Und so kann er wenigstens bei der Geburt dabei sein.«

»Du bist kalt«, sagte Svens Mutter. »Ich hab das schon immer an dir gesehen: diese diabolische Kälte. Du wolltest meinem Jungen was anhängen, aber dein Plan wird nicht aufgehen. Ich habe mit Sven telefoniert, und er hat gesagt, er hat sich's noch mal überlegt und möchte doch noch kein Kind.«

Rosemaries Fruchtblase platzte.

Ein nasser Fleck breitete sich auf ihren Stretchjeans aus.

»Kannst du mich ins Krankenhaus fahren?«, fragte sie.

»Nein«, sagte Svens Mutter.

Die meisten Babys – zumindest in der sogenannten Ersten Welt – sind erst mal happy. Kurz. Kurz sind sie happy. Und vielleicht ist ja diese kurze Happiness der Fluch ihres gesamten restlichen Lebens. Weil sie als diffuse Erinnerung lebenslang im Hirn hängen bleibt.

»Früher war es besser«, rufen die besorgten Bürger von Chemnitz, und sicher ist ihnen nicht bewusst, dass sie mit »früher« nicht die DDR, sondern ebendiesen Essenkackenkeinemiete-Zustand als Baby meinen.

Aber Rosemaries Baby würde FÜR IMMER glücklich sein – das war es jedenfalls, was Rosemarie ihm gewünscht hatte, und Rosemarie war allmächtig. Und nun würde es zur Welt kommen. Das glücklichste Wesen, das es jemals gab.

Genau jetzt. Genau jetzt wird es geboren. Seht dort den Arzt und die Hebamme, wie sie, einander leise verachtend, ihrer Arbeit nachgehen. Seht die schreiende Rosemarie dort, seht Sandra neben ihr stehend, wie sie von ihrer eigenen Geburt erzählt. Und seht auch vor dem Fenster die fette, einäugige Nebelkrähe, die hindurchlugt und widernatürlich zu lächeln scheint. Seht ihr sie? Hockt schon die ganze Zeit auf ihrem Platz. Fliegt genau in dem Moment fort, wo der Hebamme das Baby entgegenflutscht, das glückliche, wiewohl einäugige Baby. Es schreit nicht. Sie schneiden die Nabelschnur ab, waschen es und wickeln es in Frottee. Es schaut nur ruhig aus seinem einen schwarzgrauen Auge in die Runde. Sein Blick fällt auf den Wehentropf, auf die betreten wegschauenden Umstehenden, auf die weinende Sandra, auf das blutverschmierte Bett, auf dem seine tote Mutter liegt. All das sieht das Baby. Und schreit nicht.

Rosemarie erwachte schweißgebadet. Ihr Herz pochte wie verrückt. Fil, der neben ihr lag, öffnete die Augen.

»Wieder ein Albtraum, Baby?«, murmelte er und legte seinen muskulösen Arm beruhigend über ihre Brüste.

»Ja, fuck, es war wieder das einäugige Monsterkind«, sagte Rosemarie. Sie wusste, dass es Blödsinn war, aber sie musste aufstehen und sich vergewissern, dass mit Polly alles in Ordnung war. Mit leisem Knarren öffnete sich die Tür zum Kinderzimmer. Dort lag ihre Tochter. Das schönste und vor allem das glücklichste, normalste und zweiäugigste Kind der Welt. Und schlief. Fil kam und legte seinen muskulösen Arm um sie. Sie schmiegte sich an ihn. Die beiden hatten sich vor zwei Jahren beim Schachboxen kennengelernt, und Fil war, nach der Geburt von Polly, das Beste, was ihr in ihrem Leben passiert war.

»Ich mach dir ’n Kaffee. Oder hättest du lieber erst Sex?«, fragte er und küsste sie sanft auf die Nasenspitze.

»Kaffee reicht erst mal, Tiger.«

»Rrrrrrr!«

Rosemarie lachte. In letzter Zeit lachte sie viel. Das Leben war gut. Es hatte sich herausgestellt, dass Svens Mutter steinreich war, und dafür, dass Sven nur zweimal im Jahr einen halben Nachmittag mit seiner Tochter verbringen musste, zahlte sie ihr eine fürstliche Abfindung. Fil war sowieso reich. Mit seinen markerschütternden Horrorstorys verzückte er seine Leserschaft Mal um Mal und belegte verlässlich dauerhaft den ersten Platz der SPIEGEL-Bestsellerliste.

Sie lebten zusammen mit Polly, die Fil sofort ins Herz geschlossen hatte, in der gigantischsten Dachgeschosswohnung der Stadt. Sie ging über fünf Etagen und über drei verschiedene Dächer. Ihre fünf Bäder waren mit versteinerten Modeltränen gefliest. Niemand wohnte besser, niemand hatte großartigeren Sex, und kein Kind war glücklicher. Rosemarie seufzte. Es war fast langweilig, weshalb sie auf Etage 4 eine kleine Extrawohnung für Sandra und deren alleinerzogene verhaltensauffällige Tochter hatten einrichten lassen.

Wenn Rosemarie mal wieder eine Dosis Reallife brauchte, ging sie dorthin zu Besuch. Ansonsten verließen sie ihr Paradies kaum. Wozu auch. Oben auf den Dächern hatten sie einen Pool, ein Wellness-Areal und eine kleine Schaffarm.

»Lass uns nie vergessen, wo wir herkommen«, hatte Fil einmal gesagt und dann hinzugefügt: »Oder warte. Komm, lass es uns doch vergessen, haha.«

Sie liebte diesen Mann. Er liebte sie. Beide liebten sie

Polly, und wenn sie irgendetwas anderes brauchten, ließen sie es sich liefern. Das war auch wirklich – neben den Gesprächen mit Sandra – der einzige Stress in ihrem Leben: dass es ständig klingelte, weil dauernd irgendwas geliefert wurde. So auch jetzt.

»Ich geh schon!«, sagte Rosemarie, gab der schlafenden Polly einen Kuss auf die Stirn und stellte sich auf das Laufband Richtung Haustür. Sie glitt an antiken Mingvasen vorbei, an seltenen exquisiten Pflanzen, an Kunstwerken jeglicher Couleur. Dort war ihr Thomas Moore, hier ihr van Gogh, dort ihr Gerhard Richter. (Es war tatsächlich Gerhard Richter, the artist himself, der dort in einem kleinen spektralfarbenen Käfig von der Decke hing. Vermutlich ihr wertvollster Besitz. Halt, nein: Das war natürlich Polly.)

Rosemarie stieg vom Laufband, schnürte ihre Seidenrobe zu und öffnete die Tür.

Draußen stand Großvater.

»Dachgeschoss«, keuchte er. »Ich kenn ja Geschosse aus dem Krieg, aber das hier ist das Hinterfotzigste meiner Karriere. Und nur ein Stehfahrstuhl. Ich soll mir wohl eine Thrombose holen?«

»Großvater?«

»Auch schon gemerkt?«

Er stapfte hinein. Er schien mit beiden Schuhen in Hundescheiße getreten zu sein und verteilte die freigebig auf dem Perserteppich.

»Ja, ich bin es«, sagte er. »Da ihr ja nicht geruht, euch bei mir zu melden, muss ich wohl selbst die kranken Knochen herschwingen, um mein Enkelkind zu sehen.«

»Wieso lebst du?«, fragte Rosemarie.

»Um zu lernen«, antwortete Großvater. »Um Erfahrungen zu machen und mich auf Basis derer weiterzuentwickeln.«

»Haben wir Besuch, Baby?«, rief Fil aus der Küche.

»Schon wieder 'n neuer Stecher, ja?«, sagte Großvater. »Polyamori. S/M. Transmenschen. Pfui Deibel. Wir hatten damals EINE Frau und zwei Hände, und es hat uns Demut gelehrt. Aber das könnt ihr ja nicht verstehen.«

»Warte mal.« Rosemarie war kurz schwarz vor Augen geworden. Jetzt kniff sie die Augen zusammen. »Du bist doch vor vier Jahren gestorben. Du warst tot. Ich war auf deinem Begräbnis. Wieso stehst du jetzt hier?«

»Das hast du geglaubt?«, fragte Großvater und lachte rasselnd. »Das war doch nur ein Witz, den Sven und ich uns ausgedacht hatten.«

»Es gab eine Beerdigung! Du hast einen Grabstein!«

»Ach, so 'n Pfaffe zaubert dir schon was Ordentliches hin für 'n paar Tausend Euro. Also, dass du das nicht durchschaut hast. Weil du eben ständig nur mit dir selber beschäftigt bist. So. Wo ist jetzt mein Enkelkind?«

»ICH bin dein Enkelkind«, flüsterte Rosemarie.

»Nicht mehr. Du bist entlassen. Ich nehm die Kleine stattdessen, und sie wird bei mir wohnen. Hab das schon alles mit Sven geregelt.«

»Bleib hier stehen«, rief Rosemarie, rannte zum Esstisch, nahm ihr Galaxy 2000 aus der diamantenen Ladestation und wählte Svens Nummer.

»Ey, sorry wegen letztem halben Jahr«, meldete der sich gleich, »da konnte ich echt nicht so gut. Und es war Susas Geburtstag.«

»Du wusstest, dass mein Großvater noch lebt?«

»Haha, hast du's endlich rausgefunden? Wir dachten schon ... Sorry, Baby – aber Granddad Klöten und ich dachten schon: Wie schwer von Kapee ist die denn?«

»Bist du wahnsinnig?«

»Es war ein Witz, Baby! Wo bleibt dein Sinn für Humor?«

»Wo zur Hölle ist da der Witz? Einen Tod vortäuschen? Und dann auch noch für vier Jahre? Das ist krank!«

»Dann findest du's bei deinen Eltern wohl auch nicht witzig?«, rief Großvater durch den Raum. »Dass sie nämlich auch noch leben?«

»Was?«

»Na klar. Du hast wirklich überhaupt keinen Humor. Wir dachten, dass du wenigstens den Witz von Sven mit den gebrochenen Armen und Beinen verstehen würdest.«

»Meine Eltern leben noch?!«

»Klar. Wenn du bloß mal ein bisschen locker ans Leben rangehen würdest. Sie sind mit mir gekommen und stehen noch vor der Tür.«

Rosemarie rannte zur Haustür und riss sie auf. Das bernstein- und platinbeschlagene Treppenhaus war leer.

»April, April!«, rief Großvater. »Schon wieder reingefallen. Nein, DIE sind wirklich tot. Jetzt will ich endlich mein Enkelkind seh'n. Ich werde sie Brigitte nennen.«

Mit großen Schritten Unflat verteilend, durchquerte er den Raum.

»Hey, sind Sie ein Verwandter von Rosie?«, fragte Fil, mit zwei Tassen Kaffee aus der Küche tretend. »Kaffee?

Nehmen Sie nur. Kann mir gleich selbst einen neuen machen.«

»Geh mir weg mit der muslimischen Knoblauchbrühe«, sagte Großvater und schob sich an Fil vorbei.

Er betrat das Kinderzimmer, wo Polly immer noch schlief. Rosemarie rannte ihm nach.

»Aha«, sagte Großvater. »Na ja. Nichts Besonderes.« Er öffnete seinen Gürtel und knöpfte sich die Hose auf.

»Was machst du da?«, fragte Rosemarie.

»Ich will vor dem Kind onanieren, damit es hart wird.«

»Denk nicht mal im Traum dran, Drecksack«, rief Fil, stellte die Kaffeetassen ab, packte Großvater und hob ihn mühelos hoch.

»Hilfe! Hilfe! Zu Hilfe, ihr Leut!«, schrie Großvater.

»Was soll ich mit ihm machen, Baby?«, fragte Fil.

»Schmeiß ihn vom Balkon.«

»Du meinst, von der Terrasse.«

»Das meinte ich, ja. Sorry.«

»Hey, kein Problem. Sorry fürs Rechthaben. Love you.«

Mit seinen starken Armen wuchtete Fil sich Großvater über den Kopf und trat auf die Terrasse hinaus.

»Irgendwelche letzten Worte?«, fragte er.

»Ich werde wiederkommen«, sagte Großvater mit wutverzerrtem Gesicht.

Fil warf ihn in hohem Bogen über die Brüstung.

Blitzschnell zog Großvater im Flug seinen Revolver aus dem versteckten Schulterhalfter und erschoss Gerhard Richter.

»Ich besorg uns Daniel dafür«, sagte Fil zu Rosemarie.

»Ist schon okay, ich brauch gar keinen lebenden Künstler in der Wohnung. Ich brauche das meiste Zeug hier gar nicht. Ich brauche nur …«

Rosemarie stockte. Unten wurde Großvaters Sturz von einer skandinavischen Reisegruppe gebremst. Fünf von ihnen starben. Er selbst blieb wie durch ein Wunder unverletzt.

»Ich brauche …« Rosemarie wurde heiß und kalt. Sie wusste, was sie brauchte. Das Einzige, was sie brauchte, das Einzige, worum es ihr ging, war, dass ihr Kind glücklich war. Aber da konnte sie sich ja jetzt nicht mehr sicher sein! Großvater war nicht gestorben, und Sven hatte keinen Unfall gehabt. Offennbar hatte sie nie Yogakräfte besessen. Alles nur Einbildung, alles bloß ein hohler Prank von zwei Geistesgestörten! Und Polly? Wenn sie nichts Böses bewirken konnte, konnte sie mit Sicherheit auch nichts Gutes bewirken. All die positiven Glücklichkeitsenergien, die sie Polly geschickt hatte … oh Gott, oh großer Gott! Als ihr das durch den Kopf schoss, trat Polly in ihr Blickfeld. Sie sah verschlafen aus. Süß. Aber nicht unbedingt glücklich.

»Ihr macht so viel Krach«, sagte sie.

Tränen schossen Rosemarie in die Augen. Sie stürzte auf Polly zu und nahm sie in den Arm.

»Lass mich. Muss Pipi«, sagte das Kind und taumelte ins Bad.

Rosemaries Gedanken rasten.

Sie war sich die letzten Jahre so sicher gewesen. Das Glück ihres Kindes hatte unumstößlich festgestanden. Aber nun? Was konnte sie tun? Sie musste etwas tun!

»Menschenopfer«, ertönte eine krächzende Stimme von der Terrasse.

Rosemarie fuhr herum. Dort auf der Brüstung saß die einäugige Nebelkrähe aus ihren schrecklichen Albträumen.

»Menschenopfer«, krächzte sie noch mal. Tonlos, aber gut verständlich.

»Hast du das gehört?«, hauchte Rosemarie.

»Den Vogel?«, fragte Fil. »Hab ich. Krahh, hat er gesagt. Ist, glaub ich, 'n Rabe. Hässliches Exemplar, wenn du mich fragst.«

»Ihn«, krächzte die Krähe. »Opfere ihn. Biete sein Fleisch dem Fürsten der Finsternis dar, und dein Kind wird glücklich sein.«

»Könntest du jetzt vielleicht mal 'n Kaffee machen, Baby?«, fragte Fil.

»Was?«

»Na ja, ich hab vorhin einen gemacht, aber der ist ja jetzt nicht mehr superheiß, wie ich ihn mag. Und gestern hab ich auch einen gemacht und letzte Woche einen Tee. Ich finde, du bist auch mal dran. Kannst dich ja nicht dauernd von mir bedienen lassen, wo ich hier schon die Miete und alles zahl.«

Rosemarie kniff ein Auge zusammen.

»Baby, wenn du so guckst, siehst du zehn Jahre älter aus«, sagte Fil.

Die Krähe flog davon.

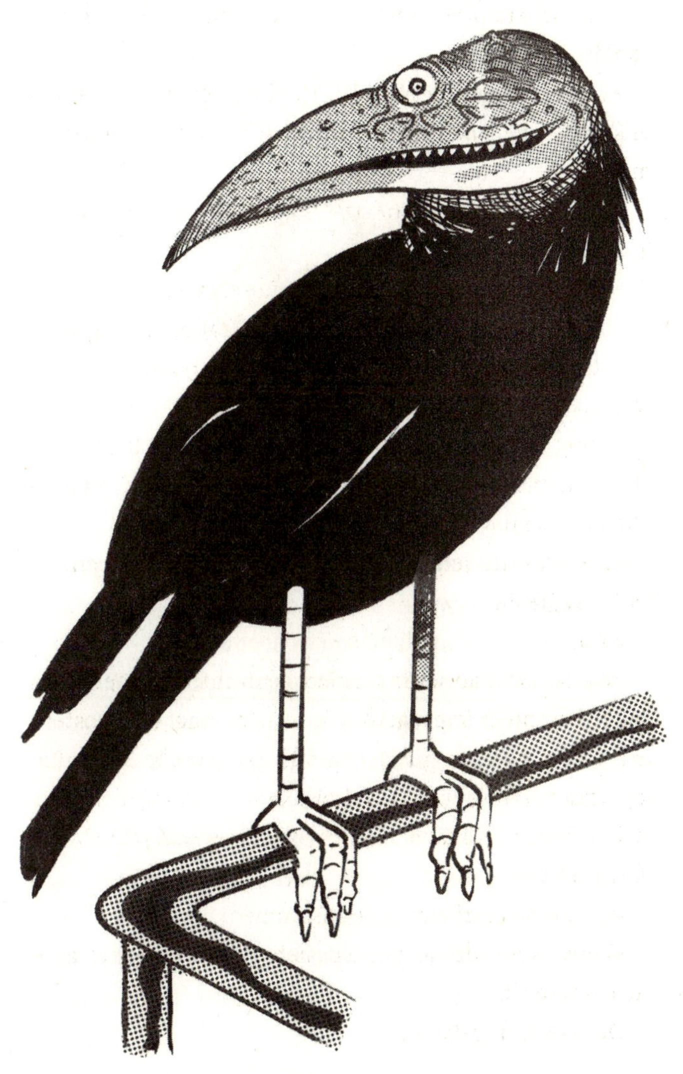

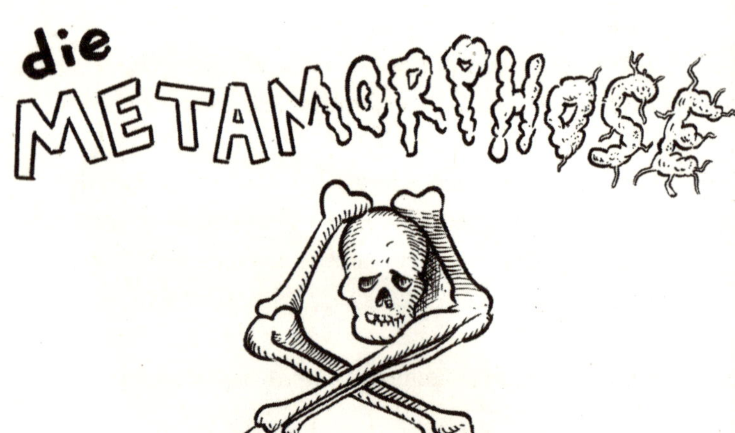

Als Georg an dem einen Morgen aufwachte, war er in einen riesigen Käfer verwandelt. Erst dachte er noch: Kann ja wohl nicht sein. Aber dann war es doch so.

Seine Mutter konnte es auch zuerst nicht fassen: ihr Georg – ein Käfer? Sie verstand das nicht. Aber sie verstand den Georg ehrlich gesagt sowieso nicht mehr in letzter Zeit. Der Vater war schon auf Arbeit.

»So kann ich ja nicht zur Schule«, maulte Georg.

»Aber den ganzen Tag im Bett rumliegen läuft auch nicht«, antwortete die Mutter.

Es war eine schlechte Stimmung zwischen den beiden. Sie waren gewohnt, ihre Vormittage ohne den jeweils anderen rumzubringen.

Die Mutter stöpselte den Staubsauger ein und legte los. Sie liebte dieses Geräusch. Die Düsen. Die reinigende Düsenkraft. Sie liebte die kleinen Unterschiede im Sound, die das Gerät auf den verschiedenen Oberflächen machte. Am meisten aber liebte sie es, die Bürste abzuziehen und mit dem blanken harten Rohr den Spalt zwischen Teppichrand und Fußleiste zu bearbeiten. Hier ging richtig was rein. So muss das Leben sein. So war es nur selten. Eigentlich tatsächlich nur beim Saugen.

Mit dem faulen mutierten Georg in der Wohnung machte das Saugen heute allerdings überhaupt keinen Spaß. Natürlich war er im Bett liegen geblieben mit seinem schwarzspeckig glänzenden Exoskelett.

»Aufstehen. Los. Ich mach hier nicht den ganzen Tag sauber dafür, dass du rumliegst«, sagte die Mutter, hob das Saugrohr und klopfte damit aufmunternd gegen die Seite von Georgs Bett. Dabei saugte sie versehentlich eins von seinen spindeldürren haarigen Beinchen ein, welches er provokant baumelnd hatte herunterhängen lassen. Mit einem schmatzenden Geräusch löste sich das Teil vom Leib ihres Sohnes und verschwand in der Röhre.

»Aua! Spinnst du? Mein Bein! Aaaahh!«, rief Georg.

Kurz wollte die Mutter sich entschuldigen, aber da fiel ihr ein, dass sie mal gelesen hatte, dass es für Kinder schwerer zu verwinden ist, wenn die Eltern Fehler machen, als wenn der Fehler bei ihnen selbst liegt. Es würde ihr ganzes kindliches Weltbild durcheinanderbringen, wenn sie zu früh in den Abgrund elterlicher Unvollkommenheit schauen.

Darum sagte sie: »Tja. Siehst du. Ich hatte dir gesagt, du sollst aufstehen. Ich sag das doch nicht aus Jux und Tollerei.«

Georg stieß fiepende Schmerzlaute aus. Natürlich ließ

er sich die Gelegenheit nicht entgehen, eine Show abzuziehen.

Aus der kreisrunden Wunde an seinem Bauch sickerte eine gelbweiße Flüssigkeit.

»Jetzt saust du noch das ganze Laken ein. Mach dir da mal ein Pflaster drauf«, rief die Mutter, ging dann aber doch ins Bad, holte selber eins und klebte es unsanft über die Wunde.

»Toll«, sagte Georg. Aber sie wusste, dass er es nicht so meinte. Georg hatte schon lange nichts mehr toll gefunden. Diese zermürbende Negativität kannte sie ja zur Genüge.

»Steh jetzt auf«, sagte sie.

»Wie denn, ohne Bein?«

»Du hast noch fünf andere. Herrgott, los jetzt, lass mich nicht alles hundertmal sagen!«

Mürrisch, aufreizend langsam und übertrieben theatralische Leidenslaute ausstoßend, wuchtete Georg sich aus den Kissen.

Ihr fiel auf, dass er nackt war.

»Und zieh dir was an, Herrgott!«

»Was denn?«, krähte er. »Meine Sachen passen mir ja nicht mehr.«

»Das hast du dir selber zuzuschreiben«, antwortete sie. Zwar war sie nicht ganz sicher, ob das wirklich stimmte, aber sie wollte sein kindliches Weltbild nicht durcheinanderbringen.

Sie ging auf den Balkon, um keine zu rauchen. Es war ein grauer Tag draußen, er passte zur Architektur Pforzheims.

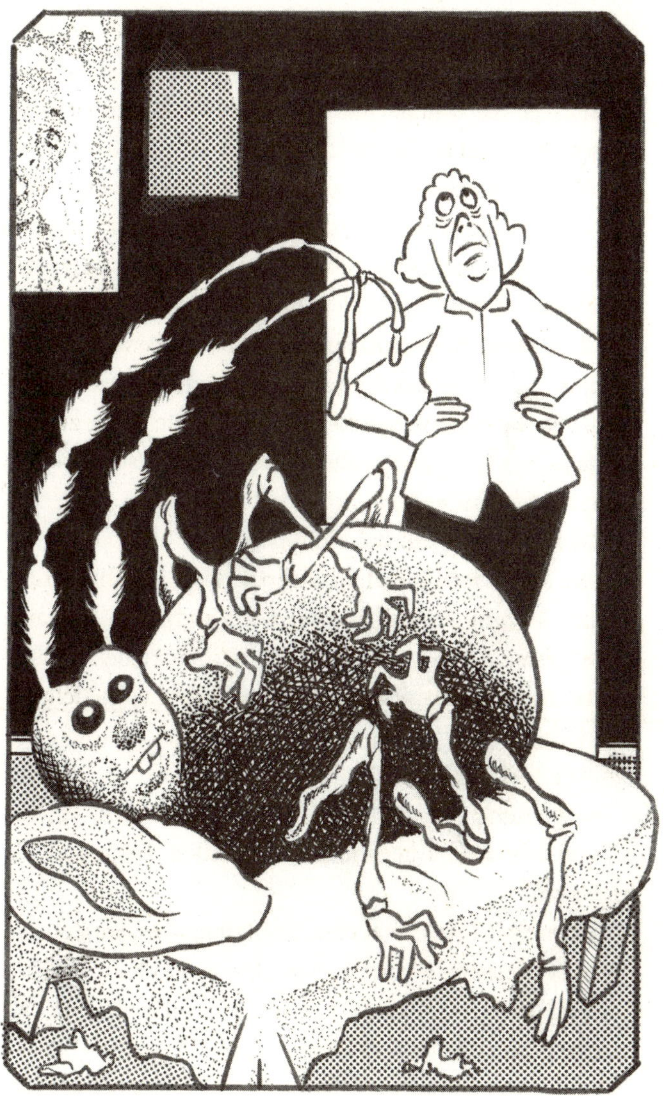

Ihr Blick fiel auf die vorstehenden blauen Adern, die ihre auf der Balkonbrüstung ruhenden Hände durchschnitten. Sie seufzte. Alt war sie geworden. Alt und gefangen in einem Käfig. Wo war das Mädchen geblieben, das damals so verrückt nach »Take That« gewesen war, dass es sogar einmal ein Konzert von denen besucht hatte? Wann hatte sie die »Pop Rocky«-Poster von den Wänden ihres Herzens abgehängt, wann war sie diese leere Hülle geworden?

Sie blieb so lange auf dem Balkon stehen, wie es sich nicht geisteskrank anfühlte, und ging dann wieder rein.

Georg saß in der Küche.

Na ja, »saß«. Er klebte eher unbeholfen zwischen Stuhl und Tisch, während er mit einem zitternden Ärmchen Milch über seine Fruit Loops kippte.

»Iss lieber mal 'n Apfel«, rief die Mutter, nahm einen grünen Granny Smith aus dem Korb und warf ihn nach dem Idioten.

Der Apfel blieb in seinem Panzer stecken. Die Wucht des Aufpralls warf Georg vom Stuhl. Er ließ die Milchtüte auf den Boden fallen.

»Jetzt guck, was du gemacht hast!«, rief die Mutter, stürzte herbei und begann, hektisch zu wischen. »Milch gibt weiße Flecken!«

»Wieso bin immer ich schuld?«, jammerte Georg.

»Geh auf dein Zimmer!«

»Mann ey.«

Murrend watschelte er hinaus.

Die Mutter kämpfte mit den Tränen. Dann griff sie zum Telefon.

»Schlunze und Stanislawski. Ideenentwicklung, Konzeptoptimierung, Intentionswartung und Gebäudebewohnung?«, ertönte die Stimme des Vaters am anderen Ende.

»Dein Sohn«, sagte sie.

»Du, ich bin hier auf der Arbeit.«

»Das ist deine Antwort auf alles. Ich weiß jetzt aber nicht mehr weiter. Er ist heute nicht zur Schule gegangen.«

»Wieso nicht?«

»Ach, was weiß ich, angeblich ist er ein Käfer, mich darfst du da nicht fragen. Auf jeden Fall geht das so nicht weiter.«

»Was soll ich denn deiner Meinung nach tun?«

»Ich kann nicht mehr.«

»Ich muss arbeiten. Können wir das nicht heut Abend besprechen?«

»Heut Abend. Heut Abend ist deine Antwort auf alles.«

»Wir haben gerade einen wichtigen Kunden.«

»Dein Sohn ist auch ein Kunde.«

»Du, ich muss auflegen, da kommt grad ein Anruf. Ein Anruf, der mit der Arbeit zu tun hat, auf der ich hier ja bin.«

Der Vater legte auf. Dann ging er auf eBay-Kleinanzeigen. Zum zehnten Mal an diesem Morgen verlor er sich in der Welt der gebrauchten Dinge.

Der Vater fand sich noch ziemlich gut aussehend. Also nicht nach außen, ihm war schon klar, dass er außergewöhnlich fett war – aber sein eigentliches gutes Aussehen von früher war ja unter diesem ganzen Fett bloß verborgen. Präserviert. Das Fett musste nur mal runter – vielleicht durch ein paar Wochen Fitness –, und dann hätte er wieder seine alte Schönheit zurück. Die Mutter allerdings war ein anderer Fall. Er erinnerte sich noch genau an diesen einen Morgen, als er aus dem Bad gekommen war und sie noch schlafend im Bett hatte liegen sehen. Es war ihr vierzigster Geburtstag gewesen, und plötzlich war ihm aufgefallen, dass sie durchsichtig war. Er konnte durch ihre Haut sehen – ein feines Gewirr von Venen und Adern, Fett, gestreifte Muskeln, Knochen – bis zum Laken unter ihr. Sie war durchsichtig und wurde mit jedem Tag durchsichtiger. Mittlerweile war sie zweiundvierzig und schon lange komplett unsichtbar. Nur an ihren Kleidern konnte man erkennen, wo sie sich gerade aufhielt. Und an ihrer Stimme natürlich.

Eigentlich war das echt keine gute Frau, schoss es ihm durch den Kopf, so ganz anders als die Damen aus den Erotikfilmen. Sie forderte, statt zu geben, und man konnte sie nicht sehen.

Der Vater seufzte. Sein Kollege neben ihm stimmte in das Seufzen ein. Und der daneben. Ganz automatisch. Wie eine La-Ola-Welle breitete sich das Seufzen im Großraumbüro aus. Keiner arbeitete, alle waren auf Facebook, Instagram oder eBay. Sie schädigten die deutsche Wirtschaft und hatten nicht mal besonderen Spaß dabei.

Der Vater ging zum Kaffeeautomaten, stellte sich kurz vor, wie er als Häuptling der Apachen mit seiner Silberbüchse von einem hohen Felsplateau herab ins Tal schaute, und machte sich dann einen Kaffee.

Der Kaffee – oder »K«, wie er sich selbst prätentiöserweise zu nennen pflegte – war an diesem Morgen anders als sonst. Schlechter. Bitterer. Vielleicht war die Maschine einfach einmal zu wenig gereinigt worden, vielleicht war das aber auch seine kleine schwache Rache.

»Ohne dass er etwas Böses getan hätte, wurde K in eine Tasse gegossen«, sagte der Kaffee leise. Er sprach von sich selbst in der dritten Person und von der Gegenwart als der Vergangenheit. Das half ihm, eine innere Distanz zu seinem, bei Lichte besehen, doch recht armseligen Leben aufzubauen: jeden Tag neu gebrüht und dann getrunken oder stehen gelassen und dann weggekippt.

»Der Kaffee labert schon wieder«, sagte der Vater und seufzte.

»Hat er gestern auch. Gestern und vorgestern«, fügte Bresicke hinzu. Bresicke war für den Vater dieses komische Mittelding zwischen ›scheißegal‹ und ›bester Freund‹.

»Haha«, lachte der Vater für den Fall, dass das lustig gemeint gewesen war. Und auch, weil es guttut, ab und zu zu lachen.

»Hahahahihaha«, lachte der Kaffee ironisch. »Sie schickten sich an, K zu trinken, was sie augenscheinlich zu amüsieren schien.«

Über der Stadt braute sich ein düsteres Gewölk zusammen, nahm Form an, gab Form wieder ab und zog dann weiter.

Georg lag auf seinem Bett. Die Stelle, wo sein Bein fehlte, pochte und schmerzte, und er kriegte den Apfel nicht aus seinem Panzer.

Er hörte die Mutter durch die Wohnung fetzen. Sie hatte so viel Energie. Mehr als Georg, der Vater und K zusammen. Aber sie hatte keine Vision. Sie hatte einfach keine Vision.

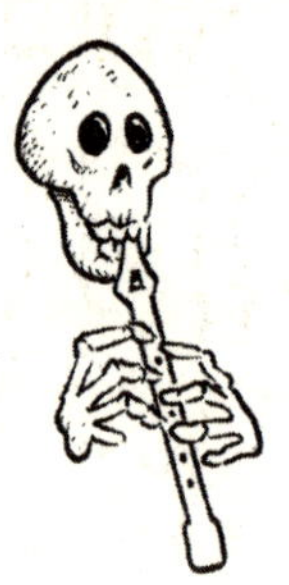

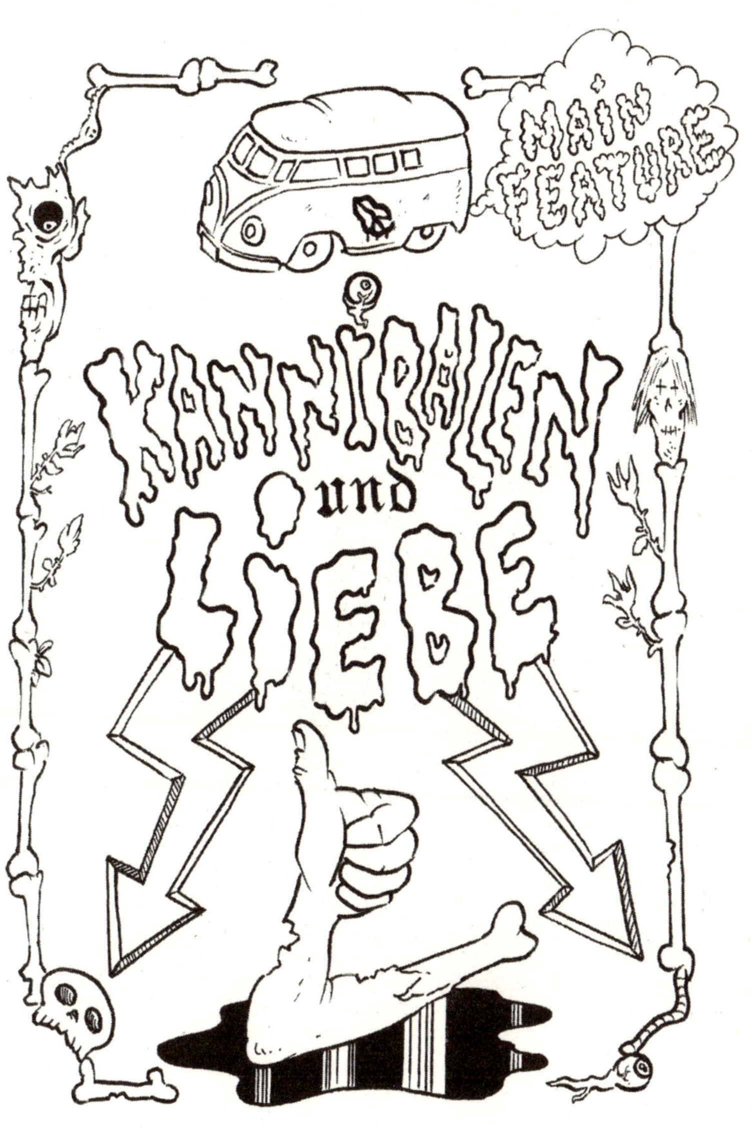

MAIN FEATURE
KANNIBALEN
und
LIEBE

1 Das Fleisch

Nach dem Tod unserer Eltern wurden mein Bruder und ich in den Schwarzwald geschickt, um dort bei Tante Käthe, der einzigen Schwester unserer Mutter, zu leben.

Wir kannten diese Frau nicht. Mutter hatte uns erzählt, als Mädchen seien Käthe und sie unzertrennlich gewesen, doch die Heirat mit dem »Bauern« hätte den Charakter ihrer Schwester so rapide und grundlegend zum Schlechteren verändert, dass sie bald jeglichen Kontakt abbrach.

Über Onkel Hihrn, der bei uns zu Hause nur als der »Bauer« bezeichnet wurde, wussten wir auch nicht viel. Anscheinend hatte er ein Gut geerbt, irgendwo im Wald, nahe einem Örtchen, das so klein war, dass es keinen eigenen Namen hatte. Dort lebten Käthe und er mit ihrer Tochter Brünette. Ob sie tatsächlich Bauern waren, war uns nicht bekannt. Die paar Male, wo das Gespräch auf sie kam, ließen erahnen, dass meine Eltern Hihrn und die Seinen zutiefst verabscheuten, was auf Gegenseitigkeit zu beruhen schien.

Umso größer unser Erstaunen, als sie sich nun bereit erklärten, meinen Bruder Bingo und mich bei sich aufzunehmen. Wir hatten mit einer Heimunterbringung gerechnet.

Der ICE ratterte und knatterte. Bis Stuttgart erst mal. Dort umsteigen in den Regio, und am Bahnhof von Schweinshagen würde der Onkel uns dann abholen. So zumindest hatte es geheißen. In der E-Mail.

Bingo weinte die ganze Fahrt über. Mutter und Vater fehlten ihm. Ich hingegen hatte unsere Eltern nie besonders gemocht und kam deshalb mit der Situation besser klar. Natürlich war ich mit meinen 23 Jahren auch reifer, abgeklärter und mit dem ganzen Werden und Vergehen, der Unbeständigkeit, dem kalten, mitleidlosen Fluss des Sterbens und all diesem Krempel mehr d'accord als der 19-jährige Pimpf.

»Schau, die kahlen abgeernteten Felder da draußen im fahlen Novembernachmittagsdunst«, versuchte ich, ihn aufzuheitern, aber er heulte immer nur weiter, sodass ich ihn schließlich schlug.

Es wird immer viel kritisiert, dass die Stärkeren die Schwächeren schlagen, aber niemand legt mal dar, wie sehr die Schwächeren auch nerven können.

Ich schlug und schlug, und Nasenblut brachte Rotz und Wasser endlich zum Versiegen.

Als wir in Schweinshagen ankamen, war es stockdunkel. Der Bahnsteig menschenleer. Winzige scharfkantige Schneeflocken wirbelten unentschlossen durch die kalte Luft. Auch sie schienen sich hier nicht niederlassen zu wollen.

Eine halbe Stunde warteten wir. Dann gingen wir durch das baufällige Bahnhofshäuschen hindurch auf den Vorplatz. Keine Menschenseele.

»Da. Da drüben«, jammerte Bingo. Ich schlug ihn und schaute in die Richtung, die er mir gewiesen hatte. Dort stand auf einem ansonsten verlassenen Parkplatz ein mit großen Rostflecken übersäter VW-Bus. Und jemand schien darin zu sitzen. Zögernd näherten wir uns dem Gefährt. Als wir nur noch ein paar Meter entfernt waren, sprang die Tür auf, und wir konnten einen Blick auf den Fahrer werfen.

Es war ein Gigant. Der größte Mensch, den wir je gesehen hatten. Am unglaublichsten waren seine Hände. Sie waren so riesig, dass sie wie eigenständige Lebewesen wirkten. Wie fette, glatt rasierte Hunde ruhten sie auf den Knien des Riesen.

Sein Körper quoll langsam aus der geöffneten Tür, eine wabernde Masse Fett. Überraschend grazil drehte er seinen Kopf, der an einen warzigen Ameisenhügel erinnerte, in unsere Richtung. Die winzigen Augen saßen so weit seitlich, dass ich mich fragte, ob er überhaupt dreidimensional sehen konnte.

Das also war der Bauer. Eine Mischung aus Bär, Hai und Vulkan.

»Ha, kommeschd aiwui nodde«, sagte er mit einer Fistelstimme, die so gar nicht zu seiner monströsen Gestalt passen wollte. Glücklicherweise war Bingo im letzten Jahr mit einer Schwäbin zusammen gewesen und sprach den Dialekt.

»Obbesch hun aloidle hannimoi nuffnihaschel«, sagte er. Der Bauer verpasste ihm eine saftige Backpfeife, die ihn zu Boden gehen ließ, und antwortete: »Scho husches Loidle plosches hanni.«

»Er sagt, wir sollen einsteigen«, übersetzte Bingo, sich die Wange reibend.

»So viel versteh ich auch«, übertrieb ich.

Wir kletterten hinten in den Bus, und los ging die Fahrt. Raus aus dem Örtchen – hinein in die Natur.

Wer schon einmal nachts durch einen dunklen Wald gefahren ist, weiß ja, wie das ist. Wir schwiegen die ganze Fahrt. Nach gefühlten zwei Stunden tauchte ein heruntergekommenes Gehöft auf, vor dem wir hielten.

»Esches öbb n'dulldle Schlöbble noi«, sagte der Bauer und schälte sich aus dem Wagen. Wie er da so im Mondschein stand, hatte er überhaupt nichts Menschliches an sich, schien vielmehr ein fleischgewordener hawaiianischer Klippengötze oder so was zu sein. Wie konnte er diese abnorme Masse überhaupt bewegen?

Vor lauter Faszination vergaß ich auszusteigen. Der Bauer holte mich aus meinen Überlegungen, indem er den VW-Bus von unten packte, rüttelte und schließlich scheinbar mühelos umkippte. Damit hatte ich nicht gerechnet. Mein Kopf knallte gegen die Scheibe.

»Nu schtgstschs noisele, schtgstschles nu!«, fistelte der Bauer mit vor Wut funkelnden Haiaugen. Möglicherweise hatte er ein cholerisches Temperament. Diese Tatsache musste ich für mich zu nutzen versuchen. Aber jetzt musste ich erst mal raus hier. Die Tür war nun oben. Ich öffnete sie und stemmte mich hoch. Der Bauer packte mit seinen Riesenpranken meinen Hals, der sich auf einmal sehr fein und zerbrechlich anfühlte, hob mich über seinen Kopf und warf mich Richtung Haus. Ich krümmte mich zu einem Ball zusammen, wie ich es einmal in dem Film *Die Unglaublichen* gesehen hatte. So rollte ich durch die schwere Eichentür in die Wohnstube hinein, wo Tante Käthe und Brünette warteten.

Tante Käthe ähnelte meiner Mutter aufs Haar. Allerdings hatte sich ein feines Netz aus Leidenslinien in ihr

Gesicht gegraben, das sie – obschon die Jüngere – älter wirken ließ.

»Da seid ihr ja«, sagte sie, als nun auch Onkel Hihrn und Bingo durch die Tür traten.

Brünette musterte uns verstohlen. Sie war vielleicht zweiundzwanzig, unvorstellbar gut gebaut, mit langem seidigen Haar. Sie trug ein knappes Bustier und durchsichtige Leggins.

Ich rappelte mich auf und spuckte in hohem Bogen einen Zahn in ihre Richtung. Sie fing ihn, ohne hinzuschauen, führte ihn mit spitzen Fingern an ihre vollen Lippen und leckte das Blut ab. Dann steckte sie ihn in den Saum ihrer Leggins, wo er nun wie eine Geschwulst hervorstach.

»Euer Zimmer ist oben, folgt mir, ich zeig's euch«, sagte Tante Käthe, nahm unsere Koffer und ächzte mit ihnen die wurmstichige Wendeltreppe hoch. Wir kletterten hinterher. Das zweite Geschoss des Häuschens war ausgesprochen niedrig, mit meinen 1 Meter 85 konnte ich hier oben nicht aufrecht stehen. Tante Käthe öffnete eine Tür und warf unsere Koffer hindurch. Der Raum dahinter war fensterlos und maß vielleicht vier Quadratmeter. Zwei Wolldecken lagen auf dem Boden, sonst nichts.

»Ich schlaf an der Wand!«, rief Bingo.

»Nein«, antwortete ich.

»Ihr werdet hungrig sein«, murmelte Tante Käthe, ohne uns anzusehen. »Wir haben mit dem Abendbrot extra auf euch gewartet.«

Und tatsächlich, als wir die Treppe wieder hinabstiegen, stellte Brünette gerade eine dampfende Schüssel aus Steingut in die Mitte des riesigen schweren Eichentisches, der fast das gesamte untere Stockwerk ausfüllte.

Sie war nackt.

Ihre schweren Brüste wippten im Schein der von der Decke hängenden Petroleumlampe. Bingo stolperte und kugelte die Treppe hinunter.

»Zieht euch aus, in diesem Hause essen wir ohne Kleidung«, sagte Tante Käthe, während sie ihre geblümte Schürze aufknöpfte. Jetzt sah ich, dass auch der Bauer nackt am Kopfende des Tisches thronte. Sein kalkweißes Fleisch war mit eiternden Geschwüren und Pusteln übersät und breitete sich nun, da keine Kleidung es mehr einengte, derart aus, dass ich unwillkürlich an das Märchen vom süßen Brei denken musste.

»Ohne ...? Aber ...?«, fragte Bingo mit tränenersticktem Stimmchen.

Meine Augen wanderten wieder zu Brünette, die nun grob geschnitzte Holzlöffel und Schüsseln auf dem Tisch verteilte.

»Wir sind Sonnenanbeter«, erklärte Tante Käthe, sich aus einem zeltartigen fleischfarbenen Slip schälend, und ich verstand.

FKK.

Endlich FKK. Diese erregende Melange aus Verruchtheit und Kleinbürgertum hatte mich schon immer fasziniert. Schien, als würde das doch kein so übles Leben werden hier bei meinen Verwandten.

Ich schlug Bingo, und dann begannen wir, uns auszuziehen. Mein erigiertes Glied schnellte aus der Hose wie ein Scherzartikel. Glücklicherweise schien sich niemand daran zu stören. Wir setzten uns. Mein Platz war gegenüber von Brünette.

»Schlöiberl essi dmblzdabasele«, sagte Onkel Hihrn, und Tante Käthe übersetzte: »Wir wollen beten.«

Nachdem wir die Hände gefaltet hatten, wandte sie sich an Brünette: »Sprich du es heute.«

Brünette sah mir für einen kurzen Moment direkt ins Gesicht. Ihre Augen waren bernsteinfarbene Smaragde. Mein Glied zuckte und fauchte leise von unten die Tischplatte an.

»Satanas«, begann Brünette. Ihre Stimme war klar und frisch wie das Murmeln eines Gebirgsbachs im Morgennebel. »Satanas, Herr über unsere Seelen, Bewahrer des Diesseits, Zerschmetterer der Trugbilder, Dir öffnen wir uns. Oh Freund. Bleibe. Lass uns. Wie alles Leben zum Tode führt, so führen alle Wege zu Dir. Fäulnis. Seuche. Mord. In Ewigkeit. Over.«

Wir tunkten die Löffel in die Schüsseln. Es war Fleisch. Nur Fleisch, keine Beilagen. Eine Art Gulasch. Sehnig. Dass es gut schmeckte, kann ich nicht behaupten, aber es ist wichtig zu essen, wie ihr, geneigte Leser, zweifelsohne wisst. Ich kaute und kaute und musterte dabei verstohlen Brünettes Brüste.

»Igitt, was ist das denn?!«, schrie Bingo auf einmal entsetzt und starrte in seine Schüssel. »Hier schwimmt ein Fingernagel!«

»Hab dich nicht so, Memme. Bei mir ist sogar ein Ohr drin«, entgegnete ich, fischte das Teil aus der Schüssel und hielt es ihm hin.

»Schlübbleds noi Hunnimoffadle«, fistelte der Bauer.

»Babba sagt, noch ein weiteres Wort, und ihr werdet beide kastriert«, übersetzte Brünette.

Babba? Ich fragte lieber nicht nach, sondern kaute schweigend auf meinem Ohr. Ein bisschen eklig war es schon, denn erstens bestand es fast nur aus Knorpel, zweitens war's nicht richtig durch, und drittens wuchsen feine weiße Härchen aus dem Läppchen heraus, die verdächtig denen glichen, die aus der Nase wucherten, in welche Brünette gerade biss.

Brünette.

Durften Cousin und Cousine eigentlich heiraten? Donald und Daisy, was war denn mit denen? Auch unsere Konfessionen musste man bedenken: Ich war evangelisch – sie ja anscheinend was ganz anderes. Vorsichtig seufzte ich. So viele Schwierigkeiten. Merkwürdigerweise schienen die mich aber nur anzuspornen. Ich musste Brünette gewinnen!

War das jetzt diese mysteriöse »Liebe«, von der unser Pfarrer immer geschwafelt hatte? Ja. Ja und tausendmal Ja! Mein Herz klopfte. Mein Penis pochte. Zwischen diesen beiden Strauchdieben pulste so viel Blut hin und her, dass der Kopf nichts mehr abbekam und sich nun ganz leicht anfühlte. Wie ein Ballon. Fast erwartete ich, dass er die Verbindung zum Hals kappen und langsam hoch an die Decke steigen würde.

Als wir aufgegessen hatten, setzten wir uns – immer noch nackt – in einer Reihe auf fünf nasse Plastikstühle in den Garten und schauten zum Wald hin. Vor uns knisterten einige Scheite Holz in einer Feuerschale, was die Kälte erträglicher machte. So zu sitzen war gar nicht schlecht. Nach einer Weile gewöhnte sich das Auge an die Dunkelheit hinter dem schwachen Feuerschein, und die hohe dunkle Wand verwandelte sich in ein komplexes Geflecht aus unterschiedlichsten Formen. Es waren die niemals öde oder gestrig wirkenden Formen der Natur. Birken. Eschen. Holunder identifizierte ich. Aber auch Tiere. Ich sah einen Hasen, ein Wildhorn und zwei Velociraptoren.

»Darf ich aufs Zimmer gehen und mit meinem Internet spielen?«, fragte Bingo irgendwann.

Babba nickte.

»Nein«, übersetzte Brünette.

So blieben wir bis lange nach Mitternacht sitzen. Es war unglaublich, welche Intensität Eindrücke gewinnen konnten, wenn man einfach mal schwieg. Und wenn man zu mehreren schwieg, schien sich die Intensität noch zu steigern. Es war eine gänzlich neue Erfahrung für mich – zu Hause hatten wir immer alle von morgens bis abends durcheinandergeplaudert. Schon jetzt fühlte ich mich bei Babba, Brünette und Tante Käthe heimischer als die letzten 23 Jahre bei unseren leiblichen Eltern.

Gegen zwei Uhr stand Babba auf, wobei der Plastikstuhl natürlich an seinem breiigen Körper kleben blieb, und reckte sich. Das war das Zeichen für uns andere. Langsam und mit steifen Gliedern (vor allem ich, höhö. Na ja.) gingen wir ins Haus. Bingo war auf seinem Stuhl eingeschlafen. Tante Käthe trug ihn wie ein Kleinkind.

In dieser Nacht fand ich lange keinen Schlaf. Brünette dachte ich, Brünette, Brünette, Brünette! Um mich müde zu machen, versuchte ich, nach Bingo zu treten, aber unsere Kammer war zu klein für ausholende Bewegungen. Ich schlug ihn stattdessen.

»Arschloch«, sagte ich, als er die Augen aufschlug.

»Stellst du dir auch ab und zu mal vor, jemand ganz anderes zu sein?«, fragte er.

»Halt die Fresse.«

»Ich denk mir manchmal, wie es wohl wäre, als Bürgermeister eine mittelgroße Stadt zu regieren«, fuhr er unbeirrt fort. »Da sitze ich in meinem Büro, und die Menschen kommen mit ihren Anliegen zu mir. Und dann muss ich Entscheidungen treffen, das Kommunalgeld weise verwalten. Vor allem aber vermitteln. Der eine will vielleicht dies, der andere aber das. Nach der Arbeit gehe ich dann nach Hause zu meiner Frau und den Kindern.«

»Ich würde dich abwählen.«

»Oh, das könntest du aber gar nicht. Du hättest ja nur eine Stimme.«

»Dann würde ich dich abknallen. Weißt schon. Mit 'ner Wumme. 'ner echten.«

»Darüber denk ich auch oft nach: wie es wohl ist, tot zu sein. Ob wir im Himmel die Eltern wiederseh'n?«

»Nein.«

»Glaubst du, wir werden wiedergeboren?«

»Ich glaube, wir kommen als Kackwürste zurück. Jemand drückt uns in die Schüssel und spült uns dann runter in die Kanalisation, wo wir zerbröseln und immer weiter voneinander weggeschwemmt werden. Wir können nichts sehen oder hören, aber wir spüren diese furchtbare unbarmherzige Zerteiltheit, diese wahnsinnig machende Fragmentierung unseres eh schon nie richtig fest gewesenen Selbst, und das macht uns eine irre Angst. Zeitgefühl haben wir auch nicht, es ist also eine Ewigkeit irrer Angst als sich auflösende Kacke, die uns erwartet. Jetzt schlaf.«

»Träum was Schönes.«

»Du auch, Dumpfbacke.«

Die nächsten Tage versuchte ich, Brünette meine Liebe zu offenbaren, aber das stellte sich als schwierige Aufgabe heraus. Sie verließ immer schon früh am Morgen das Haus und kehrte erst kurz vor dem Abendbrot zurück. Sie war es, die das Essen brachte, im Kofferraum des VW-Busses, in blutige Laken gehüllt. Immer war es Fleisch. Dass ich eigentlich Vegetarier war, erwähnte ich Babba gegenüber lieber nicht. Hatte herausgefunden, dass man gut mit ihm auskommen konnte, wenn man nicht sprach.

Babba und Tante Käthe arbeiteten offenbar nicht. Sie blieben den ganzen Tag zu Hause, saßen auf gegenüberstehenden Stühlen im Esszimmer und schauten sich an. Schweigend. Es rührte mich, die beiden durchs Schlüsselloch so zu sehen. Sie brauchten keine Ablenkung, kein Fernsehen, kein Internet. Der Anblick des jeweils anderen genügte ihnen.

Was Bingo und mich betraf, so hatten wir in unserer Kammer zu bleiben bis zum Abendbrot, der einzigen Mahlzeit. Und nach dem Essen schauten wir alle schweigend in den Wald hinein bis zur Zubettgehzeit.

So vergingen die Tage, wurden zu Wochen und endlich zu Monaten. Nach einem harten Winter begann es zu keimen und zu sprießen. Einmal kam ein Stegosaurus (das sind eben doch keine Pflanzenfresser) aus dem Unterholz gekrochen, packte Tante Käthe, riss sie in Stücke und verspeiste ihre Leiche laut schmatzend. Sonst geschah nichts.

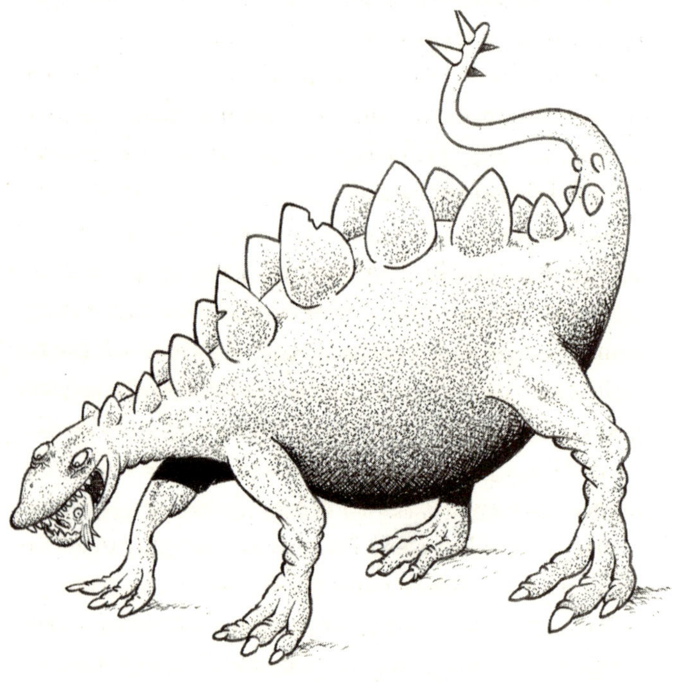

Wie gern hätte ich Brünette ein Zettelchen geschrieben, nur leider beherrschte ich diese Kunst nicht. Nun reute mich, dass ich in der Schule nicht aufmerksamer gelernt hatte. Es wäre ja tatsächlich für das Leben gewesen, erkannte ich jetzt – leider zu spät.

An einem Morgen im April wachte ich auf, und Bingo war verschwunden.

»Wo ist mein Bruder?«, fragte ich beim Abendbrot.

»Schlübbeli so függgschdeschd«, antwortete Babba und zog mir einen gusseisernen Eimer über den Schädel.

»Welcher Bruder?«, fragte Brünette. Sie sprach mit mir! Vor Aufregung vergaß ich für einen kurzen Moment die Schmerzen und mein ursprüngliches Anliegen. Ich versuchte zu lächeln, wusste aber plötzlich nicht mehr, in welche Richtung ich die Mundwinkel dafür ziehen musste. Dann wurde ich ohnmächtig.

Als ich wieder zu mir kam, war ich an Händen und Füßen gefesselt und in einen Bambuskäfig gesperrt, der von der Decke des Esszimmers hing. Dort, wo zuvor die Petroleumlampe gehangen hatte, hing nun ich, aber ich gab natürlich kein Licht, sodass es dunkel war im Raum. Ich war geknebelt, also konnte ich meine Fragen nicht stellen. Unter mir hörte ich Brünette und Babba kauen. Es gab wohl wieder mal Fleisch. Wie immer eigentlich.

Nach einer Weile stand Brünette auf und ging in die Küche, wo sie den Abwasch machte.

Babba griff derweil mit einer seiner abnormen Pranken nach meinem Käfig. Er gab ihm einen Schubs, und ich schwang hin und her, während die Kette, an der der Käfig hing, auf eine bedenkliche Weise knirschte. Dann steckte Babba zwei Finger durch die Bambusstangen und kniff mich. Vorsichtig. Prüfend. Man muss ja auch nicht immer alles verstehen, dachte ich. Als Brünette mit dem Abwasch fertig war, begab sie sich mit Babba nach draußen. Ich blieb im Dunkeln hängen. Nach ein paar Stunden schlief ich ein.

Fünf Tage ließen sie mich in dem Käfig. Es war langweilig. Oft juckte es mich an einer Stelle, an der ich mich nicht kratzen konnte. Auch vermisste ich Nahrung. Wasser sogar noch mehr. Unterm Strich waren das unangenehme fünf Tage. Auch kam es mir vor, als hätte ich etwas falsch gemacht. Aber was?

Seit Tante Käthes Tod pflegte Babba nun tagsüber allein im Esszimmer zu sitzen und schweigend die Wand anzuschauen. Was sah er da? Vermisste er seine Frau? Litt er? Half ihm das Ritual des Rumsitzens bei der Bewältigung seines Schmerzes?

Viel dachte ich über Rituale nach, dort oben in meinem engen Käfig. Besonders über das Ritual des gemeinsamen Abendessens. Obgleich ich doch erst seit kurzer Zeit nicht mehr daran teilnahm, schien es mir jetzt bereits einer fernen Vergangenheit anzugehören. Wie die Melodie einer staubigen alten Spieluhr kam es mir vor, wie ein fernes Land, dessen köstliche Exotik man erst in dem Moment entdeckte, in dem man es verließ. Und ich spürte: Es führte kein Weg mehr dorthin zurück. Ich war draußen. Ich war ein für alle Mal raus aus dem Ding. Schon das bloße Wort »Abendessen« schien gar nichts mehr mit mir zu tun zu haben. Man nennt das Pubertät. Gern hätte ich meine Gedanken mit Bingo geteilt, aber auch der schien unerreichbare Vergangenheit geworden zu sein. Hatte es ihn überhaupt gegeben? Was war das denn für ein Name: Bingo?

Am Abend des fünften Tages bekam ich aus heiterem Himmel eine Erektion. Hatte an gar nichts Erregendes gedacht, und Brünette war auch nicht in der Nähe – sie weidete zusammen mit Babba im Schlachtschober nebenan das Essen aus. Schwach konnte man die üblichen Schreie hören. Kein Anlass also – trotzdem kam sie, die Erektion. Mächtig und heftig und wie ein Fingerzeig Brahmans.

Sie machte den Käfig schwerer, und das war zu viel für die morsche Kette. Mit einem metallischen Seufzer barst ihr schwächstes Glied, und der Käfig sauste auf den steinernen Boden hinab, wo er beim Aufprall zertrümmert wurde.

Wie durch ein Wunder blieb ich unverletzt. Schnell schubberte ich meine Handfesseln an einem spitzen Bambuskäfigstangenfragment auf. Dann entknotete ich auch die Fußfesseln und spuckte den Knebel aus, wobei ich mir etwas dumm vorkam, denn das hätte ich im Grunde genommen auch schon vorher machen können. Kennt ihr das, Freund Leser? Manchmal werden die einfachsten Dinge in unserem Kopf zu Bambuskäfigstangenfragmenten der Blödheit, die wir nicht mehr zusammensetzen können. Glücklicherweise hatte ich keine Gelegenheit, mir länger dumm vorzukommen, denn Babba stürmte mit verblüffender Geschwindigkeit zur Tür herein, eine bluttriefende Axt über dem Kopf erhoben.

»Scho Häbberle öbbsches Tuffleloid!«, schrie er und ließ die Axt niedersausen. Ich sprang zur Seite, sodass sie mich knapp verfehlte und im Boden stecken blieb, was erstaunlich war, denn der bestand ja wie gesagt aus Stein.

Babba zerrte am Axtstiel, während ich sicherheitshalber ein paar Schritte von ihm wegging.

Gerade als er die Axt gelöst hatte, vernahm ich ein kirchenglockenartiges Dröhnen.

Babba ging in die Knie. Hinter ihm stand Brünette und

hielt einen Amboss in den Händen, den sie Babba anscheinend von hinten über den Schädel gezogen hatte. Er wirkte desorientiert und stieß eine Art Fiepen aus. Brünette ließ den Amboss ein weiteres Mal auf Babbas Kopf niedersausen. Es dröhnte lauter als beim ersten Mal. Sein Haupt war nun ungewohnt verdreht, wodurch mich sein rechtes Seitenauge direkt ansah. Mir war, als schimmerten Tränen darin, aber sicher war ich nicht, denn ich erhaschte nur einen kurzen Blick darauf, bevor ich es mit der Axt zerteilte. Diesmal blieb sie glücklicherweise nicht stecken, sodass ich gleich nachlegen konnte, und die nächsten zwanzig Minuten hackten und schmetterten Brünette und ich schweigend auf Babbas Körper ein – so lange, bis von Körper gar keine Rede mehr sein konnte.

Notwehr.

Würde ich jetzt jedenfalls sagen.

In so einer Situation denkt man ja nicht gleich alle Implikationen durch. Als aber danach Brünette und ich, von oben bis unten mit Blut besudelt, keuchend über der riesigen Masse aus Knochensplittern, Hirn und Fett standen, dämmerte mir, dass gerade wohl für uns beide ein Lebensabschnitt zu Ende gegangen war. So was kann einen in ein tiefes Loch stürzen, wenn man nicht sofort ein neues Kapitel aufschlägt, darum nahm ich Brünette in die Arme und küsste sie auf den Mund. Sie erwiderte meinen Kuss mit einer Wildheit, die mich erschauern ließ. So standen wir wohl eine halbe Stunde da, küssten uns und hielten uns umschlungen in den Trümmern. In den Trümmern unseres bisherigen Lebens. Es fühlte sich richtig an. Wir waren doch auch schon Twens. Zeit, die

Familienfesseln abzustreifen. Außerdem waren jetzt eh alle anderen tot.

»Lass uns fortgehen. Weit fort«, flüsterte ich heiser in Brünettes Ohr. Sie nickte. Wir packten das Nötigste in den alten VW-Bus, malten mit Babbas Blut einen großen Mercedes-Stern auf die Seite, und dann fuhren wir los. Ohne Ziel. Einfach fahren. Wir fühlten uns jung und alt, verletzlich und unsterblich zugleich, und im Radio spielten sie die größten Hits.

Wir liebten uns, und wir fuhren und fuhren. Wochen, Monate. Wir ernährten uns von Trampern und von der Liebe. Das war das Glück. Irgendwann bekam es Risse. Aber das ist eine andere Geschichte.

2 Das Blut

Regen. Nächtlicher Regen an der Autobahnausfahrt. War 'ne Schnapsidee gewesen, jetzt zu trampen, natürlich hielt keiner an. Eddie konnte förmlich spüren, wie sich die vorbeirasenden Schweinebacken in ihren beheizten Blechkisten beim Anblick des bis auf die Knochen durchnässten hageren Mannes, der im Scheinwerferlicht kurz aufleuchtend schon gar kein Mitmensch mehr zu sein schien, noch behaglicher in ihre Polsterungen kuschelten und gleich noch einmal mehr frisch funkelnde Freude an ihrer sie in Dolby Surround umdröhnenden Schrottmusik empfanden.

Das war tatsächlich das Schlimmste an dieser Vorstellung: die Musik. Eddie kannte sich mit Musik aus, das war ein Fluch. Einer von vielen. Die grausige Gewissheit, dass »normale« Leute immer und immer wieder auf dieselben billigen »Pop«-Taschenspielertricks reinfallen würden, dass ihnen die Melodien – von den Texten ganz zu schweigen – gar nicht abgekupfert, zusammengeräubert und dumpf genug sein konnten, hätte ihn zum Menschenhasser gemacht, wenn er das nicht schon längst gewesen wäre.

Da hielt ein Wagen. Ein schäbiger VW-Bus. Hippies.

Eddie hasste Hippies. Er hasste Hippies, so wie er alles hasste. Wobei – fast hasste er Hippies noch ein bisschen mehr. Schwer zu sagen. Dass es die überhaupt noch gab. Das war auf jeden Fall eine weitere Sache, die ihn wahnsinnig machte: all diese Trends, diese ganzen Moden, diese Manierismen der jeweiligen Jugend – schale Ideen, die grad mal für eine Saison taugten und nur als kurze Ablenkung, als schneller Gag gedacht gewesen waren –, all diese Trends starben einfach nicht. Man wollte drauftreten wie auf eine am Boden liegende Taube mit gebrochenem Hals, man wollte sie endlich von ihrem Elend erlösen, aber sie waren nicht totzukriegen. Immer wieder schlossen sich ihnen beherzt junge Menschen an, erhöhten ihre Bedeutung ins Lachhafteste, sagten: Das bin jetzt ich: ein Hippie. Ein Punker. Ein Gruftie. Ein Teddyboy. Ein – sogar das gab's noch oder schon wieder – Lindy-Hopper.

Junge Menschen waren so atemberaubend leer, im Grunde genommen waren sie nichts anderes als gehirngewaschene Zombies, Trendsoldaten, die für dümmliche Äußerlichkeiten in die Schlacht zogen, im Kampf gegen den Keim eines eigenen Ichs, einer individuellen Regung. Bis sie dann alt wurden und durch zerplatzende Seifenblasen hindurch die staubigen Überreste ihrer lang schon toten Seelenkeimlinge erkennen konnten. Dann machten sie entweder Yoga oder wurden bittere Zyniker. Zum Glück war Eddie nicht so.

Die rechte hintere Hippiebustür sprang auf. Eddie hüpfte über eine Pfütze und reckte sich in den Wagen hinein. Ein Pärchen saß darin. Natürlich langhaarig und ungewaschen. Der Mann hatte mandelförmige, irgendwie irre Augen und einen fusseligen Bart. Er trug eine Latzhose. Kein Hemd oder T-Shirt. Seine Muskeln waren sehnig, die Haut gebräunt.

Sofort wurde Eddie sich seines eigenen schmächtigen Leibs bewusst, und gegen seinen Willen schämte er sich dafür. Obwohl er 1 Meter 88 groß war, wog er nur 52 Kilo.

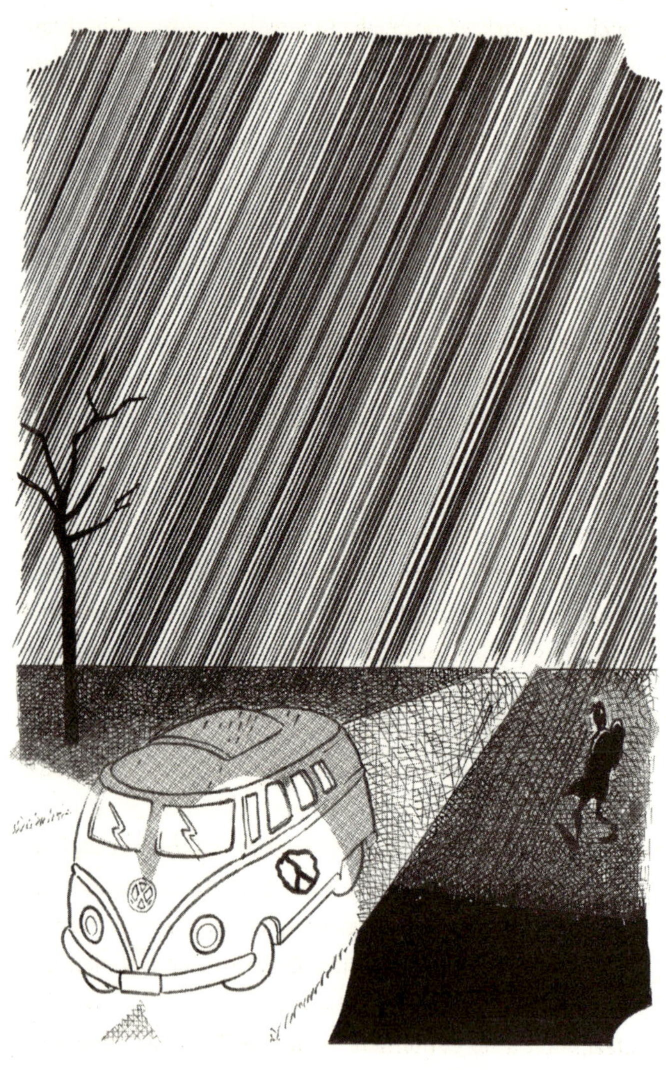

Seit Ewigkeiten. Er nahm einfach nicht zu. Zudem war er bleich und wirkte kränklich. Schnell blickte er zu der Frau. Sie war so wunderschön, dass es ihm kurz die Kehle zuschnürte.

Eine wilde, eine … *unbewusste* Schönheit strahlte sie aus. Die einzige Art Schönheit, die es gab. Konnte das sein? War sich dieses Hippiemädchen seiner Schönheit nicht bewusst? Früher hatte es so was gegeben, aber jetzt im Internetzeitalter doch nicht mehr. Schönheit war längst eine Währung geworden. Ein modernes Mädchen, das seinen Schönheitsfaktor nicht kannte, das wäre ja wie eine Hackfleischpackung im Supermarkt, auf der nur »Hack« stünde und weder Preis noch Gewicht. (In Eddies Welt waren Frauen Objekte, daher machte der Fleischvergleich Sinn.) So etwas gab es doch nicht. Fiel Eddie hier auf den alten Hippietrick rein, auf dieses gekünstelt dahergelächelte »Hey easy, wir sind alle die Kinder von Mutter Gaia. Ich weiß, dass ich leuchte, aber du und der Grashalm da drüben leuchten auch«? War sie so falsch wie alle Frauen, und Eddie konnte das nur nicht erkennen, weil sie – im Gegensatz zu den meisten Hippiemädchen – eben so unglaublich schön war?

Schönheit hatte Eddies Sinne schon immer benebelt, er war ein Knecht der Schönheit, sie brachte ihn immer wieder dazu, unvernünftig zu handeln, und nahm seinem Denken den analytischen Biss. Dennoch, er war sich fast sicher: So unglaublich es schien, diese junge Frau war sich tatsächlich ihrer Schönheit nicht bewusst – sie kannte deren Ausmaß nicht. Vielleicht hatte sie ihr ganzes bisheriges Leben allein in einem Keller gelebt, vielleicht war sie auch geistesgestört, aber hier war eine Frau, die sich selbst nicht taxierte, wodurch ihre Schönheit ein Level höher sprang, zu den Sonnenuntergängen, zu den Berggipfeln und zum frisch gefallenen Schnee. Eddie fühlte sich, als hätte er die blaue Mauritius entdeckt. Auf dem staubigen Dachboden einer freundlichen alten Dame, die sagt: »Nehmen Sie doch das ganze Gelumpe mit. Ich schenk's Ihnen.«

Er stieg ein und zog die Tür hinter sich zu.

»Ganz schöner Regen«, sagte der Mann, was Eddie sofort aus seinen Überlegungen riss. Hier stimmte etwas nicht. Der Mann war kein Typ, der das Offensichtliche runterbetet aus Angst vor der Stille. Dieser Mann war ein Freund der Stille wie Eddie selbst, das spürte er. Wenn er jetzt hier mit Small Talk ankam, steckte eine Absicht dahinter, und eine Absicht, die jemand anders hatte, war immer eine schlechte Absicht.

»Ja«, antwortete Eddie langsam, »danke, dass ihr angehalten habt.«

»Hey, kein Problem«, sagte der Mann und lächelte, als würde ein unsichtbarer Puppenspieler kurz und schnell an zwei in seinen Mundwinkeln befestigten Fäden ziehen und sie dann genauso schnell wieder loslassen.

Okay, der Typ war ein Psycho. Natürlich. Wer nahm denn auch nachts einen patschnassen fremden Anhalter mit? Ein Psycho.

Aber sie? Wie kam sie zu ihm? Eifersucht schnitt wie ein Samuraischwert durch Eddies Herz.

»Wir fahren Richtung Würzbach«, sagte der Mann. »Ist das okay für dich?«

Eddie nickte.

»Ich bin Brünette«, sagte die Frau, und ihre Stimme war weich wie Haut. Ihre Stimme war so wunderschön, dass Eddie sich in ihrem Klang kurz vollständig verlor und den Inhalt des Gesagten nicht erfasste.

Sie musste das an seinem Gesichtsausdruck erkannt haben, denn sie lachte und wiederholte: »Brünette. Und du?«

»Eddie«, sagte er nun schnell.

»Wie Eddie van Halen«, sagte der Mann. Sie fuhren schon. Eddie hatte es gar nicht mitbekommen.

Nee, nich wie Eddie van Halen, du Vollidiot, dachte er, wie Phil Collins, weeßte?!

Aber er nickte und sagte: »Genau. Stimmt. Schätze schon. Ha.«

Der Mann lachte. Vielleicht war er doch einfach nur ein harmloser Idiot. Brünettes Gegenwart machte alles verschwommen und traumhaft und ließ Eddie an seiner ansonsten glasharten Menschenkenntnis zweifeln.

»Oder wie Eddie von Iron Maiden«, lachte der Mann. Immer noch hatte er sich nicht vorgestellt. Typisch Psycho.

»Das ist Gaylord«, sagte Brünette. Sie hatte sich auf ihrem Sitz umgedreht und sah Eddie an.

»Wie Gaylord Iglesias«, sagte Eddie. Brünette runzelte die Stirn. Wie immer schien Eddies Scherz zu sehr um die Ecke gedacht zu sein. Humor kriegte er einfach nicht hin, Humor war seine Achillesferse.

Gaylord schaltete das Radio ein.

»Bisschen Mucke?«, fragte er.

»Nein« wäre wohl keine akzeptable Antwort, darum sagte Eddie: »Na klar.«

Bruce Springsteen ertönte.

»Der Boss!«, rief Gaylord.

Meiner nicht, dachte Eddie.

»Born in the U.S.A.!«, grölte Gaylord und hieb dazu mit der Faust aufs Lenkrad ein, während Bruce Springsteen »Bobby Jean« sang.

»Magst du den Boss, Eddie?«, fragte Brünette. Sie war immer noch Eddie zugewandt und krallte ihre zarten Finger dabei leicht in die Sitzlehne.

»Er ist okay«, log Eddie.

»I was ... born in the U.S.A.!«, dröhnte Gaylord und schaltete endlich die Scheibenwischer an.

»Was hörst du denn so?«, fragte Brünette.

»Hauptsächlich Klassik und Jazz«, antwortete Eddie. Das waren saudumme enge Klassifizierungen, aber er hatte das schuljungenhafte Bedürfnis, sich Brünette so verständlich wie möglich zu machen. Schon jetzt war er ihr vollständig verfallen, er liebte sie, und er musste sie den Fängen dieses braun gebrannten Psycho-Arschlochs entreißen. Und das würde er auch tun. Oh ja, glaubt das mal besser, dass er das tun würde. Diese Frau musste er haben, und er würde sie auch bekommen. Reptilienhaft leckte er sich die trockenen Lippen. Endlich hatte sein Leben einen Sinn.

»Jazz!«, schrie Gaylord jetzt und schnitt eine Grimasse. Dann nahm er die Hände vom Lenkrad, blies die Backen auf und imitierte einen Trompeter: »Babadubibidubidabibabaludupdubah!«

Eddie lächelte schmallippig.

»Und Klassik: Da da da daaamm!«

Brünette achtete nicht auf Gaylords Faxen, sondern schaute weiter nach hinten zu Eddie. Er konnte ihren Gesichtsausdruck nicht lesen, ihre Schönheit war wie ein Virus, der seine Scannersoftware wegschmelzen ließ.

»Na ja«, murmelte er. Nicht sehr wortgewaltig.

»Hör mal lieber den Boss, davon wachsen dir Haare auf der Brust«, rief Gaylord, drehte das Radio lauter und brüllte wieder: »Born in the U.S.A. – häi!«

Inzwischen sang Herbert Grönemeyer. Waren für diesen Volltrottel alle breitbeinigen pseudophilosophischen Mainstreamschweinerocker »der Boss«?

Würde Sinn machen. Ganz klar war sich Eddie über Gaylord noch nicht, aber er erkannte den Phänotyp: Schulhofschläger.

Jungs wie Gaylord hatten Eddie damals seine Schulzeit zur Hölle gemacht. Bullige Sitzenbleiber, die gut in Sport und in sonst gar nichts waren, die nicht genug Intelligenz hatten, um ihre eigene abgrundtiefe Dummheit zu erkennen.

Das Einzige, was die erkannten, war, dass es über ihnen *noch* Stärkere gab. Stärkere akzeptierten sie. Jeder Schläger hatte einen »Boss«, vor dem er sich einschiss. Im Grunde genommen waren die starken Jungs die größten Feiglinge: Sie quälten nur Schwächere. Wenn einer gleich stark oder gar stärker erschien, oh, da wurden sie aber sofort friedlich, sanft und nett. Da lachten sie dann zuvorkommend und machten sich krumm.

In Actionfilmen war die Rolle des Helden immer komplett falsch besetzt: Ein muskelbepackter Typ würde nie allein gegen eine Übermacht antreten – er würde sofort der Übermacht *bei*treten. Muskeltypen waren Folger, Schafe, Köter, Knechte. Sie riskierten nichts, sie kämpften keine fairen, geschweige denn mutigen Kämpfe. Jungs wie Eddie hatten ihre ganze Schulzeit über nur mit Gegnern zu tun, die zahlenmäßig überlegen oder kräftiger waren. Jungs wie Eddie waren die eigentlichen tragischen unbesungenen Helden. Sie waren die wahren Rebellen, die echten wilden Außenseiter. Eddie hatte niemals jemanden als Boss akzeptiert, für ihn waren alle Arschlöcher.

Seine ganze Kindheit und Jugend hindurch hatte Eddie dem Erwachsenenleben entgegengefiebert, zeitweise hatte er tatsächlich die Tage in Fünfergruppen abgestrichen wie Robinson Crusoe. Oder eher wie ein Typ im Knast. Kindheit war Knast für Jungen wie Eddie. Schmale, zarte, empfindsame Jungen, die für einen einzigen Schultag mehr Mut aufbringen mussten als die Schläger für ihr ganzes verschissenes Leben. Weiche, feinstoffliche Jungs, die von ihrer Wesensart den Mädchen viel näher waren als die stumpfen Schläger und doch von ihnen aufs Grausamste verschmäht wurden.

Oh, die Mädchen waren Eddies größte Enttäuschung gewesen. Sie hatten Intelligenz, Seelenweite und Empathie – alles war da, und dann verschwendeten sie es an die Affen.

Schlimmer noch: Sie ließen sich von deren Grausamkeit anstecken, stellten ihre naturgegebene Empathie in den Dienst des Bösen, nutzten sie, um Eddie zu quälen.

Wie dieses eine Mal, als Andreas Bedercke vor dem Klassenzimmer Sandra klatschend auf den Po gehauen hatte, auf diesen überirdischen runden, festen Po, der den Stoff der knappen Hotpants darüber fast zu zerreißen schien. Sosehr er sich mühte, Eddie konnte diese Szene nicht vergessen, und auch jetzt im Auto flimmerte sie ihm unerbittlich durch Kopf, Herz und Anus und ließ alle drei zucken vor Qual.

Bedercke hatte Sandra auf den Po gehauen – lustlos, viel zu hart, die schwielige Pranke nicht in der Lage, diese sensorische Köstlichkeit zu erfassen und ans Gehirn (welches Gehirn?) zu melden. Eddie selbst hatte Sandras Po selbstverständlich nie berührt, aber er wusste, dass dessen Textur auch durch den Hosenstoff hindurch einer Symphonie gleichkam, einer taktilen Symphonie. Er wusste, dass nur die Meisterwerke größter Künstler – wir reden hier von Satie, Flaubert, Gogol, Matisse, Parker, Trane –, und am Ende des Tages nicht mal die, auf eine Stufe zu stellen waren mit diesem prallen Po.

»Ey!«, hatte Sandra ausgerufen. »Spinnst du? Das hat wehgetan!«

»Stehste doch drauf, Alte«, hatte Bedercke geantwortet, worauf Müller, Czicewski und Hecht zu grölen begonnen hatten. Für sie war Bedercke der »Boss«, sie ordneten sich sofort unter. Niemals hätte einer von ihnen Sandra verteidigt.

Eddie schon. Zumindest war Eddie dazu bereit, und vermutlich hatte Sandra das in seinem wütend entschlossenen und keinesfalls abgewandten Blick gesehen.

Eddie liebte Sandra. Sie war mit Bedercke zusammen, aber der liebte sie nicht. Eddie liebte sie. Und Sandra wusste, dass Eddie sie liebte. Und in diesem Moment erkannte Eddie, dass Sandra auch wusste, dass Eddie das wusste.

Mit diesem ganzen geballten Wissen und ihren großen dunklen Augen, in denen stets ein leises Lachen zu schwimmen schien, hatte sie ihn an jenem schicksalhaften Tag angesehen und gefragt: »Und du lässt zu, dass dieses Schwein so mit mir redet, Eddie, mein Held?«

Bedercke hatte Eddie daraufhin mit einem verdutzten Gesichtsausdruck angeglotzt, der unter anderen Umständen vielleicht komisch gewirkt hätte.

Eddie war klar, dass Sandra das ironisch gemeint hatte. Sie sah ihn nicht als ihren Helden. Natürlich nicht. Dennoch konnte seine Seele nicht anders, als diesen Ausspruch klein zu häckseln und auf seinem inneren Hoffnungsacker zu verstreuen.

Steckte ein Körnchen Wahrheit darin? War es vielleicht zu 99 Prozent Spaß und zu einem Prozent Ernst? Sehnte sich ein winziger Teil Sandras danach, Eddie als Helden zu haben? Sah sie sein Potenzial, forderte sie ihn auf, es zu verwirklichen? War Sandra nicht genauso gefangen in ihrer Mädchenrolle wie Eddie in seiner als »schmächtiger hässlicher Außenseiter«? Bat sie ihn hier vielleicht scherzhaft verschlüsselt, sie beide zu befreien?

Bedercke schubste Sandra zur Seite und baute sich vor Eddie auf. Das war das Zeichen für seine Unterlinge, Eddie in einem Halbkreis von hinten zu umschließen.

»Was willst du?«, fragte Bedercke drohend.

Dein Mädchen, dachte Eddie, dein Mädchen und dich und deine Scheißgesellen krankenhausreif schlagen, das will ich.

Was er aber sagte, war: »Zieht mich nicht da mit rein.«

Diese Worte kamen ihm über die Lippen, ehe er sich

ihrer bewusst war – ein Automatismus. Sein Rückenmark hatte anscheinend Gefahr gewittert und – Herz und Hirn außen vor lassend – diesen Standardsatz runtergespult. Eddie empfand nicht so. Er war sich sicher, dass er mehr Wut als Angst empfand, er spürte den Willen zum Heldentum, er war bereit zu kämpfen – aber Jahre der Schikane hatten seine ursprünglich heldenhafte Natur unterkellert, falsch verdrahtet, und jetzt funktionierte gar nichts mehr.

»Waswaswas?«, fragte Bedercke, packte ihn am Hemdkragen und zog ihn näher zu sich heran.

»Ich hab doch gar nichts gemacht. Ihr seid zu viert. Ihr seid sowieso stärker, lasst mich doch.« Das war nicht Eddie, der das sagte, es klang doch schon wie eine metallische Tonbandaufnahme.

»Knie nieder«, sagte Bedercke.

Eddie versuchte – weil er ja leider gerade keine Gewalt über seine Sprache mehr hatte –, seine Wut und seinen angstlosen Hass durch die Augen austreten zu lassen, aber auch das funktionierte nicht. Im Gegenteil. Seine Augen füllten sich mit Tränen. Er musste blinzeln.

»Da heult er gleich«, geiferte Hecht.

»Los, runter mit dir«, sagte Bedercke, legte Eddie die schwere Hand auf die Schulter und drückte ihn fast schon sanft runter, bis er kniete.

»Jetzt leck die Schuhe«, sagte er und hielt Eddie seinen rechten Stiefel vors Gesicht.

Von hinten griff einer der anderen Eddies Kopf und drückte ihn gegen den Stiefel.

»Leck die Schuhe, sonst tret ich dir die Fresse ein.«

Eddie leckte nicht.

Der, der leckte, war ein anderer. Ein abgekoppelter Roboter-Eddie, der – auf einmal kam Eddie dieses System geradezu genial vor – die ganzen unangenehmen, traumatisierenden, falschen Aufgaben erledigte und so den echten Eddie ungefährdet Held sein lassen konnte. Ja! Brillant! Fast musste Eddie schmunzeln, wie perfekt diese Täuschung funktionierte und weil keiner seinen Trick durchschaute. Auch Sandra nicht – das war gut. Sandra durfte nie erkennen, dass er eben doch ein Held war, niemals! Er hasste sie nun. Mit derselben Heftigkeit, mit der er sie zuvor geliebt hatte, hasste er sie jetzt. Sie war gefährlicher als die vier Idioten, vor ihr musste er sich besonders gut verbergen, und das würde er auch tun.

Sie sagte irgendetwas Angewidertes, irgendeine verlogene seichte Moral beschwor sie und verließ dann den Raum. Scheinbar wütend auf Bedercke, aber Eddie ließ sich nicht täuschen: Sie war der wahre Feind. Fast hatte sie ihn dazu gebracht, sein wahres Ich zu offenbaren, aber das würde ihr nie wieder gelingen, der Hexe.

Bedercke und die anderen schubsten ihn noch ein wenig herum, kippten den Papierkorb über ihm aus und warfen seine Schulsachen aus dem Fenster.

Dann zogen sie ab.

Etwas Kaltes, Klares war von diesem Tag an in Eddies Seele erwacht. Ein Bewusstsein der eigenen Überlegenheit. Als hätte er damals schon geahnt, wie sehr er ein paar Jahre später jegliche Normalität, alles Graue, Kleine und Niedere hinter sich lassen würde. Als hätte er damals schon gewusst, was aus ihm werden würde. Und vielleicht hatte er das auch.

Ja, vielleicht war dieses Erlebnis eine Initialzündung gewesen – dennoch fühlte sich Eddie immer schlecht, wenn er daran zurückdachte. Auch jetzt. Wie immer versuchte er, die Erinnerung zu ergänzen, indem er sich vergegenwärtigte, wie er Jahre später, kurz nachdem er endlich zu sich selbst geworden war, zu einem Mann, der keinen Roboter-Eddie mehr benötigte, Bedercke, Müller, Czicewski, Hecht und vor allem Sandra Besuche abgestattet hatte. Es half nichts. Die erste Erinnerung war die stärkste, und das demütigende Gefühl, der Schmerz der Schande, blieb in seinem Magen hocken wie eine fette, warzige hustende Kröte.

Vielleicht musste er einfach noch mehr Schlägertypen fertigmachen, um dieses alte Programm endlich zu überschreiben. Hier vorn im Wagen war doch ein wunderbares Exemplar. Eddie lächelte. Von außen sah das nicht wie ein Lächeln aus, aber es flutete sein Herz mit Kälte und vertrieb endlich die schlechten Erinnerungen.

Sie fuhren eine Weile weiter mit zu laut eingestelltem Radio. Er beobachtete Gaylords und Brünettes Hinterköpfe. Es war vollkommen klar, dass mit diesen beiden etwas nicht stimmte. Weder hatten sie Eddie gefragt, woher er kam und was er so machte, noch von sich und ihren jämmerlichen Errungenschaften berichtet, was nach Eddies Erfahrung nun wirklich jeder machte, der Tramper mitnahm.

Nur nach seinem Alter hatte Brünette sich erkundigt, und Eddie hatte »neunzehn« geantwortet. Er sah aus wie neunzehn, und wenn er ihnen sein wahres Alter genannt hätte, hätten sie ihm nicht geglaubt.

»Neunzehn! Frischfleisch!«, hatte Gaylord daraufhin ausgerufen, und beide hatten einen unsinnig langen und heftigen Lachanfall bekommen. Brünette war natürlich auch schön, wenn sie lachte, allerdings merkwürdigerweise etwas weniger schön.

Nach zwei Stunden hielten sie an einer Raststätte.

»Gott, bist du dünn, Eddie«, rief Brünette aus, als Eddie aus dem Wagen stieg. Dann sah sie vorwurfsvoll zu Gaylord, als wäre selbiger der Vater, der diesen Jungen mangelhaft ernährt hätte. Gaylord schnitt eine Grimasse und hob die Hände in einer »Was soll ich machen«-Geste.

Eddie war dünn. Neidisch musterte er die beiden anderen. Sie hatten diese naturgegeben gute Physis, die beweist, dass Gott ein Schwein ist. Sicher trieben sie keinen Sport – ihre Körper funktionierten einfach, hatten eben einfach alles, was man so braucht, im richtigen Verhältnis und den perfekten Proportionen.

Eddie war nicht gerne dünn. Seine Statur erinnerte ihn zu sehr an den alten Eddie. Er hatte es mit Bodybuilding versucht, war eine Zeit lang jeden Abend ins Studio gegangen – nichts. Sein Körper veränderte sich gar nicht.

Er war stark, oh, keine Sorge. Wenn es drauf ankäme, würde er es leicht mit Gaylord aufnehmen können, seit seiner Transformation war er körperlich so stark, wie er es im Herzen schon immer gewesen war. Er sah halt nur nicht so aus.

»Und bleich bist du«, fuhr Brünette fort. Weniger mitleidig als mäkelnd und irgendwie wieder mit einem Vorwurf in Gaylords Richtung, als könne der was dafür.

»Magst du was essen, Eddie?«, fragte Gaylord, als sie die Raststätte betraten. »Wir laden dich ein.«

»Pff, das bringt doch jetzt auch nichts mehr«, sagte Brünette. Sie wirkte auf einmal schlecht gelaunt.

Eddie schüttelte den Kopf.

»Vielleicht ein Glas Wasser«, sagte er.

Absurderweise holten sich Gaylord und Brünette ebenfalls Wasser. Sonst nichts.

Vor drei Gläsern Wasser saßen sie so an einem kleinen Tisch und schwiegen.

Kinder der Stille. Alle drei waren sie Kinder der Stille. Oder? Es war kein komfortables Schweigen.

Was hatte Brünette? Es schmerzte Eddie, sie derart unfroh zu sehen. Sie sollte wieder lachen, selbst wenn ihr Lachen sie nicht schöner machte.

Er begehrte sie so sehr, dass sein Brustkorb schmerzte.

Eddie ließ den Blick durch den Raum schweifen. Er war noch nie hier gewesen, und doch kam es ihm vor, als würde er jede Ecke kennen, so genormt waren Raststätten inzwischen geworden. Strebte das Universum wirklich dem Chaos entgegen, war es nicht vielmehr genau umgekehrt, ordnete sich nicht alles einer kleinkalibrigen Norm unter, und würde die Menschheit am Ende an der totalen Ordnung untergehen?

Alles glich sich immer mehr an auf diesem Scheißplaneten. Hier die Zeitschriftenecke mit dem immer gleichen Müll, dort der Eingang zum Sanifair-Reich, rechts oben der unumgängliche Flatscreenfernseher, in dem gerade wieder über die Kannibalenmordserie berichtet wurde, die sich durch die Republik zog. Selbst diesen Bericht schien

Eddie schon gesehen zu haben, es ging seit einem halben Jahr in den Nachrichten ständig darum.

»Los«, sagte Gaylord und erhob sich. Er formulierte sein Anliegen nicht als Frage, nicht etwa: »Wollen wir mal weiter?« Einfach nur »Los«. Und Brünette stand auch sofort auf und ging auf den Ausgang zu. Ihr Gang – das erkannte Eddie erst jetzt, aber es überraschte ihn natürlich nicht – war wie eine stumme Melodie. Wie der Klang des Lichts. Hey, das war gut: der Klang des Lichts, das musste er sich aufschreiben. Er tastete die Taschen seiner schwarzen Skinnyjeans ab – kein Stift dabei. Im Rucksack. Aber der war im Kofferraum.

Er musste sich das merken.

Die Weiterfahrt verlief schweigend. Der Regen, der kurz aufgehört hatte, setzte wieder ein. Nächtlicher Regen. Regen, den die meisten Menschen gar nicht mitkriegten – fühlte sich der nächtliche Regen unterlegen? Wenn es am Tag regnete, brachte das alles durcheinander, veränderte sich die gesamte Stimmung – hätte der nächtliche Regen auch gern diese Macht? Eddie seufzte. Keiner, den er kannte, hatte solche Gedanken. War er genial oder wahnsinnig? Niemand sagte ihm das. Eddie war selbst wie der nächtliche Regen. Er fühlte sich auf einmal unendlich müde und sehr alt. Und allein. Allein würde er immer sein. Selbst wenn er mit Brünette durchbrennen würde, wenn sie ihn lieben würde, selbst dann – das spürte er nun – würde er immer noch allein sein. Er war allein, so wie Wasser nass war. Einsamkeit war sein Aggregatzustand. Vielleicht sollte er Brünette doch nicht erobern. Wozu? Sie wurde nicht schöner, wenn sie lachte, an diesem Makel würde er auf lange Sicht nicht vorbeischauen können. Sie war es nicht. Keine Frau war es. »Es« war ein Buch von Stephen King.

Teufel, das waren so gute und originelle Gedanken, sollte er die nicht doch aufschreiben und sammeln? Aber wozu? Für wen? Es gab niemanden, der es wert gewesen wäre, Eddies Gedanken zu lesen. Die Nachwelt? Das klang doch schon nach Nachgeburt.

Plötzlich hielt der Wagen.

Eddie sah aus dem Fenster. Eine weitere Autobahnraststätte und ein schäbiges Motel nebenan. Was jetzt? Wollten sie nun doch noch was essen?

»Wollt ihr hier in das Motel?«, fragte er, und seine Stimme klang seltsam belegt.

»Was? Nein«, sagte Gaylord, und jetzt war Eddie sicher, dass sie hier absteigen wollten. »Nein, ich muss nur was aus dem Kofferraum holen. Kannst du mir helfen?«

Das machte keinen Sinn. Eddie war ein guter Beobachter und hatte, als er seinen Rucksack in den Kofferraum getan hatte, gesehen, dass dort nur ein paar leere blutverschmierte Plastiktüten, verschiedene Fleischermesser und ein zusammengerollter Schlafsack lagen.

Was wollte Gaylord jetzt damit? Und wieso brauchte er dazu Eddies Hilfe? Eine Lüge. Aber eine derart dumme, schlecht gemachte Lüge, dass Eddie eher amüsiert als beunruhigt war.

Der Regen prasselte.

Nach Gaylord stieg nun auch Brünette aus, reckte sich und ließ sich durchnässen. Als wäre Sommer. Es war Spätherbst. Der Regen war kalt.

Brünette lächelte ihm durchs Fenster zu. Sie war nass so schön, wie sie trocken schön gewesen war, ihre Schönheit hatte etwas beruhigend Stabiles, und auf einmal wurde es hell in Eddies dunkler Seele. Wie ein riesiger Ballsaal voller Kronleuchter, die alle auf einmal erstrahlten. Eddie zuckte zusammen. Er konnte sich nicht erinnern, wann er dieses Gefühl zuletzt gehabt hatte oder ob überhaupt jemals: Hoffnung.

Vielleicht war diese stabil schöne Frau der Rettungsanker. Sie war der Klang des Lichts, er war der Regen der Nacht – gehörten sie nicht zusammen? Es machte auf einmal unvorstellbar viel Sinn.

»Kannst du bitte kurz kommen, Eddie?«, rief Gaylord von hinten, und Brünette nickte ihm lächelnd zu. Eddie lächelte zurück – ein ganz anderes Lächeln als sonst, eines, das die Wangenmuskeln scheinbar bis zum Zerreißen spannte. So ein Lächeln hatte sein Gesicht noch nie vollführt.

»Eddie!«, rief Gaylord noch einmal.

Wieder nickte Brünette. Ihre Haare waren wie dunkle Nudeln, ihre Schönheit war eine feste Größe wie Pi. Sie war ein Naturgesetz. Lächelnd stieg Eddie aus und ging zum Kofferraum. Er spürte den Regen nicht.

»Siehst du?«, Gaylord stand neben der geöffneten Kofferraumtür. Eddie schaute hinein und sah nichts Besonderes. Kurz wurde ihm schwindlig, und er taumelte.

»Noch mal«, sagte Gaylord. Eddie hörte ein pfeifendes Geräusch, und sein Kopf knickte ein. Seine Knie wurden weich, er musste sich am Auto festhalten.

»Mach doch mal richtig bitte«, sagte Gaylord. Es klang

wie von sehr weit her. Wie eine Tonbandaufzeichnung. Eddie drehte seinen Kopf, was ihm schwerfiel, und sah Brünette hinter sich stehen, eine lange Eisenstange in der Hand. Sie hob sie über den Kopf und schlug zu. Sterne blitzten vor Eddies Augen auf. Dann wurde alles schwarz. Eine Weile hörte er noch den Regen.

Dann Stille. Nichts.

Als er wieder zu sich kam, war er mit dicken Stricken an eine Tischplatte gefesselt. Ein Fahrradschloss fixierte seinen Hals. Vermutlich war es an einem Tischbein befestigt. Eddie konnte sich nicht rühren. Und er war schwach vor Hunger. Er musste lange ohnmächtig gewesen sein. Sein Schädel fühlte sich schief an, vermutlich war er gebrochen. Na toll. Er hörte Gaylord und Brünette reden. Ihre Stimmen schienen aus einem anderen Raum zu kommen. Ganz sicher war er sich aber nicht, denn seine Sinne funktionierten gerade nicht so gut.

Auf jeden Fall war das hier das Motel. Schäbige Achtzigerjahre-Einrichtung in Türkis/Rosa und schauderhafte Bilder an den Wänden.

Vor ihm stand ein großes Bett. Und dort war die Tür zur Küche, und von dort kamen die Stimmen.

Eddie ruckelte hin und her, aber er konnte die Fesseln nicht lösen. Die Tischplatte war seltsam glitschig, als wäre sie mit Öl eingerieben.

»Wow«, erklang auf einmal Gaylords Stimme lauter als bisher. »Wow. Das glaub ich jetzt nicht.«

Eddie wollte seinen Kopf in Richtung der Stimme drehen, aber das ging nicht, das Fahrradschloss war zu eng.

»Was denn?« Das war Brünette. Offenbar waren sie beide aus der Küche ins Zimmer gekommen. Es machte Eddie wahnsinnig, sie nicht sehen zu können. Dadurch wurde die ganze Situation noch abgefuckt demütigender. Eddie hatte sich lange nicht mehr so hilflos gefühlt, sehr lange nicht mehr. Er hasste dieses Gefühl.

»Wahnsinn. Ich hab dreimal zugeschlagen. So fest ich konnte«, sagte Brünette.

»Du bist so ein Mädchen«, erwiderte Gaylord. »Kleb mal schnell den Mund ab. Nicht, dass er schreit.«

»Wo ist denn das Tape?«

»Hast du zuletzt gehabt. Bei der alten Dame vorgestern.«

»Buäh, erinnere mich nicht an die. Aber da mussten wir nicht tapen, der hattest du doch gleich das Genick gebrochen.«

»Wartet ... bitte ...«, flüsterte Eddie. Er fühlte sich unendlich schwach, und ihm war schwindelig.

»Das Tape ist mit Sicherheit im Wagen«, sagte Gaylord, »ich hol's schnell. Kommst du klar hier?«

»Natürlich«, antwortete Brünette.

»Bitte ...«, flüsterte Eddie.

Er hörte, wie Gaylord an ihm vorbei zur Tür ging und dann das Zimmer verließ.

Dann erschien Brünette in seinem Gesichtsfeld. Sie stand über ihn gebeugt und musterte ihn versonnen. Sie war nackt.

»Na, du bist robuster, als du aussiehst, wie?«, sagte sie, so wie man zu einem Hund »Du bist aber ein feiner Junge« sagt.

»Bitte, ihr … seid die Kannibalen …«, krächzte Eddie.

Brünette betrachtete ihn schweigend.

»Ihr seid die Kannibalen … aus den Nachrichten. Ihr dürft mir … Bitte tut mir nichts. Ich bitte euch … lasst mich laufen.«

Brünette lachte wieder ihr seltsam unschönes Lachen und strich Eddie über das blutverklebte Haar. Ein Teil der Schädeldecke schien dabei gegen den anderen zu reiben, definitiv ein Schädelbruch. Es knirschte auch. Schöner Schlamassel.

Brünette kraulte ihn. Den ganzen restlichen Umständen diametral entgegengesetzt, fühlte sich das gut an.

»Bitte … Brünette, hilf mir. Iss mich nicht. Ich … ich liebe dich …«

Er wusste nicht, warum er das gesagt hatte. Brünette runzelte die Stirn.

»Wie kannst du so was behaupten? Du kennst mich doch gar nicht«, antwortete sie. Immerhin sprach sie ihn jetzt direkt an. Das war ein Fortschritt, oder? Er musste sich beeilen. Wenn Gaylord zurückkäme, wäre alles zu spät.

»Ich kenne dich«, hauchte er. »Ich habe dich immer gekannt. Du bist … du bist nicht die, für die du dich ausgibst. Du bist … so viel mehr, wenn du … mit mir … ich kann dir zeigen, was für Möglichkeiten …«

Aber sie hörte schon nicht mehr zu, sondern sah zur Tür.

»Wo bleibt bloß der Idiot mit dem Tape?«

»Bitte. Ich weiß, viele Typen sagen so was, versuchen, dich … weiß ich nicht … rumzukriegen, aber ich bin anders, ich … Es ist wahr, ich liebe dich, ich … ich sehe etwas … in dir … Du bist mehr als … Lass mich dein …«

In diesem Moment kam Gaylord zurück.

»Weißt du, wo's war?«, fragte er.

Eddie fing an zu schreien. Aber irgendwas war mit seinen Stimmbändern nicht in Ordnung, es kam nur ein lang gezogenes Krächzen heraus.

Dennoch stürzte sich Gaylord sofort auf ihn und drückte ihm einen Streifen festes schwarzes Klebeband auf den Mund.

Eddie versuchte, Gaylord zu beißen, aber es ging alles zu schnell.

»Komm, dann lass uns mal. Ich hab Hunger«, sagte Brünette, und Gaylord antwortete: »Wie Mylady befehlen.«

Dann hörte Eddie ein surrendes Motorgeräusch. Sie hatten eine Elektrosäge. Er bäumte sich auf, so gut das mit den strammen Fesseln ging, er spürte, wie jemand die Säge mit den scharfen kleinen Zähnen an seinem linken Oberschenkel ansetzte.

Das darf doch nicht wahr sein, verflucht noch mal, schoss es ihm durch den Kopf.

Dann schnitt die Säge durch sein Fleisch, und er verlor das Bewusstsein.

Als er wieder zu sich kam, sah er Brünettes Gesicht über sich gebeugt. Sie wirkte verängstigt und wütend. Und sie war kreidebleich.

»Was stimmt nicht mit dir?«, fragte sie und sah ihn an.

Im Hintergrund waren würgende Geräusche zu hören. Gaylord schien sich zu übergeben.

»Was soll das?«, fragte Brünette. »Was ist mit deinem

Fleisch, Mann? Es schmeckt, als wäre es verdorben. Und dein Blut ist fast schwarz. Was für 'ne Scheißkrankheit hast du uns da angeschleppt? Hepatitis?«

Eddie sah sie schweigend an.

»Ist es Hepatitis? Oder Aids? Sag schon!«

»Scheiße!«, keuchte Gaylord aus dem Bad, bevor er sich wieder übergab.

Brünettes wunderschöne Augen funkelten.

»Was ist mit dir los? Sag jetzt!«

Eddie machte Geräusche durch das Gaffa-Tape.

Sie riss es herunter. Fühlte sich an, als würde die halbe Oberlippe mit abgehen.

Eddie hustete. Dann flüsterte er: »Komm mit mir ... Verlass diesen ... verlass ihn ... lass uns ...«

Brünette versetzte ihm eine Ohrfeige.

»Sag jetzt, warum Gaylord so krank ist. Ich hab nur einen Bissen von deinem Scheißspinnenbein genommen, und mir ist, als ob ich sterbe. Aber er hat richtig viel gegessen, was hat er? Was für 'ne verdammte Seuche hast du?«

Eddie nickte kurz wie zur Bestätigung und flüsterte dann etwas Unhörbares.

»Was?«, fragte Brünette ungeduldig. »Sprich lauter!«

Wieder nickte Eddie, und wieder flüsterte er etwas. So leise er konnte, flüsterte er.

Sie bückte sich und hielt ihr Ohr an seinen wunden Mund.

Da biss er zu. Natürlich. Es war so einfach. Das hätte er vorhin schon machen sollen, dann hätte er noch zwei Beine. Gott, ich bin so ein Vollidiot, dachte er, während Brünette leise aufschrie, als sich seine Fangzähne in ihren Hals bohrten. Ihr süßes Blut boostete alle seine Sinne. Plötzlich strahlte der Raum in intensiveren Farben, und der Geruch seines gebratenen Beins und der von Gaylords Erbrochenem machte, dass seine Nasenscheidewände pulsierten.

Brünettes Schrei war in ein leises Gurgeln übergegangen, die Augen nach oben verdreht, war sie schon völlig wehrlos. Am Anfang seiner Vampirkarriere hatte Eddie manchmal mehrere Minuten gebraucht, bis seine Opfer ihren Willen verloren, das war immer ein Kampf gewesen. Inzwischen hatte er aber gelernt, so stark zu saugen, dass sie fast sofort wegknickten.

Brünettes Blut schmeckte erwartungsgemäß himmlisch, und es war ein gutes Gefühl, seine Kräfte zurückkehren zu spüren, aber alles, was er denken konnte, war: Idiot! Vollidiot! Warum hast du sie nicht vorhin schon gebissen? Was sollte dieser Schwachsinn mit »Ich liebe dich«? Jetzt musste er den Rest seines Nichtlebens, also einfach mal bis in alle Ewigkeit als Einbeiniger rumkrücken! Weil er mal für einen Moment seinen Zynismus vergessen, sein Visier geöffnet hatte. Ach, geschah ihm ja recht, was war er bloß für ein Superidiot!

Dies alles dachte er in den wenigen Sekunden, die Gaylord brauchte, um vom Bad ins Zimmer zu stürzen, die Situation in seinem limitierten Schweinegehirn irgendwie als crazy und ungewöhnlich einzuschätzen, Brünette zu packen und sie von Eddie loszureißen.

»Scheiße! Scheiße, was für ’ne Scheiße geht hier ab?«, schrie er, als er die zwei Punkte an ihrem Hals sah, aus denen frisches Blut sprudelte.

Er redete hektisch auf Brünette ein, die ihn nicht zu

hören schien, dann rannte er in die Küche, holte ein Geschirrhandtuch und tupfte damit unqualifiziert an ihrem Hals herum.

»Baby!«, schrie er. »Sag doch was, Baby!«

Er legte sie behutsam aufs Bett. Dann drehte er sich mit knallrotem Gesicht zu Eddie um.

»Du Ficker!«, schrie er.

Eddie grinste.

»Ich mach dich platt, du Ficker! Was hast du ihr angetan?!«

»Brünette«, sagte Eddie.

»Sage nicht ihren Namen, du kranker Irrer!«

Gaylord hielt die geballte Faust hoch über Eddies Kopf, doch etwas hielt ihn davon ab zuzuschlagen.

»Schalte ihn aus«, sagte Eddie.

Brünette, die vom Bett aufgestanden war, als Eddie ihren Namen gesagt hatte, sah sich im Raum um.

Gaylord bemerkte sie.

»Baby!«, rief er erleichtert. »Alles okay, Baby? Was hat der Drecksack dir angetan?«

Wie ferngesteuert – oder sagen wir ruhig mal: ferngesteuert – ging Brünette in die Küche.

Gaylord folgte ihr.

»Die Pfanne, Baby?«, hörte Eddie ihn sagen. »Was willst du mit der Pfanne? Auf jeden Fall bin ich froh, dass es dir besser geht.«

Dann ein dumpfer Schlag. (Gab es eigentlich Schläge, die nicht dumpf sind? Gab es spitze Schläge? Das dachte Eddie. Er war innerlich wieder ganz der Alte. Nicht mehr verliebt zumindest.)

»Baby!«, rief Gaylord verunsichert. Dann noch zwei dumpfe Schläge und ein rutschig fallendes Geräusch.

»Jetzt mach mich los«, sagte Eddie.

Brünette kam ins Zimmer, beugte sich über ihn und begann, seine Fesseln zu lösen. Sie war immer noch überirdisch schön, wenn auch ziemlich bleich, aber Eddie empfand nichts mehr für sie. Er kannte einige Kollegen, die tatsächlich so etwas wie Gefühle für ihre Sklavinnen entwickelt hatten im Laufe der Jahre, das fand er aber abstoßend. Eine Sklavin war bloß noch ein leeres Gefäß, eine Maschine, wenn du ihr keine Befehle gabst, saß sie einfach nur herum. Wer sich in so was verliebte, der liebte doch am Ende nur sich selbst. Konnte Eddie nicht passieren.

Als die Fesseln gelöst waren, setzte er sich auf und besah sich den Schaden.

»Verfluchte Scheiße!«, rief er aus. Nur noch ein Bein! Oh Dreck! Eine Ewigkeit auf Krücken, was für ein Scheißdreck! Und es wäre so leicht zu vermeiden gewesen, er war wirklich so ein Idiot, der größte Vollidiot aller Zeiten!

Na gut, das konnte man jetzt nicht mehr ändern, er musste das Beste draus machen. Es gab doch inzwischen schon sehr gute Prothesen, oder? Und in den nächsten Jahrhunderten würden die immer besser werden, so viel stand ja fest. Vielleicht könnte er ein Forschungsinstitut gründen, um diese Entwicklung zu beschleunigen. Eddie war reich. Er war in dieser Nacht nur aus Hunger getrampt, wie er es schon seit einigen Monaten machte. Seit die Kannibalenmorde in den Medien so präsent waren, hatte er immer in der Nähe des letzten Mordes ein oder zwei Leute ausgesaugt. Das Verschwinden dieser Figuren war dann aufs Konto der Kannibalen gegangen. Brillanter Plan. Bis jetzt. Na gut. *Spilled milk, man.*

Eddie griff nach einem Handy, das auf dem Tisch lag, und rief seinen Assistenten an.

»Ja?«, meldete jener sich augenblicklich. Sein Assistent war ein Sklave, den er vor langer Zeit schon gebissen hatte. Er saß Tag und Nacht neben dem Telefon. Eine echte Perle.

»Ich bin's«, sagte Eddie sinnloserweise. Niemand sonst hatte die Nummer, und Wilhelm erkannte natürlich seinen Meister.

»Pass auf. Verkauf alle Aktien, leere die Depots und Konten, und investiere mein gesamtes Kapital in die Prothesenforschung. Gründe ein Institut. Wir nennen es«, hier schmunzelte er trocken, »das Bruce-Springsteen-Institut. Kauf die Namensrechte, ich will, dass es so heißt. Engagiere die fähigsten Leute aus der Prothesenbranche, aber auch Biochemiker und Ärzte. Die Aufgabe des Instituts ist es, perfekte Beinprothesen zu erfinden. Nichts rein Mechanisches. Am besten bio. Selbst wachsende biologische Prothesen. Und pass auf, stell auch ein paar Okkultisten und Schwarzmagier an. Gib ihnen die Bücher aus meiner privaten Bibliothek, das Buch des Todes, das Schneckenfroscheinmaleins, vor allem das Necronomicon. Davon hab ich zwei, gib ihnen die Ausgabe, wo ›Mängelexemplar‹ an der Seite steht. Sie sollen mechanisch, medizinisch und magisch tun, was sie können. Es muss nicht schnell gehen, sie haben unbegrenzt Zeit, aber das Ergebnis muss die perfekte Prothese sein.«

Aus der Küche hörte er Gaylord stöhnen.

»Das wäre alles, setz dich gleich dran.«

»Sehr wohl, Meister«, antwortete Wilhelm. Eddie beendete das Gespräch.

Jetzt fand er den Namen »Bruce-Springsteen-Institut« schon wieder saudoof. Humor kriegte er einfach nicht hin. Er würde seinen Assistenten nachher noch mal anrufen und das ändern.

Sich an der Wand abstützend, hüpfte er rüber in die Küche.

Gaylord lag dort in einer kleinen Blutlache.

»Fesseln, Brünette«, sagte er, und Brünette gehorchte. Sie trug Gaylord rüber ins Zimmer, wo sie ihn am Tisch festband.

»Baby …«, stöhnte er, ohne die Augen zu öffnen.

Eddie griff sich die Gaffa-Rolle und klebte ihm den Mund zu.

»Ich bin ein Vampir«, erklärte er dann und zeigte seine Eckzähne. Gaylords Augen weiteten sich. Das kannte Eddie schon. Mit Vampiren rechnete im richtigen Leben niemand.

»Seit achtundvierzig Jahren. Man könnte sagen, ich bin einer von den originalen Hippies, aber mich hat diese Bewegung damals angeekelt. Friede, Freude, Eierkuchen, Sex und Drogen – ja klar. Aber nur für die Schönen, nur für die Coolen. Die Außenseiter blieben weiter Außenseiter, das ist das Verlogene an dieser Bewegung – an allen Bewegungen.«

Gaylord machte verzweifelte Geräusche durch das Tape und sah zu Brünette hinüber, die in einer Ecke des Raumes stand wie eine bescheuerte Stehlampe.

»Na ja, *anyway*«, seufzte Eddie. Er wusste wirklich

nicht, warum er seine Gedanken mit diesem Strohkopf teilen wollte.

Außerdem war nun alles wieder da. Die Erinnerung an diesen Tag, der sein Leben beendet und alles verändert hatte. Er war auf dem Nachhauseweg vom Schachklub gewesen, als ihn das Mädchen angefallen hatte. Natürlich ein Mädchen. Vielleicht sieben oder acht Jahre alt. Wenn er gekonnt hätte, wäre er rot geworden bei dem Gedanken, wie lächerlich das ausgesehen haben musste: ein kleiner blonder Mädchenvampir mit Zöpfen, der einen ausgewachsenen jungen Mann ansprang und aussaugte. Dabei war das vermutlich seine Rettung gewesen: dass sie so klein und darum so schnell satt gewesen war. Sie hatte ihn einfach liegen lassen dort auf dem Gehweg. Hatte ihn nicht zum Sklaven gemacht, vielleicht hatte sie nicht gewusst, wie das geht, obwohl sie natürlich trotz ihrer scheinbaren Jugend ein alter, erfahrener Vampir gewesen sein konnte. Eddie hoffte das. Er hatte dieses Mädchen nie wieder gesehen, auch nicht nach ihr gesucht, aber innerlich hoffte er, dass sie eine alte, weise Vampirin gewesen war, die Eddies Potenzial erkannt und ihn deshalb transformiert hatte, und nicht bloß so 'ne doofe Rotzgöre, die ihren Teller nicht leer aß.

Warum war das überhaupt wichtig?

»Brünette, binde sein rechtes Bein oben ab, und dann nimm das hier.« Er zeigte auf die mit schwarzem Blut verschmierte kleine Motorsäge auf dem Stuhl. Brünette gehorchte. Gaylord machte weiter seine gedämpften Laute.

Eddie seufzte und kratzte sich den Stumpf. Phantomschmerzen spürte er nicht, weil er überhaupt keine Schmerzen mehr spürte seit jenem Abend.

Na ja. Seelische Phantomschmerzen spürte er schon. Phantomschmerzen im Herzen. Wäre doch seine Seele bei der Transformation mitgestorben, warum fühlte die bloß noch so viel? Warum konnte er nicht ein klarer, ruhiger analytischer Geist in einem unsterblichen Körper sein? War das nicht der Auftrag, den ihm die weise alte Vampirin damals hatte geben wollen? Erhebe dich über die gewöhnlichen Wesen, und schaffe etwas großartiges Neues. Das hatte er irgendwie bisher nicht hingekriegt. Das Erste, was ihm eingefallen war damals, waren kleinliche, wiewohl sehr kreative und geistreich choreografierte Racheakte an Bedercke und seinen Mitläufern gewesen. Und dann hatte er Sandra zu seiner Sklavin gemacht. Viel gebracht hatte ihm das alles nicht. Außer der Erkenntnis, wie langweilig eine Frau war, wenn sie alles machte, was man ihr sagte. Eines Nachts hatte er ihr befohlen, zu Fuß nach Bitterfeld zu gehen und für immer dort zu bleiben. Als sie dann weg war, hatte er sie doch vermisst. Dämlich.

Auch nach der Rache an Bedercke und seinen Hirnis, beim Betrachten ihrer verdrehten, zerschnittenen, durchbohrten, falsch gefalteten Leiber, waren seine Gefühle diffus und eher unangenehm gewesen.

Wenn er sich schon grausam rächte, dann sollte ihn das doch auch wenigstens befriedigen, oder? Sonst war's ja totale Energieverschwendung.

Wieder kratzte er sich den Stumpf. Das würde jetzt wohl so eine Art Tick werden. Na prima.

Gaylord wand sich wie ein wildes Tier. In seinen aufgerissenen Augen erkannte Eddie keinen Geist, keine Klarheit, nur nackte tierische Angst.

Diese Rache hier würde ihm auch nichts bringen, das spürte er. Vielleicht brauchte er mal Urlaub. Bloß wovon.

»Schneid's ab«, sagte er zu Brünette. »Erst das linke Bein, dann das rechte. Dann beide Arme und zum Schluss den Penis. Immer abbinden vorher.«

Brünette machte sich an die Arbeit.

Es hatte lange gedauert. Sie mussten sorgsam vorgehen, Gaylord sollte ihnen ja nicht wegsterben. Zum Glück wusste Eddie einiges über Amputationen – er hatte sich da ein fundiertes Halbwissen angelesen, als er seine erste Rache geplant hatte. Und das alles ohne Internet damals noch! Na ja. Wie erwartet empfand er nicht mehr als kalte Leere und ein wenig Phantomreue, als er nun Gaylords lachhaften Rumpf auf dem Tisch liegen sah.

Sein Schwanz war natürlich größer als Eddies eigener gewesen, und obwohl er ja nun ab war, verspürte Eddie absurderweise Neid. Du kannst nicht gewinnen, das Leben war einfach scheiße.

Er ließ Brünette die Polizei anrufen und die Adresse nennen. Mit ein bisschen Glück würde der Rumpf bis zu ihrem Eintreffen überleben und anhand von DNA, oder was die heutzutage alles so hatten, würden sie ihn schnell als den gesuchten Kannibalen identifizieren.

Lebenslang Knast ohne Arme, Beine und Schwanz – das war der grausame Racheplan gewesen. Tja. Klang fair, war Eddie aber jetzt auch schon wieder egal.

Gestützt auf die immer noch nackte Brünette, humpelte er auf den VW-Bus zu.

»Fahr du«, sagte er, als sie drinsaßen, und Brünette gehorchte.

Wieder *on the road*. Eddie schloss die Augen. Wieder fühlte er sich fremd und entwurzelt. Nicht nur in diesem Auto mit der neuen Sklavin, sondern fremd auch in seinem verfluchten Körper und sogar in seinem eigenen Hirn. Eine fundamentale Fremdheit erfüllte ihn.

Er öffnete die Augen wieder, müde alte Augen, obwohl sie nicht so wirkten, und schaute aus dem Seitenfenster. Brünettes Anwesenheit war ihm unangenehm. Sie war so hohl.

»Mach mal Musik. Klassik oder Jazz.«

Sie griff nach vorne, drehte den Knopf, und nach einer Weile erklang Schostakowitsch. 2. Symphonie, Opus 8.

Eddie kratzte sich den Stumpf, sah aus dem Fenster und versuchte, in der vorbeiziehenden, klassisch untermalten Herbstlandschaft etwas majestätisch Übergeordnetes zu sehen, irgendwas, einen Sinn, eine Richtung, eine Inspiration, aber es war alles nur trostloser graubrauner Dreck. Selbst der rote Sonnenaufgang am Horizont hatte etwas banales Blödes. Blöd vor allem – das fiel ihm erstaunlich spät ein –, weil er hier draußen unterwegs war, wo doch die Sonne aufging. Er sah an sich herab und erkannte, dass er qualmte.

War doch klar: Sonne – Vampir, Vampir – Sonne. Das wusste nun wirklich jeder. Wie hatte er das vergessen können?

»Ich bin wirklich so ein Vollidiot«, waren seine letzten Gedanken, bevor er in Flammen aufging.

Er brannte schnell und heftig. Die Polster fingen wie durch ein Wunder kein Feuer. Brünette fuhr weiter. Sklavinnen konnten – obschon auch sie untot waren – bei Tageslicht weiterexistieren.

Es wurde ein ziemlich bedeckter, grauer Tag. Dann wurde es wieder Nacht.

Brünette fuhr.

Im Radio lief Klassik oder Jazz.

Sie fuhr weiter, bis das Benzin alle war.

Danach blieb sie im Wagen sitzen und wartete auf weitere Befehle.

3 Baby Jason

»Brünette!«, dachte ich, während ich auf meiner Pritsche lag.

Wieder und wieder.

Einfach nur ihren Namen, als habe mein Gehirn Lippen und würde ihn von innen in den Schädel rufen, wo er leise nachhallte: »Brünette … tte … tte … Brünette … tte … tte … tte …«

Wo war sie? Ging es ihr gut? Es machte mich wahnsinnig, an sie zu denken, und doch konnte ich nicht anders. Tränen rannen mir die Wangen hinab.

»Du heulst, Rumpf«, sagte mein Zellengenosse, der alte Piet. »Und zu Recht. Würde ich so zugerichtet sein wie du – fürwahr, ich heulte ein melancholisches Meer zusammen, glaub mir nur getrost. Denn sieh dich an: Hast keine Arme. Hast keine Beine. Anstelle des Piephahns nur ein dünnes Plastikrohr, damit es beim Urinieren nicht in alle Richtungen spritzt. Spritzt immer noch ganz schön hier- und dorthin, wenn du mich fragst, und der Leidtragende bin ich: dein Zellengenosse, der alte Piet. Aber ich will's dir nachsehen, hast genug gelitten. Dein Leben könnte genauso gut vorbei sein: keine Arme, keine Beine, keine Männlichkeit. Ja, bist du denn überhaupt noch ein Mann? ›Rumpf‹ nennen sie dich hier im Knast, und da ist viel Wahres dran. Viel Wahres, oh ja, eine recht schöne dicke, dralle Handvoll Wahres ist da dran, wenn man es nur recht bedenkt. Denn sieh dich an. Bei Gott, sieh dich nur an: wie eine Puppe, der ein Kind Arme und Beine abgerissen hat.

Rumpf, du bist ein Puzzle, wo zu viele Teile fehlen. Du bist die ostdeutsche Provinz, du bist ein Witz ohne Pointe, Rumpf, dein Lebenssaft ist ausgesaugt, vertrocknet, deine Zeit ist vorbei, all das hier, was grad geschieht, deine Tränen, unser Gespräch, ist doch nur noch der Epilog, das Nachwort des Verlegers zu dem schmalen Roman, der du mal warst, Rumpf. Oh Rumpf. Rumpf, Rumpf. Nie mehr wirst du laufen, greifen, stehen. Die Liebe spüren. Die Leidenschaft, die Hingabe einer schönen Frau. Man möchte dich mitleidig umarmen, aber du bist so Übelkeit erregend. Kotzen müsste ich. Endlos speien. Ein melancholisches Meer würde ich herbeikotzen, wenn ich dich anfassen müsste, deinen missgestalteten, vernarbten unheiligen Leib. Und doch will ich's tun. Aus purer Herzensgüte. So wie auch der Herr Jesus zu den Leprakranken und Pestbeladenen gegangen ist, wie er ihre faulenden Glieder gestreichelt und liebkost, sie gewaschen und einbalsamiert hat. Kennst du den, den Herrn Jesus? Er ist der Retter, Rumpf. Nicht für dich. Für dich ist es zu spät, hast dich mit Haut und Haar dem Deibel verschrieben, Menschenfleisch hast du gefressen, ein Tier bist du, geringer als ein Tier, unendlich und fürchterlich wird deine Höllenqual sein. Wie dein Leben jetzt ja schon die Hölle ist. In dir zeigt sich die göttliche Gerechtigkeit, halleluja, hosianna, gebenedeit sei das Kindlein, aber er, der Herr Jesus, leidet auch mit dir, so einer ist er, der Herr Jesus, und so einer ist ja auch der alte Piet. Ich will dich armen Sünder herzen, wie mein Gott es mir gebietet.

Drum komm her, Rumpf, komm zum alten Piet. Will dir den Nacken kraulen und dir die salzigen Teufelstränen wegküssen. Wie ein Kissen will ich mir dich vor die Mitte halten, und dann wollen wir einmal sehen, ob's nicht durchs Hintertürchen einen Einlass gibt. Werd ihn schon finden, den Geheimgang, sorg dich nicht, der alte Piet ist ein Spürhund, und sein Peterle hat ja schon die Fährte aufgenommen. Wir machen dir die Dose auf, und dann geht's Stoß um Stoß. Und so wirst du doch noch ein wenig Liebe erfahren, die dein elendes Sein erhellt. Dieses will der alte Piet für dich tun, und er wird es jetzt tun.«

Den Worten die Tat folgen lassen wollend, ließ der alte Piet seine Hose herunter und gab den Blick frei auf einen dürren, halb steifen, tiefviolett geäderten, von drahtigen schneeweißen Schamhaaren umkränzten Penis, unter dem ein erschreckend langer, faltiger Hodensack hing. Eine stärkere als die normale Schwerkraft schien auf dessen beide Inhalte zu wirken – sie hingen da wie vergessene, an den Kaminsims genagelte Nikolaussocken, einer tiefer als der andere. Der skrupelloseste Schlachter der Welt hätte dieses ganze Zeug aussortiert und weggeschmissen, der alte Piet strich allerdings mit einer gewissen Selbstgefälligkeit darüber, nahm ein Ei in die Hand, wog es, befand es für gut und sprach: »Wenn du vorher ein bisschen lutschen willst, so soll mir auch das noch recht sein, hol's der Fuchs.«

»Ich danke dir für das Angebot, Piet«, antwortete ich. »Aber ich fühle mich heute einfach nicht danach.«

»Das hast du gestern und vorgestern auch gesagt«, maulte der alte Piet.

»Stimmt, ja. Ich fürchte, so war und so ist es.«

»Aber bist du auch sicher? Manchmal sagen wir

Menschenkinder ja Dinge, die wir gar nicht meinen. Aus einer Konvention heraus. Aus falscher Pietät und Konditionierung.«

»Danke der Nachfrage, aber nein. Wirklich nicht«, sagte ich. »Du hast ein gutes Herz, Piet. Bloß mein Weg ist ein anderer.«

»Dein Weg«, schnaubte der alte Piet verächtlich. »Dein Weg ist rumliegen. Kannst doch nichts tun. Bist doch gar kein Mensch mehr, Rumpf! Was soll denn um alles in der Welt dein Weg noch sein, wenn nicht hier vom alten Piet in Grund und Boden genagelt zu werden? Was denn sonst? Was gibt's denn sonst für so was wie dich noch zu holen auf dem Erdenrund?«

»Weiß auch nicht ... Vielleicht mach ich meinen Schulabschluss nach«, log ich.

Der alte Piet spuckte auf den Zellenboden. Dann durchquerte er mit heruntergelassener Hose die Zelle, bis er vorne am Gitter stand.

»Ist es also wieder einmal das Gitter für den alten Piet«, murmelte er und steckte sein trauriges Gemächt durch die Stäbe. Natürlich war es so schmal, dass es nur rechts einen Stab berührte. An jenem schubberte der alte Piet nun rhythmusfern herum und meckerte dabei weiter vor sich hin: »Das kalte Gitter für den alten Piet. Eine Schande ist das. Manchmal frag ich mich, warum ich dich nicht einfach nehme, Rumpf, du deuchst mir einer von jenen zu sein, die man zu ihrem Glücke zwingen muss.«

»Glaub mir, Piet: So einer bin ich nicht«, antwortete ich, schloss die Augen und dachte weiter an Brünette.

Sie war die Frau meines Lebens, die eine, einzige, und ich hatte nicht mal ein Foto von ihr hier. Bei unserem letzten Beisammensein hatte sie mich zwar verstümmelt, aber ich nahm ihr das nicht krumm. Das war nicht sie selbst gewesen. Dieser Eddie hatte sie mit einem üblen Vampirzauber belegt. Den musste ich brechen. Würde ich brechen. Ich würde meine Geliebte da wieder rausküssen aus diesem Schlamassel, in das der bleiche Spielverderber uns gebracht hatte. Und es würde mir auch gelingen, daran zweifelte ich nicht. Liebe war stärker als jeder Fluch. Wer das nicht wusste, der war selbst verflucht.

Aber erst mal musste ich hier raus. Hockte schon viel zu lange in diesem traurigen Loch.

Nach meiner Verhaftung hatte ich sehr viel Zeit im Krankenhaus vergeudet. Blutverlust. Dazu noch eine Infektion – die Elektrosäge, die Brünette verwendet hatte, war von Eddies untotem schwarzen Blut kontaminiert gewesen. Meine Wunden entzündeten sich wieder und wieder. Sie wollten sich nicht schließen.

Und eine Lebensmittelvergiftung hatte ich ebenfalls gehabt. Von seinem fahlen Fleisch.

Die Ärzte hatten sich nur am Kopf gekratzt und was von »evidenzbasierter Immuninsuffizienz« gemunkelt. Meinen Erklärungen schenkten sie keine Beachtung. Hielten mich für geistesgestört.

Der Einzige, der mir zu glauben schien, war ein bleicher nasenberingter Pfleger, der manchmal Nachtschicht hatte. Er sagte, seine Freundin sei ebenfalls eine Vampirin, und bot mir an, sie heimlich auf die Station zu schmuggeln, damit sie mich beißen könnte. Ich lehnte ab und setzte stoisch auf die Schulmedizin trotz ihrer elitären Borniertheit übersinnlichen Phänomenen gegenüber. Es hatte drei Monate gedauert, bis ich stabil genug für die Untersuchungshaft war. Dann kam der Prozess. Da ich nicht mit einem Freispruch rechnete, nutzte ich die Gelegenheit, um mal ausgiebig die Wahrheit zu sagen, was immer etwas Reinigendes hat, und gestand alles. Nur Brünette verschwieg ich. Sie gaben mir dreimal lebenslänglich in der Strafanstalt Steinstaedten. Hätte ich Reue gezeigt, wären sie vielleicht auf zweimal lebenslänglich runtergegangen, aber ich plante ohnehin nicht, diese Strafe abzusitzen. Fliehen wollte ich. So bald wie möglich. Brauchte nur einen Plan.

Was mich beunruhigte, war, dass es keine Nachrichten von Brünette gab. Mein Schweigen hatte nichts genutzt, Augenzeugen hatten sie mit mir gesehen. Sie wurde nun landesweit gesucht als zweite Hälfte des berüchtigten Kannibalenduos. Doch niemand fand eine Spur von ihr.

Unser Fall wurde in den Medien breit ausgewalzt, und als ich in den normalen Gefängnisalltag integriert wurde, wussten meine Mitgefangenen auch schon alles über mich. Offenbar war ich hier der einzige Kannibale und auch der Einzige, über den im Fernsehen berichtet wurde. Eine Berühmtheit. Das – in Kombination mit meinem besonderen Aussehen nach den Amputationen – war vermutlich ein Nachteil, denn ich stellte mir vor, dass so eine Gefängnisflucht am besten gelingt, wenn man ein möglichst unauffälliger Insasse ist. Ich brauchte also einen sehr guten Plan. Bisher war mein Leben eher ein munteres Auf-Sicht-Fahren gewesen, Planung schien nie vonnöten. Dann musste ich das eben jetzt lernen. Ich versuchte nachzudenken, richtig tief und hart nachzudenken, superkonzentriert zu grübeln – doch das ist nicht so einfach im Gefängnis.

Das Gefängnis ist ein Ort der Unruhe. Das fängt schon mit dem Gebäude selbst an – es macht permanent Geräusche. Lüftungen rauschen, Wasserleitungen gluckern, Linoleum quietscht, alles arbeitet, mahlt, kaut, brütet vor sich hin. Vielleicht machen andere Häuser auch all diese Geräusche, aber deren Bewohner sind einfach von ihrem freien Leben mit den ganzen Möglichkeiten und Vergnügungen zu eingespannt und verzaubert, um sie wahrzunehmen. Vielleicht hörten wir armen Seelen hier im Knast nur den Sound unserer eigenen erzwungenen Inaktivität, aber irgendwie schien mir das Gefängnisgebäude schon mit dem Ziel konstruiert worden zu sein, kein richtiges Zuhause zu werden. Nicht wohnlich. Ein wenig war es, als hätte man uns arme Sünder geschrumpft und in ein Puppenhaus gesperrt. Es sah aus wie ein Haus, die Zimmer waren kleine quadratische Aussparungen, aber alles fühlte sich an wie eine Attrappe. Die Matratzen auf den Pritschen waren nicht hart und nicht weich, sie waren wie Modelle von Matratzen. Wenn man darauf lag, war es wie ein kurzes Probeliegen bei IKEA, mit Schuhen auf dem Bett. Es ist nicht zu hart, es ist nicht zu weich – es ist ein Ausstellungsstück, auf dem du nicht zur Ruhe kommen sollst. Und genauso war's im Knast. Die Toilettenspülung funktionierte, aber eher widerwillig, so als müsse sie sich jedes Mal von Neuem an ihre Funktion erinnern, das

Wasser in den Gemeinschaftsduschen ließ sich regulieren, aber es reagierte unendlich träge. Wenn du es heißer machtest (mit den Zähnen machte ich das, falls ihr euch fragt, liebe Leser und – darf ich hoffen? – Freunde), dauerte es sehr lange, bis etwas geschah. Und dann wurde es blitzartig viel zu heiß. Das Essen schmeckte nicht nur nicht, es schien auch gar kein richtiges Essen zu sein. Matschig, pulverig, labbrig in Gelb- und Brauntönen. Na gut, ich war natürlich Menschenfleisch gewohnt, deshalb fiel mir die Umstellung vielleicht noch schwerer als meinen Leidensgenossen.

Ich war in Gedanken weit abgeschweift.

Schweinthaler kam und holte mich zurück in die Realität. Spielerisch drosch er mit seinem Schlagstock dem alten Piet auf die Nudel, sodass der heiser aufschrie und zusammenbrach.

»Therapie, Kannibale«, sagte Schweinthaler. Er hob mich von der Pritsche, setzte mich in einen Rollstuhl und schob mich durch die Flure. Zweimal pro Woche wurde ich hier nämlich psychologisch betreut. Aufgrund meines Geisteszustands.

Die Therapeutin hieß Frau Dr. Du Ruez und war überaus attraktiv. Mit ihrer randlosen Brille und den langen seidenbestrumpften Beinen, die sie stets übereinanderschlug, strahlte sie eine gewisse Klasse aus. Gleichzeitig hatte sie aber auch Humor und ein gutes Herz. Ich mochte sie jedenfalls. Unsere Gespräche waren eine willkommene Abwechslung vom ewigen Geunke des alten Piet.

Sie interessierte sich für mich.

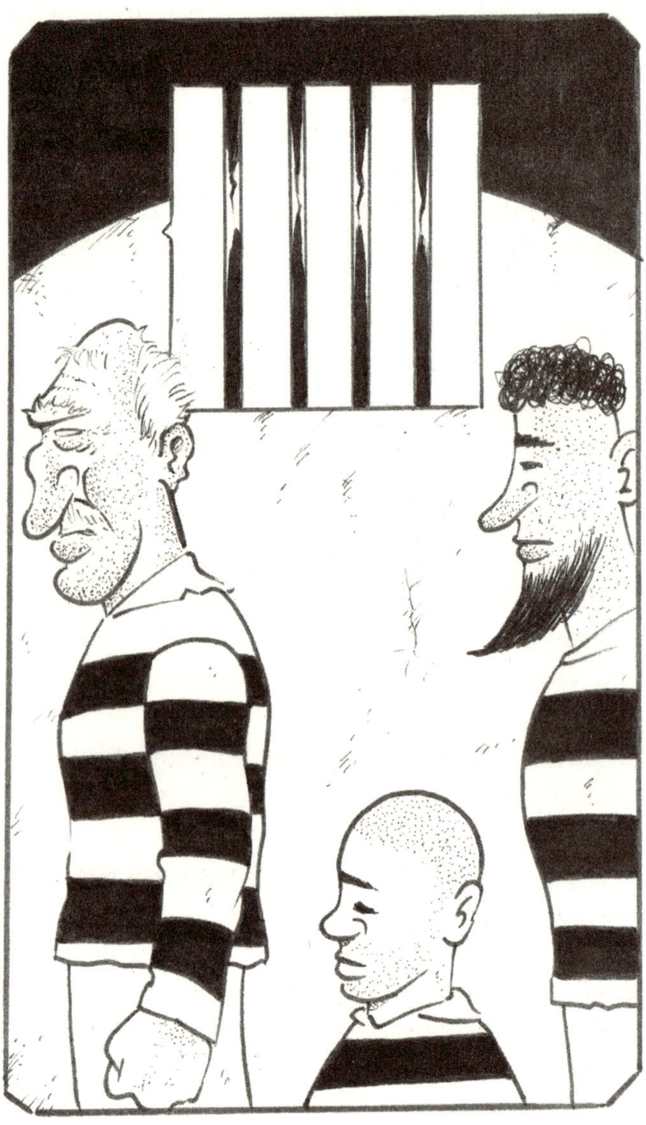

»Was ist das für ein Gefühl, einen Menschen zu essen?«, fragte sie. »Erregt es Sie sexuell?«

»Nein«, antwortete ich.

»Ist es nicht ein Fetisch? Wollen Sie denn nicht Macht über den anderen ausüben, indem Sie ihn verzehren?«

»Eigentlich nicht. Eher hat man Hunger – und isst dann.«

»Aber warum Menschen? Ist das Selbsthass? Oder der narzisstische Wunsch, sich selbst zu verschlingen?«

»Ich würde sagen, weder noch.«

»Wollen Sie mich jetzt essen, Gaylord?«

»Überhaupt nicht, keine Sorge! Wenn man jemanden kennt und ... Na ja, wenn man jemanden gerne mag, wäre das ja bescheuert.«

Sie schien das versteckte Kompliment nicht zu bemerken und fragte weiter: »Aber dieses fleischige Bein, dieser glatte seidige Oberschenkel? Schauen Sie doch mal her, möchten Sie da nicht reinbeißen? Das Fleisch vom Knochen lösen mit Ihren scharfen Zähnen?«

»Nein, ach Quatsch. Haha.«

»Wollen Sie mit mir schlafen? Wollen Sie mir Ihr dünnes gelbes Plastikröhrchen da in die Scheide stoßen? Wollen Sie verzweifelte ineffektive Stoßbewegungen mit dem Hintern vollführen, im schmerzlichen Bewusstsein, dass mich das nicht im Mindesten erregen würde?«

»Nein. Nein danke, wirklich nicht. Kennen Sie sich eigentlich mit Vampiren aus, Frau Doktor?«

»Ist das ein weiterer Fetisch von Ihnen?«

»Nein, es geht um meine ...«

»Ich will Sie, Gaylord. Ich will Sie in mir spüren, ich will dieses dünne kurze Rohr. Jetzt und hier.«

»Das ist nett von Ihnen, vielen Dank. Unter anderen Umständen klar, total gerne, aber Sie wissen ja. Es geht leider nicht. Ich bin doch verlobt.«

»Was?«

»Na ja, also nicht richtig verlobt, schätze ich – ich bin leider noch nicht dazu gekommen, sie zu fragen.«

»Ihre Cousine?«

»Ja genau. Ich hatte schon einen Ring gekauft – der ist jetzt wohl bei den Beweisstücken irgendwo archiviert. Ich hab sie noch nicht gefragt, aber in meiner Vorstellung sind wir verlobt.«

»Gaylord, Sie werden Ihre Cousine nie wiedersehen. Sie werden diesen Ort hier nie verlassen. Und Sie sind ja auch kein Mann mehr, sehen Sie sich doch an – Ihre Cousine würde doch so ein … Ding niemals lieben können.«

»Ach, das sind doch Äußerlichkeiten. Wenn Sie Brünette kennen würden, wüssten Sie, dass sie über so was steht. Wissen Sie, sie ist die erste und einzige Frau in meinem Leben, und umgekehrt bin ich ihr erster und einziger Mann.«

»Mir wird schlecht.«

»Vielleicht haben Sie etwas Übles gegessen.«

»Unsere Zeit ist um. Es ist schade, dass Sie wieder nicht ehrlich zu mir waren, Gaylord. So kommen wir der Wurzel Ihres Problems nicht näher.«

»Vielleicht beim nächsten Mal?«

»Vielleicht. Bis dann.«

»Passen Sie auf sich auf, Frau Dr. Du Ruez.«

Ich mochte diese Frau.

Sie würde ich als Einzige nach meiner Flucht vermissen.

»Na, Satan«, fragte Schweinthaler, als er mich abholte, »bist du jetzt geheilt?«

Diesen Witz machte er jedes Mal, und jedes Mal antwortete ich: »Noch nicht ganz, Officer.«

»Noch nicht ganz!« Darüber schüttete er sich jedes Mal aus.

Die Sprüche wiederholten sich hier im Knast. Draußen in der freien Welt wiederholen sie sich auch, aber hier drin noch mehr. Vielleicht rutschten wir hier alle freiwillig gern so tief wie möglich in eine Routine rein, damit die Zeit schneller verging.

Schweinthaler schob mich nicht zurück in die Zelle, sondern zum Barbier. Dort ließ ich mich einmal pro Woche hinkutschieren, um mir eine Glatze scheren zu lassen. Fand ich praktisch. Danach rollten sie mich in die Gefängnisbibliothek, wo ich meinen Dienst begann.

Aufgrund meiner Behinderung galt ich im Knast als einer der Ungefährlicheren, und so hatte ich den beliebten Büchereijob ergattern können.

Zurückgegebene Bücher in Regale räumen war nicht leicht ohne Arme, aber es ging, weil fast niemand hier sich Bücher auslieh, und wenn, dann brachte er sie nicht wieder zurück. So verbrachte ich meine Dienstzeit, indem ich hüpfen übte. Hüpfen, rollen, gleiten und kugeln. Dachte, ein wenig Wendigkeit im Knast kann sicher nichts schaden mit all den Gewaltverbrechern hier, und es gab sonst auch nicht viel zu tun.

Unter den missbilligenden Blicken meines Kollegen Abdul sprang ich von Regal zu Regal. Als ich auf dem letzten Regal landete, stieß ich aus Versehen einen Stapel Bücher um. Eines fiel mir direkt vor die Nase, und ich zuckte zusammen: Dort auf dem Titel war eine Zeichnung von zwei Mädchen mit Vampirzähnen abgebildet! Ein Buch über Vampirismus bei Frauen! Genau, was ich brauchte!

»He«, rief ich an Abdul gewandt. »Wie heißt dieses Buch?«

Er kniff die Augen zusammen und studierte das Cover.

»*Vampirschwestern zwei*«, sagte er dann.

»Und wovon handelt es?«, fragte ich.

»Von deiner Mutter, Hurensohn«, sagte er.

»Kannst du's mir vorlesen? Bitte?«

»Vergiss es, Missgeburt.«

»Komm, bitte. Ist doch grad nichts zu tun. Du würdest mir einen Riesengefallen tun.«

Ich zwinkerte ihm aufmunternd zu. Abdul war wie viele hier: kein wirklich schlechter Kerl, aber auch nicht umwerfend gut. Man musste ihn im richtigen Moment aus einem günstigen Winkel heraus erwischen, falls ihr versteht, wie ich das meine.

Er sah besorgt von links nach rechts. Die Bibliothek war leer wie immer. Dann zischte er: »Ich les dir das erste Kapitel vor, aber wenn du das jemandem sagst, töte ich dich.«

»Weil vorlesen schwul ist?«, fragte ich.

»Weil DU schwul bist«, berichtigte er. »Und weil deine Mutter schwul ist und dein Vater. Und deine Schwägerin und deine Sippe.«

»Okay«, sagte ich.

»Erstes Kapitel: Stephs Geheimnis«, begann er.

»Super«, sagte ich. »Das fängt schon gut an.«

»Halt dein schwules Hurenmaul, sonst les ich nicht weiter«, zischte Abdul.

Knastschläue ließ mich schweigen, wiewohl mein Herz erwartungsvoll hüpfte. »Stephs Geheimnis!« Vielleicht war das genau das Geheimnis, das ich brauchte, um Brünette zu erlösen!

Abdul begann wieder zu lesen. Stockend zunächst, doch allmählich kam er in Fahrt. Er las:

»Hoppla, was war denn hier los«, fragte sich Maggie, als sie einen Blick in Stephs Zimmer warf. Konnte es sein, dass ihre sonst so pedantisch auf Ordnung bedachte Herzensschwester dieses Chaos hinterlassen hatte? Klamotten auf dem Boden, eine Chipstüte in der Ecke, Bücher, CDs und Disketten überall verstreut.

»Wer bist du, und was hast du mit Steph gemacht?«, fragte Maggie die Ältere, die inmitten des Ganzen auf dem Teppich hockte und einen Brief zu lesen schien. Steph wurde puterrot.

»Von Anklopfen wohl noch nie was gehört?«, rief sie, sprang auf und knallte der verdutzten Maggie die Tür vor der Nase zu.

»Welche Laus ist der denn wieder über die Leber gelaufen?«, fragte sich Maggie empört. Zickereien war sie von ihrer Schwester gewohnt, aber das hier schlug ja wohl dem Fass die Krone ins Gesicht. Und was war das für ein mysteriöser Brief gewesen, in den Steph da so vertieft war? War dieses ominöse Schriftstück am

Ende der Grund, dass Frau Saubermann sich plötzlich in einen Messie verwandelt hatte?
Maggie hatte nur einen kurzen Blick darauf erhaschen können – mehrere Bögen fliederfarbenes Briefpapier, dicht beschrieben mit roter Tinte. Das hatte doch mit Sicherheit kein Junge geschrieben.
Konnten Jungs überhaupt schreiben? Maggie dachte an Nick und verdrehte die Augen. Der würde doch lieber einen Regenwurm in die Hand nehmen als einen Füllfederhalter. Aber süß war er mit seiner Zahnlücke und dem nicht zu bändigenden Blondschopf, der ihm immer in die Augen fiel.
Unsanft wurde Maggie durch die Stimme ihrer Mutter aus ihren süßen Tagträumereien gerissen.
»Mittagessen! Kommt, Leute, lasst euch nicht so bitten!«
Jetzt roch sie auch das Blut und spürte ein Wolfsknurren in der Magengegend.
»Komme!«, rief sie und rutschte das Geländer hinunter.
»Nicht so wild!«, mahnte Mum kopfschüttelnd, musste dann aber doch über ihre kleine wilde Hummel schmunzeln.
»Sie kommt eben ganz nach mir«, lächelte Paps, der bereits am Tisch saß, mit vor Stolz geschwellter Brust.
»Und wo ist deine Schwester?«, fragte Mum.
»Ach, die spinnt mal wieder«, entgegnete Maggie. »Hat da irgend so ’nen Brief, der sie mehr interessiert als wir normalen Unsterblichen.«
»Ja, erzähl es doch gleich der ganzen Stadt!«, zeterte Steph, die unbemerkt die Treppe heruntergestiefelt war.

»Uuuups«, schluckte Maggie und verzog schuldbewusst die Schnute.
»Was ist das denn für ein Brief?«, Paps ließ nicht locker.
»Also gut, wenn ihr's unbedingt wissen müsst …«, hob Steph an und fuhr dann fort: »Meine Brieffreundin Brittany aus England kommt am Montag zu Besuch.«
»Aber das ist doch fantastisch!«, rief Mum. »Endlich lernen wir sie mal kennen, du hast ja so viel Gutes erzählt. Sie schläft natürlich bei uns, wir holen das alte Bett vom Speicher und stellen es in dein Zimmer!«
»Da würd ich erst mal aufräumen vorher«, konnte Maggie sich nicht verkneifen, spitz zu entgegnen, worauf Steph sie mit einem giftigen Blick bedachte.
»Du scheinst dich gar nicht drüber zu freuen, Zähnchen?«, wunderte sich Paps. »Zähnchen« pflegte er Steph nur zu nennen, wenn er spürte, dass etwas nicht in Ordnung war. Und wirklich brach Steph plötzlich und unerwartet in Tränen aus.
»Aber versteht ihr das denn nicht? Brittany weiß doch nicht, dass wir …«
»Dass wir was?«, fragte Mum, und Maggie kannte diesen Tonfall. Es war klar, dass ihre Mutter ahnte, was nun kommen würde, und das keinesfalls billigte. Auch Paps senkte den Kopf, wie um sich aus der Schusslinie zu bringen.
»Na, dass wir Vampire sind!«, rief Steph verzweifelt.
»Brittany kommt aus einer ordentlichen, aus einer ganz normalen Familie, und wir …«
»Was, wir, junge Dame?«, fragte Mum.
Steph verstummte.

»Sind wir etwa nicht normal?«, fragte Mum.

»Du weißt genau, dass ich's so nicht gemeint habe!«, murmelte Steph.

»Wie hast du es denn gemeint?«, fragte ihre Mutter.

»Ach, ihr versteht mich alle nicht!«, brach es aus Steph heraus. »Wenn Brittany sieht, wie es hier bei uns zugeht, wird sie mich nicht mehr als Freundin haben wollen, dann ist alles aus! Aber das ist euch ja total egal!« Und mit diesen Worten flitzte sie die Treppe hoch und knallte die Zimmertür hinter sich zu.

»Schatz, das sieht mir nach einem Job für dich aus«, wandte sich Mum an Paps.

»Kann ich vielleicht erst mal eine Blutwurst essen?«, fragte der Herr des Hauses, aber ein Blick von Mum ließ ihn seufzend verstummen und sich Richtung Stephs Zimmer in Bewegung setzen.

»Die spinnt doch echt«, flüsterte Maggie und gab Jeremy, der Ratte, ein Stück Wurst.

Hier klappte Abdul das Buch zu.

»Bitte – noch ein paar Seiten. Es wird doch gerade interessant«, bettelte ich.

»Nein«, sagte er. »Dieses Buch handelt von untoten Dschinn. Und von Frauen. Der Prophet hasst solche Leute.«

Der Prophet war Abduls Joker. Wenn er den einsetzte, war das Spiel aus, darum bedankte ich mich und lieh mir das Buch aus. Mein Herz pochte. Ich war mir sicher, dass ich hier die Lösung finden würde. Vampirmädchen – normale Mädchen. Es war genau meine Thematik, so ein Glück!

Zurück in der Zelle, bat ich den alten Piet, mir weiter vorzulesen.

»Sieh an, sieh an«, erwiderte der. »Wenn man den alten Piet braucht, dann wird auf einmal Sirup übers Stimmchen gegossen. Da wird sanft mit den Wimpern geklimpert, was? Nun gut, ich schlag dir ein Geschäft vor, Rumpf: Ich werde dir ein Kapitel vorlesen, und du tust dafür nachher was für mich, was ich dir dann sage. Egal, was.«

»Oder ich geb dir etwas von meiner Seifenration.«

»Hm.« Der alte Piet kratzte sich am Kinn. Es klang, als würde man vertrocknete Käfer vom Fensterbrett schmirgeln. »Abgemacht«, sagte er dann. »Für deine Monatsration Seife les ich diese Seite hier.«

»Auf dieser Seite ist aber nur eine Zeichnung, Piet, gar kein Text.«

»Woher willst du das wissen? Bist doch Analphabet und dumm wie die Sünde.«

»Nimm doch bitte die nächste Seite, Piet. Dafür geb ich dir 'ne Wochenration. Okay?«

»Kann man an der eigenen Milde zugrunde gehen?«, fragte der alte Piet, hob theatralisch die Arme gen Himmel, blätterte um und stöhnte. »Teufel, ist das eine kleine Schrift. Was ist das hier, Beipackzettel-Lyrik? Au. Au, das sticht in der Pupille, dieser harte Kontrast, dieses erbarmungslose Schwarz und Weiß. Ist so die Welt der Literatur, Rumpf? Wo ist das Grau? Das liebe, gute, heimelige, milde Grau? Das Grau, das uns arme Sünder doch erst zu Menschen macht, das Grau, das der Herr Jesus uns als Vermächtnis gab. Ach, ich seh schon, du Teufelskot. An philosophischen Erörterungen sind Herr Graf nicht interessiert.

Erotik will er nicht, und geistig soll man ihm auch nicht kommen. Was bist du nur für einer, Rumpf, ein Taschenrechner scheinst du mir zu sein, genauso klein und quadratisch, kalt und öde. Wo schaltet man dich aus?«

Ich schwieg. Der alte Piet brauchte manchmal seine Zeit.

»Also gut«, fuhr er nach einer Weile fort. »Was steht denn hier, hm, hm, hm. Okay. Aha. Kapitel eins. Fickita hob ihre Schürze und ließ sich lecken. Ihre heiße Stiefmutter hatte eine Zunge wie ein D-Zug. ›Ja, geil‹, jubelte Fickita und kam. Dann schnallte sie sich einen Strap-on um und besorgte es der Alten anal. Da kam der alte Piet hinzu mit dem Rohr des Jahrtausends, und es wurde ein gescheiter Dreier. Ende. Jetzt gib die Seife her.«

»Du hast gelogen, Piet. Das stand da nicht. Du hast dir einfach irgendwas ausgedacht.«

»Das weißt du nicht, du, der nicht lesen kann.«

»Es ist ein Buch über Vampire. Da steht so ein Quark nicht drin.«

»Beweis es mal, viel Spaß dabei.«

Der alte Piet warf das Buch auf den Boden, ging zum Waschbecken und nahm sich mein Seifenstück.

»Piet«, sagte ich leise und doch mit einer drohenden Nuance in der Stimme. »Leg die Seife wieder hin. Die hast du dir nicht verdient.«

»Es steht Aussage gegen Aussage.«

»Du hast gelogen, und du weißt es. Leg die Seife wieder hin.«

Der alte Piet sah von mir zu der Seife in seiner Hand und wieder zurück.

»Dann soll sie keiner haben!«, rief er und steckte sich die Seife in den Mund.

»Piet. Ich warne dich.«

»Da pfeif ich drauf!«, rief er und biss ein Stück ab. Kaute. Biss dann ein weiteres Stück ab und verschlang so die ganze Seife.

Ich blickte ihn schweigend an.

»So«, sagte er, »so läuft das hier ab von nun an. Das Wort des alten Piet ist ab heute Gesetz, und jetzt …« Hier zog er seine Hose runter. »Jetzt wirst du lecken und lutschen, Rumpf. Das Penisalphabet ist das Einzige, was du lernen wirst, mein Schwanz und dein Mund, Rumpf, die sind ab heut das neue Dream-Team. Lutschen wirst du, als hinge dein Leben davon ab, und dann geht's hinten rein. So werden deine Tage von nun an sein, Rumpf, vorn und hinten kriegst du's. Dies ist dein Schicksal immer schon gewesen, und nun wird es sich erfüllen.«

»Bitte überdenk das noch einmal«, schlug ich vor.

»Nein«, erwiderte der alte Piet. »Das wird jetzt nicht mehr überdacht. Wenn man ständig an seinen Einfällen herumkrittelt und jede spontane Idee infrage stellt, kriegt man überhaupt nichts hin. Mach den Mund auf, sag Hallo zu deinem neuen besten Freund, und wenn ich auch nur einen Zahn spüre, schlag ich ihn dir aus.«

»Wollen wir über den alten Piet sprechen?«, fragte Frau Dr. Du Ruez.

»Ich glaube, er hat mit meiner Verrücktheit nichts zu tun«, erwiderte ich.

»Sind Sie sicher? Ich könnte mir vorstellen, dass das

mit dem alten Piet Sie zusätzlich traumatisiert hat. Muss doch schrecklich gewesen sein.«

»Ach, es ging.«

»Sagen Sie mir, was Sie gefühlt haben.«

»Hm. Schwierig ...« Ich rollte ein wenig auf der Lederliege hin und her. Tat, als würde mir der Hintern jucken, um Zeit zu gewinnen. Mir war zwar völlig klar, dass ich nicht vorzeitig entlassen werden würde, wenn ich Frau Dr. Du Ruez jetzt eine wahrheitsgemäße Antwort auf ihre Frage geben würde, aber ich wollte sie auch nicht belügen. Vor allem wollte ich sie nicht enttäuschen. Sie gab sich solche Mühe und schien mich gernzuhaben. Und ich ... ich hatte sie auch gern.

»Wann meinen Sie denn, dass ich etwas gefühlt haben sollte?«, fragte ich.

Sie seufzte. Das Seufzen ließ ihren ganzen Körper leise vibrieren.

Seit ich nur noch ein Rumpf war, nahm ich die Körper meiner Mitmenschen irgendwie intensiver wahr. Riesig waren die Körper der anderen nun. Früher hatte ich mit meinen 1 Meter 85 auf die meisten Leute herabgeschaut, jetzt war ich umgeben von Giganten. Bei Frau Dr. Du Ruez gefiel mir das – sie war so kurvig. Ein großer glatter sinnlicher Gletscher. Beeindruckend. Wenn ich die Frau meines Lebens nicht schon gefunden hätte, hätte sie meinem Herzen schon gefährlich werden können mit ihren grünen Katzenaugen und der tiefen Stirnfalte, das geb ich hier mal zu.

Natürlich waren wir verschieden: Sie hatte studiert, ihren Doktor gemacht, während ich nicht mal lesen und schreiben konnte, sie hatte ihr Leben in den Dienst der Menschheit gestellt, ich hatte die Menschheit als Nahrungsquelle benutzt. Meine Gliedmaßen waren ab, ihre noch dran.

Aber was soll ich sagen: Sind es nicht manchmal die Gegensätze, die uns begeistern? Sind sie's nicht vielleicht sogar IMMER? Tinder hätte uns zwei nicht zusammengebracht, das Schicksal aber sehr wohl. Doch so durfte ich nicht denken. Das war ja fast schon Betrug.

»Brünette«, dachte ich.

»Was?«, fragte Frau Dr. Du Ruez.

Hatte ich den Namen meiner Geliebten laut ausgesprochen?

Umso besser.

»Brünette«, wiederholte ich. »An Brünette habe ich gedacht. Sie wissen ja, meine Verlobte.«

Frau Dr. Du Ruez rümpfte die Nase.

»Sie haben an Ihre Verlobte gedacht, als Sie den alten Piet tot auf seiner Pritsche fanden?«

Mist. Schien keine gute Antwort gewesen zu sein. Aber immerhin war jetzt alle unpassende Erotik aus der Situation vertrieben.

Ich nickte.

»Können Sie mir das erklären?«, fragte sie.

»Tja«, sagte ich. »Schätze, wie ich den armen Piet da so tot liegen sah, wurde mir klar, was für ein Geschenk das Leben ist, und von Leben kam ich dann wohl auf Liebe. Und dann empfand ich Dankbarkeit, dass ich diese fantastische Frau gefunden habe und dass wir heiraten werden.«

Das schien Frau Dr. Du Ruez nicht gern zu hören. Ihre

Nasolabialfalten vertieften sich, und sie tippte etwas in ihren Laptop.

»Sie hängen dieser Illusion immer noch nach?«, fragte sie dann schnippisch.

»Liebe ist keine Illusion«, sagte ich, und nie hatte ein Satz mehr Wahrheit enthalten.

Alles mit Liebe und Brünette nervte Frau Dr. Du Ruez, das kannte ich schon von ihr. Auch jetzt wechselte sie das Thema.

»Und Trauer um Ihren Zellengenossen haben Sie nicht empfunden?«

Trauer! Fuck. DAS wäre die richtige Antwort gewesen. Logisch.

»Doch«, sagte ich. »Doch, jetzt, wo Sie's sagen: ja. Trauer habe ich auch empfunden. Mir wurde klar, dass der alte Piet nicht mehr lebt, und das kam mir traurig vor. Weil er am Abend zuvor noch so fröhlich gewesen war. Mir wurde da die Vergänglichkeit des Lebens bewusst, und er fing auch gleich schon an, mir zu fehlen.«

»Wie ist er noch mal gestorben?«

»Hat sich selbst die Kehle durchgebissen.«

»Und sein Penis?«

»Tja.«

»Sein Penis war verschwunden, stimmt's?«

»Ja, war irgendwie weg.«

»Und wie erklären Sie sich das?«

»Schwierig. Vielleicht hat einer der Wärter ihn sich als Souvenir eingesteckt. Vielleicht war er auch noch dran und nur so klein, dass man ihn nicht gesehen hat.«

»Und Sie selbst haben nichts mit alldem zu tun?«

»Eigentlich nicht.«

»Erzählen Sie mir auch die Wahrheit, Gaylord?«

»Das denke ich schon, ja.«

Schlechten Gewissens drehte ich mein Gesicht zur Wand. Beide schwiegen wir nun.

»Unsere Zeit ist um«, sagte sie nach einer Weile.

»Diesen Spruch hätte ich gerne als Klingelton«, witzelte ich. Sie lachte nicht. War ja auch tatsächlich kein Oberhammerwitz.

Es dauerte ein paar Tage, bis ich einen neuen Zellengenossen bekam. Der Mann, den sie dann brachten, war über zwei Meter groß und fast genauso breit. Er hatte stechende Augen unter buschigen Brauen und einen langen, dichten schwarzen Bart. Die Zelle schien zu klein für ihn zu sein.

Schweinthaler machte keine witzigen Sprüche, als er ihn ablieferte. Erst nachdem er die Zellentür wieder von außen geschlossen hatte, murmelte er leise wie zu sich selbst: »Na, dann viel Spaß, ihr Schwuchteln.«

Der Neue stand vor dem Stockbett. Es war unmöglich, seinen Gesichtsausdruck zu lesen.

Ich lag auf meiner Matratze. Nach dem Tod des alten Piet war ich nach oben umgezogen. War zwar nicht so leicht, die Leiter hochzuklettern, und roch auch fragwürdig hier, aber ich sah beim Einschlafen einfach lieber die Zimmerdecke als eine Matratze von unten. Jedes bisschen Weite im Knast ist willkommen.

»Hey, Mann«, sagte ich zu dem finsteren Riesen. »Wie geht's? Ich heiße Gaylord. Würd dir gern die Hand geben, aber siehst ja.«

Meine Behinderung war für mich schon so normal geworden, dass ich darüber scherzen konnte. Hoffentlich würde Brünette das ebenfalls so locker sehen, wenn wir wieder vereint waren. Ach, natürlich würde sie.

Der Neue packte mich am Kragen, zog mich von der Matratze und ließ mich wie ein zusammengeknülltes Eispapier auf den harten Betonboden fallen.

Dann stemmte er sich mit einer Leichtigkeit, die man diesem massigen Körper nicht zugetraut hätte, hoch und setzte sich aufs obere Bett. Seine Beine hingen lang und schwer herunter.

Ich war ungünstig auf meinem rechten Ohr gelandet, es schien jetzt taub zu sein.

»Eigentlich kriegt immer der das obere Bett, der am längsten in der Zelle ist«, sagte ich und kam mir dabei wie ein Klugscheißer vor. »Aber ist okay. Wenn du lieber oben schläfst, mir ist es nicht so wichtig. Deinen Namen hab ich nicht verstanden.«

Der Neue schwieg. Schwieg ich halt auch. Eigentlich entsprach mir das, das Schweigen. Hier im Knast war ich eher aus der Not zum Schwätzer geworden.

Ein Wärter brachte unser Abendessen. Der Neue nahm beide Teller mit nach oben zu sich und aß alles allein.

Es war besser als mit dem alten Piet, aber optimal war es immer noch nicht. Es würde nie optimal sein im Knast, das war einfach keine Umgebung für mich. Ich musste fliehen. Alles, oder sagen wir mal, fast alles, was ich hier erlebte, bestätigte mich in dieser Entscheidung: Fliehen. Fliehen, Brünette finden und von ihrem Fluch erlösen.

Ja. Es war ein guter und richtiger Vorsatz. Nun brauchte ich noch einen Plan. Ich brauchte einen guten Plan.

Messer-Maik und seine Bande passten mich im Duschraum ab. Im Duschraum passierte dauernd etwas Fieses. Wie in den Knastfilmen, die wir früher als freie Menschen so gern gesehen hatten. Entweder beruhten diese Filme auf der Realität, oder die Leute im Knast spielten sie halt einfach nach.

Jedenfalls duschte ich friedlich vor mich hin. Einseifen konnte ich mich nicht. Umso besser: Seife schadet der Haut. Trocknet sie aus.

Ich spürte die Anwesenheit der Männer hinter mir, bevor ich mich umdrehte. Es waren sieben. Und Maik, der Größte und Kräftigste, war ihr Boss.

»Du schwanzlose menschenfressende Scheiße«, wandte sich Maik an mich und vollführte fingerfertig Kapriolen mit einem selbst gebastelten Messer. »Du hast Piet kaltgemacht. Piet, den hier alle kannten. Piet, der uns stets wie ein Vater war. Jetzt richten wir dich hin. Langsam, gnadenlos, qualvoll. Zuerst aber wirst du gefickt.«

Das Konzept des »Fickens« als von der Liebe losgelösten Akt kapierte ich einfach nicht. Penetration wurde unter den Kriminellen hier anscheinend oft nur eingesetzt, um den anderen zu demütigen oder irgendein Mütchen zu kühlen. Dabei konnte Sex etwas so Wunderschönes sein. Mit der richtigen Person. Wenn einfach alles stimmt. Wenn nicht nur die Körper, sondern auch die Seelen verschmelzen. Kurz dachte ich an Brünette, verscheuchte den Gedanken aber schnell wieder. Dies war kein Moment zum Träumen.

Maik stand mit seinem Messer in der Hand vor mir, während sich die anderen sechs im ganzen Duschraum verteilt hatten. An strategischen Punkten, um von dort mein Entkommen zu verhindern. Als ob ich hier ernsthaft eine Chance auf Entkommen gehabt hätte.

Sie schienen auch nicht mit einem Fluchtversuch meinerseits zu rechnen. Lässig feixend standen sie da, eine gute Show erwartend.

»Sieben gegen einen ist feige, Maik«, gab ich zu bedenken. »Adolf Hitler hätte so was niemals gemacht.«

Messer-Maik schien großer Hitlerfan zu sein, er hatte ihn sich auf die breite Brust tätowieren lassen. Neben Daniela Katzenberger und einem Baby namens Jason.

»Nimm nicht den Namen des Führers in deine dreckige Fresse«, knurrte er, und sein Gesicht verfinsterte sich. Fast spürte ich einen Anflug von Neid. Alle hier im Knast schienen etwas zu haben, was sie anbeteten – Abdul seinen Propheten, Maik seinen Hitler, sogar der alte Piet hatte seinen Herrn Jesus gehabt, obwohl ich nicht sicher war, ob er dessen Botschaft richtig verstanden hatte. Nur ich hatte nichts. Keine Religion, keinen metaphysischen Trost. Zu Hause waren wir nicht religiös gewesen, und obwohl ich den Satanismus interessant fand, hatte ich mich nie richtig dafür erwärmen können. Nur Brünette zuliebe hatte ich so getan, als fände ich was daran. Die Wahrheit aber war: Ich glaubte an gar nichts. Glauben heißt NICHT WISSEN, und ich wollte wissen. Ich brauchte harte Fakten. Kalte harte Fakten, daraus bestand meine Welt, kalte harte Fakten, wie die kalte harte Kachelwand, an die ich jetzt meinen Rücken presste, was wie

Furcht aussah und Messer-Maik zum letzten Mal in seinem Leben grinsen ließ.

»Jetzt scheißt du dich ein«, schmunzelte er. »Du Drecksau, du hinterfotziger Untermensch. Bei dir werd ich mir Zeit lassen, Nutte, du wirst um den Tod betteln.«

»Sorry, Baby Jason«, dachte ich.

Dann stieß ich mich von der Wand ab, hüpfte direkt zu Maiks Schwanz und biss ihn ab. Ich widerstand dem kannibalistischen Impuls, das Teil zu essen, sondern spuckte ihn stattdessen dem Mann, der am nächsten stand, mit solcher Kraft ins Auge, dass er die Balance verlor und auf den Hintern fiel, während Maik vor Schmerz (nehme ich mal an) aufheulte. Ein armdicker Blutschwall ergoss sich aus seiner Mitte. Dennoch hatte er die Geistesgegenwart, mit seinem Messer auf mich einzuhacken. Ich wich aus, indem ich mich auf die Seite warf und wegrollte.

Wie vermutet, hatten die anderen kein Konzept für den Fall, dass es ihren Boss erwischen würde, und blieben wie angewurzelt stehen. Der, dem ich den Penis ins Auge gespuckt hatte, rappelte sich gerade auf, als ich zu ihm hinrutschte und meine Zähne in seinen Schwanz schlug, welcher im Gegensatz zu Maiks winzig, vielleicht vor Angst sogar noch kleiner als normal war, und ich muss gestehen, dass ich ihn runterschluckte, obwohl er sicher noch ein passables Spuckgeschoss ergeben hätte. Macht der Gewohnheit, schätze ich. Dann scannte ich durch frenetisches Halsdrehen die Situation: Maik kniete heulend am Boden, sein Blut mischte sich mit dem Wasser der aufgedrehten Dusche, was nach noch mehr Blut aussah. Einer seiner Leute hockte neben ihm, hielt ihn an der Schulter fest und schrie mit rotem Kopf auf ihn ein. Was für Tipps er Maik auch gab, jener schien sie nicht zu hören. Der andere Frischkastrierte wand sich ebenfalls schreiend in seinem Blut.

Die restlichen vier standen einfach schockgefroren da. Es gelang mir, den mir am nächsten Stehenden anzuspringen und ihm ebenfalls den Schwanz abzubeißen. Das würde es jetzt aber gewesen sein mit dieser Taktik. Die anderen drei hielten sich sofort die Hände vor ihr Glied.

Ich rollte zu einem von ihnen und biss ihm in die Achillessehne. Die heißt ja schon so. Mit schnellen kleinen Bissen hatte ich das Ding in null Komma nichts durchtrennt. Die Sehne knallte, als sie durch war, und der Mann knickte ein wie ein Segel bei Windwechsel. Ich sprang auf seine Brust, was ihm den Atem nahm, stieß mich von dort ab und brach ihm mit der nächsten Landung den Schädel. Er war sofort tot.

Maik schien ebenfalls hinüber zu sein. Bewegte sich zumindest nicht mehr. Allerdings stürzte sich jetzt der, der neben ihm gehockt hatte, auf mich und stach mir das Messer tief in die Schulter. So tief, dass er es nicht gleich wieder herausziehen konnte, was ich ausnutzte und mich schnell zur Seite drehte. Er ließ das Messer los. Den schneidenden Schmerz ignorierend, machte ich einen Sprung und traf ihn mit meiner Schädeldecke am Kinn. Benommen torkelte er einen Schritt zurück. Ich versuchte, seinen Schwanz zu erwischen, aber er wich behände aus. Er versuchte, nach mir zu greifen, aber meine Anatomie bot dazu wenig Gelegenheit: Glatze, kein Bart, keine Arme, keine Beine, kein Schwanz – wo hältst du so jemanden fest? Ich rollte wieder zur Seite, diesmal zur anderen. Er rutschte auf dem klebrigen Blutwasser aus, verlor das Gleichgewicht und landete am Boden. Sofort sprang ich auf seinen Schädel. Nach zwei Landungen hatte ich den ebenfalls zerbrochen.

Die drei noch Lebenden machten sinnlose Angriffs- und Abwehrbewegungen wie bei einem Ballspiel, ohne die Hände von den Weichteilen zu nehmen, was ihren Aktionsradius erheblich einschränkte. Sie schrien sich dabei laut an, tauschten aber nicht, wie man meinen sollte, strategische Anweisungen aus, sondern nur Flüche und Bekundungen von Angst. Die Idee zu fliehen schien ihnen nicht zu kommen.

Ich drehte meinen Kopf zur Seite, biss in den Messergriff und zog das Messer aus der Schulter.

Wie einen Schnuller saugte ich mir den Messergriff tief in den Mund hinein, schlitterte auf dem rutschigen Boden vor und hackte auf die Füße der drei ein.

Jetzt sprangen sie auf und ab aus Furcht vor meinem Messer, aber keiner nahm die Hände vom Gemächt.

Einem zerschnitt ich das Knie. Er ging zu Boden, weiterhin beide Hände vor dem Penis, sodass ich ihm das Messer tief in die Kehle stecken konnte.

Die beiden anderen hüpften herum, Hände vorm Schritt, blutige Füße, kein klares Konzept.

Es gelang mir, einen in die Ecke zu treiben. Ich rammte ihm das Messer in die Leiste und ließ es dort stecken.

Dann sprang ich an ihm hoch, traf seine Nase mit meiner Schädeldecke von unten und trieb ihm das Nasenbein ins Gehirn.

Schnell drehte ich meinen dröhnenden Kopf. Der letzte

Überlebende rannte aus dem Duschraum. Ich hüpfte hinterher, den langen Gang entlang.

Trotz seiner zerschnittenen Füße war er flink und erreichte die Ausgangstür in kürzester Zeit. Allerdings stand ein Metallschrank davor. Den hatten Maik und seine Leute vermutlich dort hingewuchtet, damit niemand sie bei ihrer Aktion stören konnte. Der Schrank war schwer, aber mit der Kraft der Verzweiflung gelang es dem Fliehenden, ihn zur Seite zu schieben, wobei er spitze Schreie ausstieß, während ich näher heranhüpfte.

Genau in dem Moment, als er die Tür öffnen wollte, sprang ich ihm von hinten in den Nacken und riss ihm die Halsarterie auf. Er versuchte, nach mir zu schlagen. Ich rutschte an ihm runter, biss den Schwanz ab, was ihn in der Mitte einknicken ließ, und als er dann am Boden lag, brach ich ihm den Schädel und aß sein Gesicht.

»So, du Scheißkrüppel«, rief Schweinthaler, die Tür meines Krankenzimmers aufreißend. »Schluss mit der Sonderbehandlung. Du kommst zurück zu den anderen Fotzköppen.«

Der Messerstich, den ich abbekommen hatte, war doch recht tief gewesen, sodass ich ein paar Tage auf der Krankenstation verbringen musste. In der Zeit hatte es eine interne Untersuchung des Falles gegeben. Ich hatte behauptet, mich an nichts mehr erinnern zu können. Alle anderen waren tot. Die Sache wurde dann, glaub ich, zu den Akten gelegt.

»Los jetzt, ich hab nicht ewig Zeit«, schnauzte Schweinthaler.

Ich hüpfte vom Bett, woraufhin er sofort einen tapsigen Schritt zurück machte und den Revolver zückte.

»Hey, Vorsicht! Schön langsam, du …«

In der Tür erschienen zwei weitere Wärter, ebenfalls mit gezückten Waffen.

»Da rauf!«, sagte Schweinthaler und klopfte mit dem Knüppel auf einen Rollstuhl. Gehorsam hüpfte ich hoch.

Wie ein Ball. Zu schnell. Meine Wendigkeit irritierte die drei. Durch ihre Polyesterbeinkleider hindurch konnte ich ihre Hoden sich knisternd in feine feige Falten legen hören.

Spitzfingrig schnaufend, schnallten sie mich mit harten Lederriemen auf dem Rollstuhl fest. Das war neu.

Als sie fertig waren, sagte Schweinthaler: »Kannibalensau. Schwanzloser Furz. Dich Drecksack kriegen wir noch klein, keine Sorge.«

»Noch kleiner?«, versuchte ich es mit einem milden Scherz. Keine Reaktion. Die Zeit der Scherze war wohl vorüber.

»Pass bloß auf«, erwiderte er. Die schwarzen Knopfaugen verengten sich in dem roten Gesicht. »Dich machen wir fertig. Kannibalenscheiße brauchen wir hier nicht.«

Sie rollten mich zurück in meine Zelle. Mein neuer Mitbewohner saß auf seiner Matratze und starrte an die Wand wie immer. Als er mich sah, hob er die Brauen.

Ich nickte ihm zu. Wir redeten nicht viel.

»Du lebst noch«, sagte er.

»Ja, ist noch mal gut gegangen, danke.«

Missmutig sah ich mich in der Zelle um. Sie wirkte schäbiger, als ich sie in Erinnerung hatte. Der Neue hatte zudem während meiner Abwesenheit verschiedene großformatige Poster von sich selbst – die es anscheinend gab, aber was gab es heutzutage nicht, oder? – aufgehängt, was den Raum noch kleiner erscheinen ließ. »Ramses« stand auf diesen Postern, also war das wohl sein Name.

»Lass uns fliehen«, sagte ich.

Er starrte mich emotionslos mit seinen tiefschwarzen Augen an.

»Was hält uns hier?«, fuhr ich fort. »Zwei Jungs wie uns? Das Essen ist schlecht, die Stimmung mies. Ich habe einen Plan.«

Ich hatte nicht wirklich einen Plan, es sei denn, man würde große Motivation und Sehnsucht nach Freiheit und der Frau meines Lebens schon einen Plan nennen.

»Was für einen Plan?«, fragte Ramses. Schien heute in Plauderlaune zu sein. Das musste ich ausnutzen.

»Vielleicht ist er nicht so gut«, antwortete ich. »Kann sein, dass mein Plan noch nicht so hinhaut. Was für einen Plan würdest DU denn haben, falls du einen hättest?«

Er schwieg.

»Wichtig ist auf jeden Fall, dass wir zusammenhalten«, sagte ich. »Wenn einer von uns abhaut, nimmt er den anderen mit. Keiner flieht ohne den anderen. Lass uns uns das jetzt und hier versprechen.«

Ramses gähnte, fasste mit seiner riesigen Pranke zum Schalter und machte das Licht aus. Dann legte er sich hin, deckte sich zu und schloss die Augen. Nach wenigen Minuten begann er zu schnarchen.

»Keiner haut ohne den anderen ab«, sagte ich noch einmal und lutschte nachdenklich auf Maiks Messer herum, das ich seit Tagen in der Mundhöhle versteckt hielt.

Unzählige Schnitte hatten meinen Mund in eine einzige Wunde verwandelt, dennoch war es natürlich gut, ein Messer zu haben. Ein Messer hatte ich, und einen Spießgesellen hatte ich auch. Jetzt brauchte ich nur noch einen Plan. Ich brauchte einen Plan.

4 Der Bucklige

»Nimm das Schäufelchen, und besorge mir frische Leichenteile vom Friedhof, Buckliger«, sagt Herr Doktor zu mir, und so ziehe ich denn los. Das ist eigentlich Nachtarbeit und müsste auch entsprechend vergütet werden, aber es hat keinen Sinn, mit Herrn Doktor über solche Dinge zu reden. Einmal hatte ich es versucht.

»Hhhhhhhhgggggghhh«, hatte ich gesagt. »Hhhhhhrrrrrrrrkkkkk.«

Da hatte er aber nur die Stirn gerunzelt, so wie gescheite Leut es immer tun, wenn unsereins mit einem Anliegen kommt. In scharfe Falten hatte er sie gelegt, die hohe Stirn, und dann gefragt, ob ich seine Anweisung nicht verstanden hätte.

»Hhhhhhhhhhhffff«, hatte ich erwidert. »Hhhhhhkkkgg.«

»Muss ich den Ochsenziemer holen, Buckliger?«, hatte er darauf gefragt. Das ist so ein Trick von ihm, mich zum Schein in den Entscheidungsprozess mit einzubinden. Kopfschüttelnd bin ich dann ab zum Friedhof. Wobei mein Kopfschütteln – jetzt sag ich's grade freiheraus – sich nur zu einem Teil auf die Frage nach dem Ochsenziemer bezogen hatte.

Alle paar Wochen geht das so. Dann muss ich nachts losziehen und Gräber plündern. Mit meinem Schäufelchen. Es macht die Arbeit meines Erachtens sinnlos hart, dass mir hierfür nur eine grüne Sandkastenschaufel aus Plastik zur Verfügung gestellt wird. Mit einem

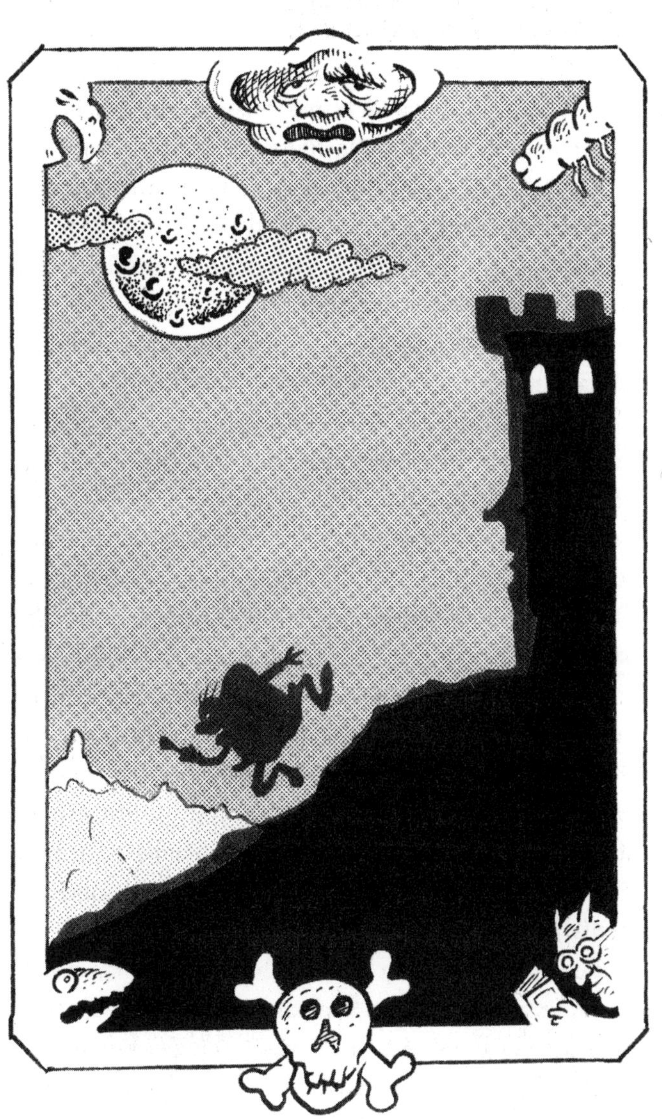

Erwachsenengerät käme ich schneller voran, da bin ich fast sicher. Einmal habe ich das auch Herrn Doktor gegenüber erwähnt. Raten Sie einmal, wie er reagiert hat.

Aber ich will mich nicht beschweren. Das Leichenbesorgen mag anstrengende Arbeit sein, doch es ist das Einzige, was ich zu tun habe, sodass mir viel Freizeit bleibt. Wochenlang habe ich oft frei. Am Stück.

Freiheit kann aber auch schnell zur Last werden, wenn man sie nicht zu füllen versteht.

Ich bin viel im Internet unterwegs. Wir leben hier sehr abgelegen in den Bergen. Außer dem Kutscher, der Köchin, Herrn Doktor und den Kreaturen sieht man keinen Menschen, da find ich's mal interessant zu schauen, was im Rest der Welt so vor sich geht.

Martin Schulz etwa. Das Schicksal dieses Mannes hatte ich damals ausgiebig verfolgt. Für mich war er ein Bruder im Geiste, ebenfalls ein Buckliger, herumgeschubst von dem Herrn Doktor SPD, wenn man so will. Die Politik erschafft auch Monster. Sie wollten ihn zum Monster machen, aber seine innere Buckligkeit kam dem in die Quere und hat ihn vor diesem Schicksal bewahrt. Ich frage mich, ob das außer mir irgendein Mensch so sieht. Dass man sich Schulz nicht als Verlierer, sondern als glücklichen Menschen vorstellen muss. So wie mich. Mein Glück posaune ich aber nicht in die Welt hinaus, das behalte ich schön bei mir, das versteck ich in meinem Schatzkästleinherzen. Niemand darf je mein großes Glück sehen. Wegen Neid.

Die Menschen sind ja so. Das Glück ihrer Schwestern

und Brüder macht sie verrückt. Lieber wollen sie's zerstören, als dass sie es als Inspiration nehmen. Als Aufmunterung, selber auch nach Glück zu streben.

Weil ich mein Glück so gut verberge, bin ich hier im Schloss beliebt. Die Köchin wirft mir ab und an ein paar sehnige Knorpelstücke hin. Aus Mitleid. Wobei Mitleid oft fälschlicherweise als etwas Gutes und Edles bezeichnet wird, dabei möchte sich der Mitleider den anderen bloß überlegen fühlen. Mitleid ist böse. Es ist die verlogene überhebliche Philosophie dieses Armleuchters Jesus Christus. Hab den Stuss ja mal gelesen. Er sagt eigentlich nur: Ich bin gut, ihr seid schlecht, aber ich verzeihe euch, und mein Vater ist Gott. Also, da könnten die Leute auch gleich Ben Becker anbeten. Von allen Leuten, die je aus einem Grab geholt wurden, ist Jesus der Eingebildetste. Und ich kenn mich da aus.

Herr Doktor ist ehrlicher – er tarnt seine Überheblichkeit nicht als edles Gefühl, er lebt sie rigoros aus. Gern hat er mich bei seinen Experimenten dabei. Nicht aufgrund meines technischen Sachverstandes, sondern damit er selbst intelligenter wirkt. Ich soll nur im Hintergrund stehen, ab und zu ein wenig angstvoll von links nach rechts trippeln und grunzen.

Was mich immer wieder amüsiert: Vor wem will Herr Doktor eigentlich intelligent wirken? Vor Gott? Gott ist doch genauso drauf wie Herr Doktor: »Tu dies nicht, tu das nicht, hol dein Schäufelchen, sonst gibt's die Sintflut.« Ich glaube auch nicht, dass einer, der die ganze Welt erschaffen hat, von einem beeindruckt ist, der Strom durch zusammengenähte Leichen jagt, aber ich könnte mich irren.

Oder möchte Herr Doktor die Kreaturen beeindrucken? Diese armen Schlucker haben doch genug mit sich selbst zu tun in der kurzen Lebenszeit, die ihnen meist nur gewährt wird. Selten länger als einige Stunden.

Einmal hat einer ein paar Tage überlebt. Mit dem hab ich versucht, mich anzufreunden.

»Hhhhhhhgghkkk«, habe ich zu ihm gesagt und dabei gezwinkert (na ja, eigentlich zwinkere ich immer), aber er hat nur auf seine Hände gestarrt, sein groteskes grünliches Gesicht betatscht, an den Schläfenelektroden gezerrt – obwohl man das nicht machen soll und sowohl Herr Doktor als auch ich ihn mehrfach darauf hingewiesen hatten –, und dann hat er immer wieder in den großen Wandspiegel geschaut und sich erschreckt. Dann starb er, ich glaube, an einer Mistgabel im Rücken. Noch im Sterben hatte er diese großen Fragezeichen in den blutunterlaufenen Augen. Und all seine Fragen drehten sich um ihn selbst.

Wie bei Martin Schulz, denk ich mal. Der ist doch am Ende auch nur noch verwirrt umhergeirrt und hat sich gefragt: »Wer bin ich? Wofür stehe ich, was hatte ich, und warum hab ich's nicht mehr?«

Das sind alles falsche Fragen. Einer wie Martin Schulz sollte eben nicht in den Spiegel schauen, sondern genau in die andere Richtung: in die Welt. Der Spiegel – das ist die Antiwelt, in der das Ego herrscht. Rausschauen sollte einer wie der Martin, raus in die wirkliche Welt. Die Welt ist so wunderschön, wenn kein Ego sie verwässert. Die reine tiefe wahre Welt ist ein wunderbarer Ort.

Der Einzige, der das hier manchmal ansatzweise zu verstehen scheint, ist der Kutscher. Er hat noch weniger zu tun als ich. Meist sitzt er mit einer Flasche vor dem Tor auf seinem Bänkchen. Will ich mich dazusetzen, jagt er mich mit Steinwürfen fort. Ich springe dann krötenhaft leicht seitlich geneigt davon, was ihm jedes Mal ein herzhaftes Lachen entlockt. Das genieße ich. Es wird so wenig gelacht hier im Schloss. Ich selbst lache sehr viel, mein Lachen hat allerdings die seltsame Eigenschaft, nicht ansteckend zu sein.

Wenn ich – wie jetzt – länger lache, läuft mir der Speichel in feinen Fäden die Mundwinkel hinab, aber hier in der nächtlichen Vollmondidylle ist ja niemand, der sich daran stören könnte. Allein in der Natur wird man immer auch selbst zur Natur, und das ist ein gutes Gefühl.

So laufe ich lachend den Abhang hinunter, und was höre ich da? Dvořáks 7. Symphonie in a-Moll, gespielt von den Wiener Symphonikern. Dvořák und Vollmond? Eigenwillig, aber nicht komplett unnachvollziehbar.

Ich sollte das nicht tun, aber ich folge den Klängen. Wer hört um diese späte Stunde solche Musik? Selbst bin ich kein Klassikfan, es stößt mir bitter auf, wenn Musik versucht, mit der Tiefe und Wahrhaftigkeit der Natur zu konkurrieren. Blasphemisch finde ich das und zum Scheitern verurteilt. Hör einem singenden Vogel zu. Dann hör dir klassische Musik an, und dir wird klar, wonach sie strebt und was sie nie erreichen wird. Musik mag ich schon. Sehr sogar, aber Musik, die bitte schön in ihren Schranken bleibt. Zum Beispiel die fröhlich poppigen Schlager von Helene Hitler. Die liebe ich. Bei denen singe ich stets laut mit, so lange, bis jemand eingreift, was leider meist recht schnell geschieht.

Unten ist die Straße. Und dort steht ein alter VW-Bus. Nicht am Rand, mitten auf der Fahrbahn steht er, und von dort kommt die Musik. »Halte dich fern von den Menschen«, sagt ja Herr Doktor immer. »Sie dürfen dich nicht sehen.« Aber meine Neugier ist nun einmal entfacht. Vorsichtig schleiche ich mich ran. Es sitzt jemand in dem Bus. Eine Frau. Eine – mein Atem stockt – anscheinend vollkommen nackte Frau mit langen ungekämmten Haaren sitzt dort am Steuer. Ist sie tot? Sie bewegt sich nicht. Aber sie lebt. Und wie sie lebt. Es geht eine solche Lebendigkeit von dieser Frau aus, dass meine Knie weich werden. Ich sehe nur ihre dunkle Silhouette, aber ich habe sofort erkannt, dass sie wunderschön ist. Sie ist schöner als die Köchin, schöner als die ganzen Nackedeis im Internet, sie ist – mein Atem hat ja schon gestockt, jetzt setzt für ein Sekündchen mein buckliges Herz aus –, sie ist schön wie die Welt. Sie ist eine Göttin. Ich falle auf die Knie. Was soll ich tun?

»Fahr. Mach Musik. Klassik oder Jazz.« Das waren ihre Befehle, und die musste sie ausführen. Bloß konnte sie nicht mehr fahren, das Benzin war alle. Der Wagen stand. Sie sorgte dafür, dass im Radio Klassik oder Jazz lief. Beides hörte sie nicht gern, aber sie konnte sich den Befehlen nicht verweigern. Wie vorhin, als sie den armen Gaylord verstümmelt hatte. Die Befehle waren so stark, sie kam einfach nicht gegen sie an, obwohl sie sonst ganz klar im Kopf war. Es war irre. Auch nach Eddies Tod (sie nahm mal an, dass er tot war) schien sie weiter unter seinem Einfluss zu stehen. »Mach Musik – Klassik oder Jazz.« So bescheuert dieser Befehl auch war, sie musste ihn ausführen. Ihr nackter Hintern klebte am Sitz fest. Ihr war kalt. Ihr würde von nun an immer kalt sein; das war einer der zahlreichen Nachteile eines Vampirsklavinnenlebens. Sie verspürte auch keinerlei Müdigkeit, obwohl sie nun schon seit fast vierzig Stunden wach war. Schlafen konnten nur richtige Vampire. Ihre Sklaven waren zu ewiger Wachheit verdammt.

Peinlicherweise hatte sie in den Wagen gepinkelt in dem Bewusstsein, dass das wahrscheinlich das letzte Mal war. Seit Eddies Biss verspürte sie weder Hunger noch Durst. Immer wieder hatte sie versucht, etwas zu tun, aber alles, was sie machen konnte, war, den Radiosender zu wechseln, wenn die Nachrichten kamen, und so lange zu suchen, bis sie Klassik oder Jazz fand. Dabei würde sie so gern die Nachrichten hören und erfahren, was mit Gaylord war. Ob er überlebt hatte. Sie hätte ihn nicht so verstümmeln dürfen, das war mies von ihr gewesen. Ihr war schon klar, dass sie keinen freien Willen mehr hatte, dennoch fühlte sie sich schuldig.

Keinen freien Willen zu haben war komisch: Irgendwie glaubte sie sich das selbst nicht, obwohl die Beweise doch erdrückend waren. Ihr fehlte etwas, ein Sinn, ein Impuls, eine Kraft, aber sie wusste nicht, was es war, was ihr fehlte. Sie war wie eine, die mit offenen Augen nichts sah, aber nicht verstand, warum. Nein, es war noch bescheuerter. Wenn sie ganz gelähmt gewesen wäre, komplett regungslos – das wäre noch leichter zu ertragen, aber mit völliger Selbstverständlichkeit hob sie den Arm, wenn die Nachrichten oder Werbung kamen, ganz selbstverständlich drehte sie am Radioknopf und suchte Klassik oder Jazz. Manchmal suchte sie lange. Ihre Bewegungen sahen völlig normal aus, und doch hätte sie keinen Muskel regen können, der nicht dem Ziel folgte, Klassik oder Jazz ertönen zu lassen.

Es war eine Qual. Und zugleich auch noch absurd und lachhaft. Und Gaylord tat ihr leid. Sie hoffe, dass er durchkommen würde und sie ihm zumindest den Penis wieder annähen könnten, an dem hatte er doch immer so viel Freude gehabt.

Im Gegensatz zu ihr, musste sie ehrlicherweise hinzufügen. Sie hatte ihm das nie gesagt, aber das Ding war ihr einfach zu groß gewesen. Und Gaylord war damit immer so selbstverliebt ungelenk umgegangen. Vielleicht war das ein Problem von Männern mit großen Gliedern, dass sie dachten: Das reicht schon, da wird die Frau sich freuen. Sie wusste es nicht, Gaylord war ja ihr erster Mann gewesen. Aber sie ahnte, dass Sex besser sein könnte. Oder überhaupt mal gut und nicht nur schmerzhaft und stumpf. Und sollte es nicht auch länger dauern als eine Minute?

Es war schon hochironisch: Seit Wochen wollte sie sich von Gaylord trennen, er war ein lieber Kerl, aber ihr war irgendwann klar geworden, dass sie etwas anderes wollte. Natürlich, zu Anfang war alles super gewesen, sie beide schwer verliebt, ihre romantische Flucht von zu Hause, die gemeinsamen Morde – so was schweißt zusammen. Aber mit der Zeit erkennt man immer mehr kleine Macken am anderen. Also – sie an ihm, er an ihr offenbar nicht.

Kurz hatte sie sogar mit dem Gedanken geliebäugelt, mit diesem Eddie abzuhauen, er hatte so sensibel gewirkt, sanft und irgendwie tief. Dann hatte er sich allerdings als der totale Arsch entpuppt. Typen, ey. Vielleicht sollte sie mal ’ne Zeit lang allein bleiben. Haha, war sie ja jetzt. Scheiße.

Was war das? Links von ihr, vor dem Wagen, da war etwas, ein Tier? Fuck, sie konnte ihren Kopf nicht drehen, war da draußen ein Wolf oder was noch Mieseres? Gab’s hier auch Saurier wie daheim im Schwarzwald? Ihre Mutter war von so einem Drecksvieh gefressen worden, wenn du so was miterlebst, das vergisst du nicht. Los jetzt, Brünette, sagte sie sich panisch, dreh den Kopf, Mädel, du kannst es!

Aber sie konnte eben nicht. Sie konnte nur hier sitzen und fucking Klassik oder Jazz machen. Konnte sie wenigstens lauter drehen? Vielleicht würde lautere Musik das, was auch immer da draußen war, verscheuchen. Sie versuchte, ihren Arm zu heben. Klassik oder Jazz!, dachte sie dabei verzweifelt, innerlich schrie sie es, Klassik oder Jazz, ich will dein Scheißklassik oder Jazz nur lauter machen, Eddie, komm, lass mich!

Es ging nicht, sie bekam den Arm nicht hoch. Jetzt klopfte es an der Scheibe. Das war kein Tier, das war ein Mensch! Gaylord? Ach, der würde ja nicht klopfen, höchstens mit dem Kopf, und das würde dumpfer klingen. (Den Klang von Gaylords Kopf hatte sie noch in den Ohren.) Und wahrscheinlich war er inzwischen auch tot, ehrlich gesagt.

Es klopfte wieder. Sie konnte nichts machen, mit keinem Gesichtsmuskel konnte sie zucken. Da. Es kam etwas von der Seite in ihr Gesichtsfeld. Was … was war … das? Oh

Gott! Das war kein Mensch, so ein … Wesen konnte es doch gar nicht geben! Hilfe! Das Maul sah wie eine Wunde aus. War das die Nase? Das war eine Kreatur aus einem fiebrigen Albtraum, hilf mir, Satan, oh fuck, sie konnte nicht hinsehen, aber sie musste! Jetzt war das Gesicht ganz nah vor ihrem. Er musterte sie. Es schien eine verschlagene, böse Intelligenz hinter diesem fahlgelben kreisrunden Auge zu stecken. Die Scheibe beschlug von seinem Atem. Was hatte er vor?

Ich bin verliebt. Das ist ja mal wieder typisch. Gerade wenn man sich in seinem Leben eigentlich hervorragend eingerichtet hat, gerade wenn eigentlich alles gut läuft und man eine klare gesunde Linie bis zur Rente und darüber hinaus erkennen kann, wenn alles stimmt, sozusagen in trockenen Tüchern ist, gerade dann trifft Amors Pfeil. Bitte nicht, denke ich, aber ich weiß schon, dass ich diesen Kampf verloren habe.

Liebe bringt alles durcheinander. Ich weiß noch mein erstes Mal. Die Köchin, als sie neu im Schloss anfing. Auch da war es auf den ersten Blick gewesen. Bei mir. Bei ihr nicht, da dauerte es länger. Dauert immer noch. Obwohl das nun schon fünfunddreißig Jahre her ist. Irgendwann hatte ich einfach aufgehört zu hoffen. Das war schmerzhaft, aber es musste sein. Man redet sich ja gern viel ein. Als die Köchin ihre Liaison mit dem Kutscher begann, sagte ich mir zunächst, die will mich doch nur eifersüchtig machen. Wenn sie mit Holzschuhen und Nudelhölzern nach mir warf, sah ich darin so eine Art Spencer-Tracy-Katherine-Hepburn-Screwball-Comedy-Hinundhergeflirte. Als nach jener Nacht, da ich in ihr Schlafgemach eingedrungen war, um die Spielchen zu beenden und endlich mal Klartext zu reden, der Kutscher mir alle Finger beider Hände brach, hatte ich noch jaulend versucht, Mitleidpunkte zu ergattern – irgendwann aber hatte ich aufgegeben. Aus Selbstschutz. Es war hart. Es war furchtbar hart. Dann wurde es besser. Ich konzentrierte mich auf meine Arbeit, auf meine Internetrecherchen zum Thema »Martin Schulz« im Speziellen und »Sozialdemokratische Politik« im Allgemeinen, und allmählich heilten Seele und Finger, und – was ich gar nicht erwartet hatte – das Glück kam zu mir. Ich wurde der glücklichste Mensch der Welt, weil ich die Hoffnung aufgegeben hatte. Hoffnung, Freunde, ist ein Furz, man muss sie fahren lassen. Wenn ich nun die Köchin sehe, alt und krumm, wie sie mit ihren mittlerweile über achtzig Jahren ist, denk ich schmunzelnd: Der Kelch ging noch mal an dir vorbei, und dann genieße ich mein lockeres Junggesellenleben noch mehr, falls das überhaupt möglich wäre.

Gut.

Vorbei.

Das ist alles vorbei, ich bin wieder verliebt, jetzt geht alles noch mal von vorne los. Ich will nicht, ich will mein altes Leben behalten, meine behagliche Zufriedenheit, aber da kannst du nichts machen. Wenn es um die Liebe geht, haben wir Menschen keinen freien Willen, Liebe ist ein Programm, das alle anderen überschreibt.

Und da kommt auch schon die hässliche kleine Schwester der Liebe herangetrippelt: die Hoffnung.

Diese hier wird anders sein als die Köchin, diese wird deine Liebe erwidern können, sieh doch: Sie ist der erste

Mensch, der bei deinem Anblick nicht zusammenzuckt, nicht schreiend das Weite sucht. Die Köchin, der Kutscher, ja selbst Herr Doktor hatten damals Wochen, wenn nicht Monate gebraucht, bis sie mir ins Gesicht schauen konnten, aber dieses Mädchen wendet den Blick nicht ab, diese Aphrodite hält meinem Blick stand, und die Zeit verschwimmt. Wir schauen uns an, Worte sind nicht nötig, ich verliere mich in ihren Augen und sie sich in meinem. Es gibt nur noch uns, unsere einander zugewandten Gesichter, wenn ich jetzt sterbe, dann habe ich gelebt, oh Göttin! Dieser Moment soll niemals enden!

Sie wollte kotzen, sie wollte kotzen, sie musste kotzen. Da! Jetzt! Ihr Magen zuckte, sie spürte es! Da geschah etwas. So wie sie vorhin hatte pinkeln können, obwohl das ja nicht zu ihrem Befehl gehört hatte. Einige Körperfunktionen waren wohl unabhängig von diesem verfluchten Fluch. Jetzt! Oh Gott, ja! Es kam. Ihr Körper klappte in der Mitte zusammen wie ein Taschenmesser, und sie übergab sich. Es war ein kleiner Triumph, vielleicht konnte sie durch das Erforschen dieser unwillkürlichen Körperreaktionen ihren freien Willen mit der Zeit wiedererlangen. Falls diese Abnormität hier sie nicht vorher töten würde. Oder Schlimmeres.

Sie ist krank! Oh Gott, hoffentlich nichts Ernstes! Es darf nicht sein, dass ich die Liebe finde und dann sofort wieder verliere, das darf nicht sein! Schnell, ich muss sie zum Herrn Doktor bringen, er wird wissen, was zu tun ist. Ich – äh – hoffe, er ist nicht nur Doktor der Philosophie oder so was, ach Quatsch, seine ganzen Experimente, denk doch mal nach, Buckliger! Herr Doktor erschafft Leben – immer nur für kurze Zeit, aber immerhin. Er wird wissen, wie meiner Liebsten zu helfen ist, wenn ich sie nur schnell zu ihm bringe! Die Autotür ist unverschlossen, ich öffne sie, und vorsichtig hole ich meine Aphrodite heraus. Sie lässt es geschehen. Sie spürt, dass ich ihr helfen will. Ihr Körper ist weich, weicher als der weichste Ochsenziemer, weicher als frisch gefallener Schnee, aber davon darf ich mich jetzt nicht ablenken lassen, sie ist krank, sie muss zum Doktor! Ich lege sie mir sanft über die Schulter, und so schnell ich kann, stapfe ich den Abhang hoch. Zum Schloss. Zum Herrn Doktor.

Frankenstein saß am Kamin und las in seinen Aufzeichnungen. Später würde der Bucklige mit neuen Leichenteilen kommen. Frankenstein seufzte. Er fand einfach den Fehler nicht. Warum starben seine Kreaturen so schnell? Was fehlte ihnen? War es vielleicht gar kein körperlicher Defekt, sondern etwas Psychologisches? Frankenstein glaubte nicht an Psychologie, das war doch die Wissenschaft der Seele – er aber war überzeugt, dass der Mensch von sich aus gar keine Seele hatte.

Für Frankenstein war die Seele so etwas wie Hornhaut, etwas, das durch Gebrauch entstand. Frankenstein glaubte an Gott, er war allerdings überzeugt, selbst dieser Gott zu sein. Zumindest fühlte er die Einsamkeit eines monotheistischen Schöpfers, als er hier nun die grauen Augen mit den buschigen cäsarenhaften Brauen vom Tagebuch hob und durchs bleiumrandete Rundfenster hinausschaute in die schwarze Nacht.

So dunkel war es, bevor ich kam, und so dunkel wird es sein, wenn ich wieder gehe, dachte er und überlegte, ob er sich vielleicht ein oder zwei sündig-süße Folgen *Big Bang Theory* auf Netflix gönnen sollte, bis der Bucklige zurückkäme.

Doch er durfte jetzt nicht entspannen, er stand – das spürte er seit Tagen schon – kurz vor einem Durchbruch. Vielleicht sogar vor DEM Durchbruch. Manchmal war es ihm, als könne er die Nebel in seinem Hirn greifen wie dünnen durchsichtigen Gardinenstoff und beiseiteschieben und die Lösung sehen, die dahinter verborgen lag.

Da hörte er die Eingangstür unten ins Schloss fallen. Der Bucklige! Schon zurück? Hatte er wieder gemordet, der Sauhund, weil er zu faul zum Graben war? Frankenstein hatte ihm schon mehrfach erklärt, dass er sie alle durch seine stümperhaften Morde in Gefahr brachte, er hatte den Buckligen windelweich geschlagen mit allem nur erdenklichen Gerät, aber der Kretin begriff ja nichts! Wie er schon dieses Kinderplastikspielzeug zum Leichengraben nahm statt Spitzhacke und Schaufel. Die Dummheit des Buckligen würde irgendwann fraglos zum Problem werden, Frankenstein hatte schon oft überlegt, ob er ihn nicht einfach enthirnen und seinen Kreaturen zum Fraß vorwerfen sollte, es war bloß so schwer, Ersatz zu finden. Aufgrund des demografischen Wandels wurden die jungen Leute jetzt ja alle Lehrer, Außenminister:in oder Content Creator. Leichendieb ohne Bezahlung und ohne Aufstiegschancen – darauf hatte doch niemand mehr »Böcke«. Es war eine Schande.

Die schwere eisenbeschlagene Eichenholztür öffnete sich knarrend, und hereingewankt kam der Bucklige.

Über seiner Schulter hing eine nackte frisch getötete Frau. Dieses dumme Schwein!

»Was hast du getan, Bestie?«, fragte Frankenstein, stand auf und nahm den Schürhaken zur Hand. »Nicht morden. Niemals morden, das habe ich dir doch schon so oft eingebläut. Oh, diesmal wird deine Strafe biblisch sein.«

»Hhhhhhhhgggkkk!«, hechelte der Bucklige mit aufgerissenem Auge, wich einen Schritt zurück und hob die Hände. »Hhhhhhhkkkkkj.«

»Dein Gestammel hilft dir diesmal nicht«, sagte Frankenstein. »Sag mir lieber, wo du diese Frau ermordet hast und ob dich jemand gesehen hat. Und dann gibt's was hintendrauf.«

Der Bucklige fuchtelte weiter mit den Händen in der Luft, nahm dann die Leiche von der Schulter und legte sie merkwürdig behutsam aufs Kanapee.

Frankenstein zuckte zusammen: Die Frau war gar nicht tot! Sie sah ihn an. Sie schien zwar nicht zu blinzeln, aber ihr Blick verriet Bewusstsein. Und sie war schön. Ein Hetero hätte sich jetzt vermutlich verliebt, Frankenstein aber stand auf Männer. Oder das, was heutzutage so als Männer durchging. Er seufzte.

»Hhhhhhhgggkk«, machte der Bucklige und zeigte auf die Frau.

»Schweig«, bedeutete Frankenstein ihm, ging zum Kanapee, kniete sich hin und untersuchte die Frau. Sie war in Trance, das hatte er schon erkannt, ihr Geist fehlte – gut, das war ja bei Frauen nichts Ungewöhnliches. Ihr Puls war unauffindbar. Und blass war sie.

»Hm«, sagte Frankenstein. »Hm, hm, hm.«

Das war hier streng genommen keine Leiche, aber richtig lebendig schien sie ihm auch nicht zu sein. Er stand ächzend auf, ging zum Arzneischrank, öffnete die oberste Schublade und holte ein Spritzbesteck und eine mit einer Flüssigkeit gefüllte Ampulle heraus.

Der Bucklige beobachtete ihn schweigend. Die Frau starrte geradeaus. Frankenstein war sich sicher, dass sie hirntot war. Er hatte einen Entschluss gefasst.

Langsam zog er die Flüssigkeit aus der Ampulle auf eine Spritze.

»Hhhhhhhhhh?«, fragte der Bucklige.

Frankenstein ging zu ihm, zeigte auf die Stehlampe hinter ihm und sagte: »Sieh nur, alter Freund.«

In dem Moment, in dem der Bucklige sich zur Lampe drehte, jagte Frankenstein ihm die Spritze in die Halsschlagader und drückte das Betäubungsmittel hinein.

»Hhhhhh«, machte der Bucklige, kippte vornüber und knallte, die Lampe mitreißend, hart mit dem Gesicht auf den Boden.

Frankenstein drehte sich zu der Frau um. Teilnahmslos starrte sie weiter ins Nichts. Eigentlich müsste er auch sie betäuben vor der Operation, aber ihre stumpfe Geistesstarre machte ihn neugierig. Er wollte testen, ob und wie viel Schmerz sie ertragen konnte.

Ächzend schleifte er erst den Buckligen, dann die Frau die steile Wendeltreppe hinunter in den Keller. Ins Labor. Er betätigte den Lichtschalter, und nachdem die treuen alten Neonröhren flackernd angesprungen und den Raum mit ihrem kalten Licht und ihrem warmen Summen erfüllt hatten, schnallte er seine beiden Versuchsobjekte auf separaten Operationsliegen fest.

Dann begann er, den Schädel des Buckligen aufzusägen. Das Ding war so verformt, dass er sehr lange brauchte, immer wieder setzte er ab, um sicherzugehen, dass das Gehirn nicht verletzt wurde.

Bei der Frau ging es schneller. Ihr Kopf war ebenmäßig. Ja, ja, das war schon eine Schönheit, auf jeden Fall. Aber ihr fehlte die Tragik einer Streisand, die Verzweiflung einer Rosenberg, die britisch brachial brütende klagende Klasse einer Bonnie Tyler. Von Bonnie Tyler fehlte ihr in gewisser Weise eigentlich alles.

»Turn around …«, sang Frankenstein leise, als er ihr Hirn von den Nervenenden losknipste. Jetzt endlich schloss sie die Augen. Die ganze Zeit über hatte sie ihn angestarrt, zweifellos bei Bewusstsein. Tränen waren ihr aus den Augen geronnen – nicht die Tränen einer Oscar-Dankesreden-dreschenden Meryl Streep oder einer Juliane Moore, die was übers Klima erzählt, Kleinmädchentränen. Irgendwie rührend. Ohne jedes Drama, dennoch irritierend. Diese Tränen waren der einzige Hinweis gewesen, dass das Mädchen überhaupt etwas spürte. Davon abgesehen lag sie ganz still da.

Frankenstein holte das Gehirn des Buckligen, das in einer Kochsalzlösung schwamm, und pflanzte es dem Mädchen ein. Dann tackerte er ihren Schädel mit groben Klammern wieder zu.

Okay – den Rest konnte er eigentlich wegschmeißen, oder? Ach, was soll's, er war grad so gut drin. Er nahm das achtlos auf einen Stuhl geworfene Gehirn des Mädchens und fixierte es im Schädel des Buckligen. Er wusste auch nicht genau, wieso – irgendwie hatte er das von seinen schwäbischen Eltern: Er konnte einfach nichts wegwerfen.

Vielleicht würde er diesen missgestalteten Körper mit dem schwachsinnigen Hirn noch mal für irgendwelche Experimente gebrauchen können, wer wusste das schon.

Dann nähte er alles zu und wusch sich die Hände. Seine schwäbischen Eltern hätten es sicherlich begrüßt, wenn er das VOR der Operation auch schon gemacht hätte. Aber Frankenstein war ein Rebell. »Turn around«, sang er leise und drehte sich um. Schloss die Kellertür hinter sich zu und ging zurück nach oben in sein privates Heiligtum, wo er sich einen Cointreau eingoss und sich nicht nur zwei Folgen *Big Bang Theory*, sondern auch noch eine Folge *Two and a half men* zu Gemüte führte, über der er dann einschlief.

Brünette erwachte und sah sich selbst auf einem Stuhl sitzen. Zuerst dachte sie, sie würde in einen Spiegel schauen, aber das konnte nicht sein – sie lag ja irgendwo festgeschnallt, und die Brünette dort saß aufrecht auf einem Schemel und beobachtete sie.

Wahrscheinlich war das ein Traum. Hey, vielleicht war ja das mit dem Vampirfluch und so auch nur ein Traum gewesen, und sie würde sich jetzt wieder ganz normal bewegen können. Sie versuchte, den rechten Arm zu heben, dann den linken – nichts. Mist.

»Du bist wach, stimmt's? Kannst du mich hören?«, fragte die Brünette auf dem Schemel. Wie allen Menschen war es Brünette unangenehm, die eigene Stimme zu hören. Die andere Brünette stand auf und kam auf sie zu.

»Ach«, seufzte sie. »Es tut mir so leid. Ich hab das nicht gewollt, bitte glaub mir.«

Brünette konnte sich nicht rühren.

»Du bist so ... unsagbar hässlich ... oh Gott, und das war einmal ich. Kannst du sprechen? Gib mir ein Zeichen, wenn du mich verstehst, zwinkere mit dem Auge.«

Brünette konnte überhaupt nichts machen, ihr Körper gehorchte ihr nicht. Aber sie spürte, dass das nicht mehr ihr Körper war, die Knochen waren schief, krumm und knotig, die Haut ledern und voll eitriger Pusteln, und sie konnte nur aus einem Auge sehen. Ein Speichelfaden floss ihr aus dem halb geöffneten Mund. Die drei Zähne, die noch darin steckten, waren grotesk nach vorne gekrümmt und spitz.

Da hörte sie das Knarren einer Tür.

»Was ist hier los?«, fragte eine Stimme. Brünette erkannte sie. Die Stimme gehörte dem irren Arzt, der sie gestern Nacht aufgesägt hatte. Jetzt kam er in ihr Blickfeld.

Er trug immer noch seinen blutverschmierten Operationskittel und sah übernächtigt aus.

»Feg das Labor aus, Buckliger«, sagte er zu der anderen Brünette. »Und in Gottes Namen, zieh dir was an.«

Die andere Brünette duckte sich und sprang trunken tänzelnd ein paar kleine Schritte zur Seite, griff sich einen Besen, der an der Wand lehnte, schien es sich dann aber anders zu überlegen.

Sie stellte den Besen zurück und sah sich im Raum um.

»Buckliger! Verdammt, jetzt muss ich mir noch einen neuen Namen für dich ausdenken. Hey! Du da! Tussi! Nimm den Besen wieder zur Hand.«

Die andere Brünette griff verschiedene Gegenstände, Operationsbesteck, Spritzen, einen historischen Nachttopf, dessen Emaillebeschichtung hier und da abgeplatzt war.

»Lass das liegen, das gehört dir nicht«, sagte der Arzt drohend. »Muss ich den Ochsenziemer holen?«

Jetzt schien die andere Brünette gefunden zu haben, was sie suchte: einen Hammer. Sie lächelte, und die echte Brünette wunderte sich, dass dieses Lächeln sie etwas weniger schön zu machen schien. Hätte sie das gewusst, hätte sie weniger gelächelt, als ihr das noch möglich gewesen war.

Da holte die andere Brünette aus und schlug zu.

Frankenstein knickte zusammen, fiel polternd auf den Boden und blieb regungslos dort liegen. Sofort begann sich eine Blutlache zu bilden.

»Mit meinem neuen Look find ich doch ’n besseren Job«, sagte die andere Brünette. Dann blickte sie zu – ähem – Brünette und fügte hinzu: »Aber dich lass ich hier nicht allein, Schatz. Obwohl ich nicht wollte, dass es so kommt, verdanke ich dir alles: dass ich schön bin, dass ich verständlich sprechen kann und nicht mehr sabbere. Ich werde mich um dich kümmern.« Und mit diesen Worten nahm die andere die echte Brünette in die Arme und hob sie stöhnend hoch.

In einem Wandspiegel sah Brünette, dass sie nun den Körper des Buckligen hatte. Das hatte sie sich schon gedacht, sie war ja nicht blöd. Es jetzt so klar zu sehen war aber doch ein ziemlicher Schock.

»Wir nehmen den Wagen vom Herrn Doktor«, keuchte die andere Brünette, während sie die bucklige Missgestalt die Wendeltreppe hinauf mehr schleifte als trug.

»Schnell, bevor die Köchin und der Kutscher erwachen«, ächzte die andere Brünette. »Mein Name war übrigens Buckliger, ich habe aber beschlossen, mich von nun an Tammy zu nennen. Und wie heißt du? Bis du mir das sagst, nenn ich dich Prince, okay? Das war mal ein ganz toller Musiker.«

Nachdem sie die Wendeltreppe überwunden hatten, durchquerten sie die Zimmerfluchten des Erdgeschosses und stießen die riesigen Flügeltüren des Schlosses auf. Tiefblauer Himmel und strahlender Sonnenschein ließen die zwei zusammenzucken wie Kreaturen der Nacht (was sie ja beide auch irgendwie waren). Krähen schrien. Hinten aus dem Wald ertönte leises Motorsägengeräusch. Die Welt machte unbeeindruckt von den Ereignissen im Schloss ihr übliches Ding.

Ein paar Schritte entfernt parkte ein grünmetallic lackierter Citroën. Sie humpelten dorthin, und die andere Brünette, oder »Tammy«, wie sie jetzt anscheinend ja hieß, schloss die Fahrertür auf.

»Fahr.«

Brünette richtete sich auf, kletterte in den Wagen, setzte sich ans Steuer und nahm das Lenkrad in die Hände.

»Willst du fahren? Passt super, ich kann's nämlich gar nicht!«, rief Tammy freudig aus. Sie setzte sich auf die Beifahrerseite und gab Brünette den Schlüssel.

Brünette startete den Wagen.

Sie sausten mit Höchstgeschwindigkeit eine einspurige Landstraße entlang. Ein rhythmisches Piepen erfüllte die Kabine.

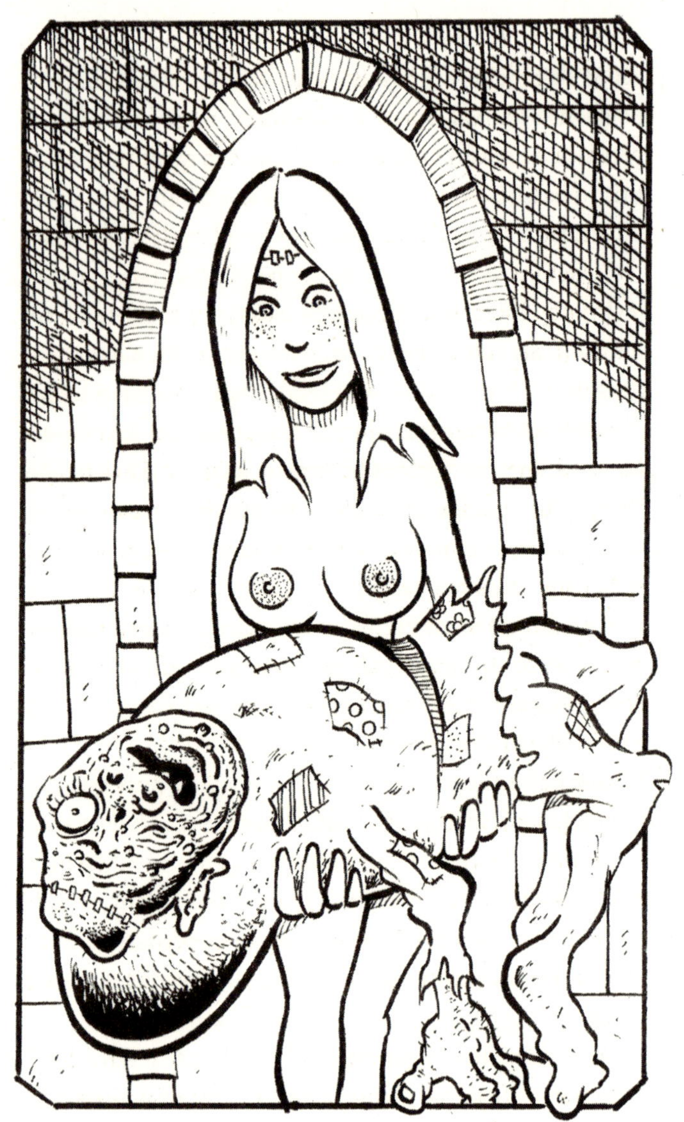

»Egal, wohin!«, rief Tammy. »Fahr einfach mal los in die Welt hinein. Ich hab Bock auf die Welt! Ups, ich hab Bock auf Sex. Wär das okay? Ich mein, ist ja immerhin eigentlich dein Körper. Wär das okay, so ’n bisschen Sex damit zu haben?«

Brünette schaltete das Radio ein und suchte nach Klassik. Oder Jazz.

Tammy interpretierte das als Zustimmung. Die Sonne ging auf. Sie fuhren jetzt durch den Wald, der das Schloss umgab.

Brünette betrachtete ihre missgestalteten Hände am Lenkrad. Sie sah ihr entstelltes Gesicht im Rückspiegel. Durch die Klänge von Tschaikowskis »Dornröschen« drang das nervtötende Piepen. Es schien lauter zu werden.

Schade, dass ich anscheinend mega oberflächlich bin, aber in diesem krassen Körper will ich echt nicht mehr leben, dachte Brünette, gab Gas und fuhr mit Höchstgeschwindigkeit gegen eine riesige Eiche.

Die Wucht des Aufpralls ließ beide Insassen durch die Frontscheibe fliegen wie fleischfarbene Geschosse. Sie waren nicht angeschnallt gewesen. Das Piepen verstummte.

Brünette spürte keinen Schmerz, nur den Luftzug in ihrem Gesicht, als sie flog. Scheinbar endlos lang, zusch! Kurz schien sie am höchsten Punkt innezuhalten, dann knallte sie auf hartes kantiges Schiefergestein und zerbrach.

Der Lärm ließ Braunmeisen, Buschfinken und Kohlkehlchen aufflattern, Blindschleichen, Staubkröten und Farnmolche schleimten sich schwitzend hinfort, während Graugras, Flachfarn und Muttermoos stehen blieben.

Zusammenfassend könnte man sagen: Das Tierreich regte sich künstlich auf – dem Pflanzenreich schien es egal zu sein. Wer aber versteht schon die Pflanzen? In ihren Wurzeln haben sie ja noch Sinne verborgen, die uns auf ewig ein Rätsel bleiben werden. Während wir animalisch gelesenen Lebewesen eine Art Sprint hinlegen, scheinen die Pflanzen Marathon zu laufen.

Nach dem großen Krachen kehrte die Stille zurück in den Wald. Der mit der Eiche verschachtelte Citroën ging nicht in Flammen auf, war ja nicht Amerika hier. Tschaikowski dudelte weiter.

Dass das Radio noch funktioniert, dachte Brünette, und dieser Gedanke machte ihr klar, dass sie noch am Leben war.

Und nicht nur das. Ihr verwachsener, zertrümmerter Buckligenkörper begann, sich selbst zu reparieren. Mit leisem Klicken, Klacken, Kribbeln und Jucken fügte er sich wieder zusammen, dieser unheilige Leib, den sie nicht mochte und der ihrem Wesen nicht entsprach. (Oder DOCH? Ist das hier am Ende gar keine Abenteuergeschichte mit Fantasieelementen, sondern eine Parabel? Findet es heraus, indem ihr weiterlest, Freunde, hört nicht auf, auch wenn euch wie bei *Game of Thrones* das Schicksal der Frau langweilt und ihr nur wissen wollt, was der Zwerg wieder Krasses bringt, lest weiter! Lest! Lest, als ginge es um Kopf und Kragen, denn je schneller ihr lest, desto eher kommt wieder Gaylord.)

Bald schon war alles wieder geheilt, nur die Kleidung blieb zerfetzt und blutdurchtränkt – allerdings konnte sie sich nicht bewegen. Auf dem Felsen liegend, gab es nichts zu fahren, und Jazz oder Klassik »machen« ging auch nicht.

Vielleicht kann ich aufstehen und zum Wrack gehen, wenn die Nachrichten kommen, um den Sender zu wechseln, vielleicht MUSS ich das sogar tun, dachte Brünette, doch die Aussicht darauf freute sie nicht. Sie wollte endlich sterben und sich in der Hölle den Lohn für ihre Sünden abholen. Jetzt gab das Radio auch den Geist auf. Aus dem Augenwinkel sah sie ihren alten Körper ein paar Meter weiter entfernt liegen – reglos. Zerschmettert. Tot. Sie empfand Neid. Überall lagen Splitter und Metallteile herum. Und alles war voller Blut.

Blut im Wald ist wie Blut im Meer. Der Wald ist ja so ein bisschen das Meer des Landes, könnte man finden. Es dauerte nicht lange, bis sich eine Schule Wildschweine am Unfallort einfand. Zunächst beschnupperten sie den reglosen Frauenkörper. Ihre kaviarschwarzen Knopfaugen drückten Gier und doch auch leisen Zweifel und den typisch tierischen Hang zur Vorsicht aus. Schnüffelnd, schnaubend umhuften sie Tammy. Schließlich fasste sich der Silberrücken der Gruppe ein Herz und biss mit seinen rasiermesserscharfen Zähnen hinein.

Das war das Signal für die anderen, erst mal auf Distanz zu gehen.

Zwei Schweine kamen zögernd auf die bucklige Brünette zu. Sie sah weniger appetitlich aus, aber die beiden waren Omegaschweine und würden eh nur abgenagte Knochen abbekommen, wenn der Alpha und seine Favoritinnen satt waren. Ein Schwein biss lustlos in Brünettes Fuß.

Sie spürte es, konnte aber, so wie sie lag, nur den Himmel sehen. Er war immer noch strahlend blau. Nicht ein Wölkchen.

5 Die Flucht

»Ich will einen Hubschrauber ohne Aufdruck, zehntausend Euro in kleinen Scheinen und Verpflegung für Ramses und mich innerhalb der nächsten Stunde«, sagte ich, aber die umstehenden Wärter, die ihre gezogenen Pistolen auf mich gerichtet hatten, schienen nur Bahnhof zu verstehen, denn ich nuschelte stark mit dem Messer im Mund. Außerdem musste ich mich auch sehr konzentrieren, es Frau Dr. Du Ruez gerade so an die angstvoll pulsierende Halsschlagader zu drücken, dass nur ein feines Blutrinnsal entstand, welches meinen Worten Nachdruck verleihen sollte, und keine tiefere Verletzung. Ausgerechnet Frau Dr. Du Ruez, die Person, die mir hier im Knast – neben Ramses – am nächsten stand, benutzte ich nun also feige für meine Flucht. Leider war mir einfach nichts Besseres eingefallen.

Zuerst hatte ich die Idee gehabt, den Dreckwäscheschacht bis in die Wäscherei hinunterzugleiten, mich dort dann mit den Zähnen an der Unterseite eines geparkten Fahrzeugs zu verkeilen und so unbemerkt in die Freiheit abzurauschen. Aber Ramses hätte niemals durch diese kleine Wäscheklappe gepasst, und ein Pakt war ein Pakt. Ich konnte ihn nicht einfach so zurücklassen.

Dann hatte ich überlegt, jemanden aus der Basketballfraktion zu schmieren, dass er bei einem Spiel im Hof – den Trubel nutzend – statt den Ball MICH packt und über die Gefängnismauer wirft. Again: Ramses.

Einen Gang graben ging aus offensichtlichen Gründen auch nicht, mein Zellennachbar hätte da die ganze Arbeit machen müssen. Und das wollte ich nicht. Vielleicht ist das dumme toxische Männlichkeit, dass man sich nicht alles abnehmen lassen will. Kurz dachte ich, na ja, ich könnte vielleicht die bei der Grabung anfallenden Erdmassen essen und so doch meinen kleinen Beitrag leisten, aber dann – auch hier will ich ehrlich sein – hatte ich darauf einfach keine Lust gehabt. Von Menschenfleisch zu Gefängnisfraß ist schon ein drastischer Schritt. Jetzt noch Erde und Dreck – sorry, Leute, da sah ich mich einfach nicht.

Also eine klassische Geiselnahme. Hatte ja noch Maiks Messer. Und Frau Dr. Du Ruez bot sich leider als Erfolg versprechendstes Opfer hierfür an.

Ich hatte meine Attacke hinausgezögert, weil ich mich so gern mit ihr unterhielt und weil mir auch klar war: Hinterher würde unser Verhältnis nie wieder dasselbe werden.

»Sie mag dich doch gar nicht, sie macht nur ihren Job, Idiot!«, versuchte ich mir einzureden, aber ich wusste, dass das Quatsch war. Schweiß brach mir aus, und ich konnte mich nicht mehr so gut auf die Geschmeidigkeit meiner Antworten konzentrieren. Frau Dr. Du Ruez, die gute Seele, schien in meiner Nervosität einen Durchbruch und den Beginn der Heilung zu sehen. Das machte nun wiederum sie ganz aufgeregt.

»Endlich lassen Sie die Maske fallen, Gaylord. Ich spüre, dass Sie bereit sind, in den Abgrund zu blicken«, rief sie und sah mir direkt in die Augen. Diese aufrichtige hocherregte Freude über meinen Fortschritt verzehnfachte ihre Attraktivität.

Oh, ich Wurm!

»Glauben Sie?«, fragte ich, doof auf meinem Messer herumkauend. Meine Mundhöhle war mittlerweile so ledern, dass ich wahrscheinlich wirklich Erde hätte fressen können, und für einen Moment wollte ich von der Geiselnahme absehen und doch das mit dem Gang versuchen.

»Blödsinn!«, fauchte eine Stimme in meinem Kopf, und verblüfft zuckte ich zusammen. Es klang wie Brünette! Nahm sie telepathisch Kontakt zu mir auf? Warum nicht? Genug ähnlich Verrücktes war bereits geschehen.

»Ihr Leben«, sagte Frau Dr. Du Ruez. »Ihr gesamtes verpfuschtes Leben. All das Leid, das Sie anderen Menschen bereitet haben, und die Ausweglosigkeit Ihres erbärmlichen Krüppeldaseins. Ich spüre, dass Sie jetzt bereit sind, all dies anzunehmen.« Ihre Augen waren unendlich groß und unsagbar grün.

»Wehe, du fängst was mit der Schlampe an«, schimpfte Brünettes Stimme in meinem Kopf. »ICH bin deine Lady, Mann. Schon vergessen? Brich endlich aus, und befrei mich!«

»Ja«, hauchte ich.

»Ja«, wiederholte Frau Dr. Du Ruez und beugte sich über mich.

Ich sprang ihr von unten gegen das Kinn. Nicht zu doll, aber heftig genug, um sie vom Stuhl zu stoßen und kurz zu desorientieren. Dann hüpfte ich blitzschnell auf ihre Brust, ließ das Messer hervorflutschen und hielt es ihr an den Hals.

Die Tür sprang auf, und Schweinthaler und seine Kollegen stürzten herein.

Ich trug meine Forderung vor.

»Was?«, fragte Schweinthaler, während einer seiner Kollegen über Funk Verstärkung anforderte. Mist. Alles hatte ich sorgfältig geplant, bloß mein Nuscheln nicht einberechnet. Frau Dr. Du Ruez keuchte. Ich war zu schwer, sie bekam schlecht Luft. Das musste jetzt schnell gehen hier.

»Ei…nen Hubschrauber!«, zischte ich.

Wenn man aber das Wort »Hubschrauber« nicht erwartete, konnte man es aus dem Genuschel nicht heraushören.

»Geh von der Frau runter, du Drecksack!«, brüllte Schweinthaler.

Er war auch nicht der Mann, mit dem ich verhandeln wollte. Zu langsam im Kopf und keine gute Impulskontrolle.

»Holen Sie den Direktor«, wollte ich sagen, aber es klang wie »Hohen Hie hehn Hiheho«.

»Er ist verrückt geworden«, sagte der Wärter links von Schweinthaler.

Schweinthaler nickte.

»Du bist tot, Kannibale«, sagte er dann zu mir. »So oder so, du kommst hier nicht lebend raus. Du verfluchter Ausbund …«

Das führte alles zu nichts. Und Frau Dr. Du Ruez klappte mir weg. Sie japste pfeifend. Ihre schöne, ebenmäßige, hohe Stirn war übersät mit winzigen Schweißperlen. Offenbar steigerte sie sich jetzt noch in eine Art Panikattacke hinein. Ich versuchte, ihr beruhigend zuzuzwinkern, aber sie wich meinem Blick angstvoll aus. Da beschloss ich, meine Strategie zu ändern (fast immer ein Fehler, Freunde), krümmte mich, sprang Schweinthaler an und stieß ihm das Messer tief ins rechte Auge.

Aus einem Auge kriegt man ein Messer ja schnell wieder raus, sodass ich mich rechtzeitig aus der Schussbahn bringen konnte, denn die zwei anderen Wärter begannen sofort, auf mich zu feuern. Eine Kugel traf mich in der Leistengegend, eine weitere durchdrang Schweinthalers Herz.

Ich hackte, raspelte und schnitt, was das Zeug hielt, aber kurz darauf traf die Verstärkung ein und taserte mich. Stromstöße ließen meinen Körper unkontrolliert zucken, das Messer rollte auf den glitschigen Linoleumboden, und mit letzter Kraft drehte ich den Kopf zu Frau Dr. Du Ruez und flüsterte: »Es tut mir leid.«

Dann schlugen sie mich mit ihren Knüppeln bewusstlos.

Ich hatte versagt.

Ich hatte Ramses hängen lassen, Frau Dr. Du Ruez enttäuscht und natürlich auch Brünette. Über ein Dreivierteljahr rödelte ich jetzt schon blöde hier im Gefängnis herum, anstatt sie zu retten und vom Vampirfluch zu befreien. Übrigens entging mir nicht, dass ich erst an dritter Stelle an Brünette gedacht hatte. Verlor unsere Liebe hinter diesen Mauern an Kraft? Wurde sie von der Freundschaft zu Ramses und der – weiß ich nicht genau – zu Frau Dr. Du Ruez in den Hintergrund gedrängt? Das war das Bedrückendste, dass ich mir plötzlich nicht mehr so sicher war. Natürlich liebte ich Brünette noch über alles, aber die andern beiden waren nun mal auch in mein Leben getreten, und im Gegensatz zu ihr waren sie physisch anwesend.

Jetzt allerdings auch nicht mehr. Jetzt war ich ganz allein. Nach diversen Operationen (hatte doch einige Kugeln abbekommen, man merkt das im eigentlichen Moment vor lauter Adrenalin gar nicht) karrten sie mich nach oben in den sechsten Stock. In den Hochsicherheitstrakt. Einzelhaft unter verschärften Bedingungen, was bedeutete: ein fensterloser Raum ohne Pritsche und ohne Licht. Tag und Nacht saß ich im Dunkeln. Zweimal am Tag schoben sie mir Essen rein, einmal in der Woche leerten sie meinen Eimer. Ansonsten: nichts. Stille.

Bis auf die eine Nacht, wo sie zu zehnt kamen. Es passten nur fünf mit mir in den Raum, das hatten sie wohl nicht bedacht, es gab erst mal ein Durcheinander. Nachdem sie sich halbwegs organisiert hatten, schlugen sie mit Metallrohren auf mich ein, bis ich bewusstlos war. Dann schnitten sie mir die Nase ab.

Ich hatte einen von ihnen getötet und zwei weitere schwer verletzt, das nahmen sie mir krumm. Und dies sollte nun ihre Rache sein. Na ja. Als ob ein Mann ohne Arme, Beine und Penis denken würde: »Oh nein, meine Nase! Das ändert jetzt wirklich alles.«

Es ärgerte mich nicht, sondern verstärkte nur meine Motivation, endlich zu fliehen. Diesmal richtig, bitte.

Ich verweigerte das Essen, trank aber ausreichend. Nach einigen Wochen war ich so dünn, dass ich durch den Luftschacht passte. Mein Plan war, erst mal ohne Ramses abzuhauen und ihn dann eben später zu befreien. Nachdem ich das Schutzgitter zerbissen hatte, schlängelte ich mich hindurch. Durch den Schacht gelangte ich nach oben aufs Dach. Von hier sprang ich einfach runter. Klar, sechster Stock, macht das bitte nicht nach, liebe Kinder. Bei mir ging's gut, denn das Einzige, was ich mir hätte brechen können, war mein Hals, aber ich sprang mit dem Po voran und landete in einem Busch. Ich robbte zum Tor, versteckte mich dort hinter einem weiteren Busch und wartete.

Nach ein paar Stunden öffneten sie das Tor für einen Gefangenentransport, was ich nutzte, um mich schnell mit durchzuschummeln. Ich war frei. Am Ende war die Flucht lächerlich simpel gewesen. Jetzt also Brünette finden.

Und dann beging ich einen Fehler.

Es wäre wohl alles anders gekommen, wenn ich nicht den Blumenladen gesehen hätte. Direkt gegenüber vom Gefängnis. In dem Moment setzte mein rationales Denken aus. Im Nachhinein schäme ich mich für meine Dummheit. Vielleicht mögt ihr, werte Leser, so ihr denn überhaupt noch auf meiner Seite seid, mildernde Umstände geltend machen, weil ich wochenlang nichts gegessen hatte und mich körperlich am Rande des Todes befand. Und mich quälte immer noch mein schlechtes Gewissen in Bezug auf Frau Dr. Du Ruez. Da kam mir der Blumenladen wie ein Schicksalswink vor. Ich wollte, bevor ich Brünette suchen würde, Frau Dr. Du Ruez noch einen kleinen Blumenstrauß zukommen lassen als Entschuldigung. Blöd. Ich weiß.

So robbte ich auf den Laden zu. Übrigens hatte ich mir bei meinem Sturz doch etwas gebrochen, und zwar sämtliche Rippen und auch das Becken.

Ich kam schlecht voran, spuckte immer wieder Blut, und etwas perforierte meine Lunge von innen. Meine Atemzüge kamen mir ineffektiv vor. Alle paar Meter musste ich innehalten, um Luft zu holen.

Sagen wir so: Ich war nicht in der Form meines Lebens.

Endlich erreichte ich den Blumenladen. Zuvor hatte ich geistesgegenwärtig die grellorange ärmellose Gefängnisjacke abgestreift, war nun aber nackt, was sicher auch verdächtig aussah.

Mit dem Kopf stieß ich die Ladentür auf und wollte so was sagen wie: »Guten Tag, verzeihen Sie meine Aufmachung, ich würde gern einen schönen bunten Blumenstrauß erstehen. Einen, der sagt: ›Sorry, wie alles gelaufen ist.‹ Und könnten Sie, wenn es geht, noch eine kleine Karte beilegen? Den Text würde ich Ihnen diktieren. Der Strauß müsste dann an die Gefängnispsychologin gegenüber geliefert werden. Selbstverständlich bezahle ich die Lieferung, obwohl es ja eigentlich nur einmal schnell über die Straße ist. Mein Budget sind fünfzig Euro, und hier gibt's eine kleine Schwierigkeit: Sie stecken in meinem Hintern, und ich kann sie nicht selbst da rausziehen. Okay, das wäre dann aber auch schon alles, ich hoffe, es bereitet nicht zu viele Umstände.« Aber die Blumenverkäuferin fiel bei meinem Anblick sofort in Ohnmacht. Sie schrie nicht einmal. Sah mich und klappte zusammen. Es handelte sich um eine vollschlanke Frau in den besten Jahren, und in diesem Moment übermannte mich der Hunger. Einmal Kannibale – immer Kannibale, oder? Keine Ahnung, das war nicht meine rationalste Stunde.

Eine Blutspur hinter mir lassend, schlängelte ich rüber zum Ladentisch und machte mich daran, die Frau zu verzehren. Davon wachte sie auf, und jetzt schrie sie doch, was ihre Kollegin die Raucherpause im Hinterhof abbrechen ließ.

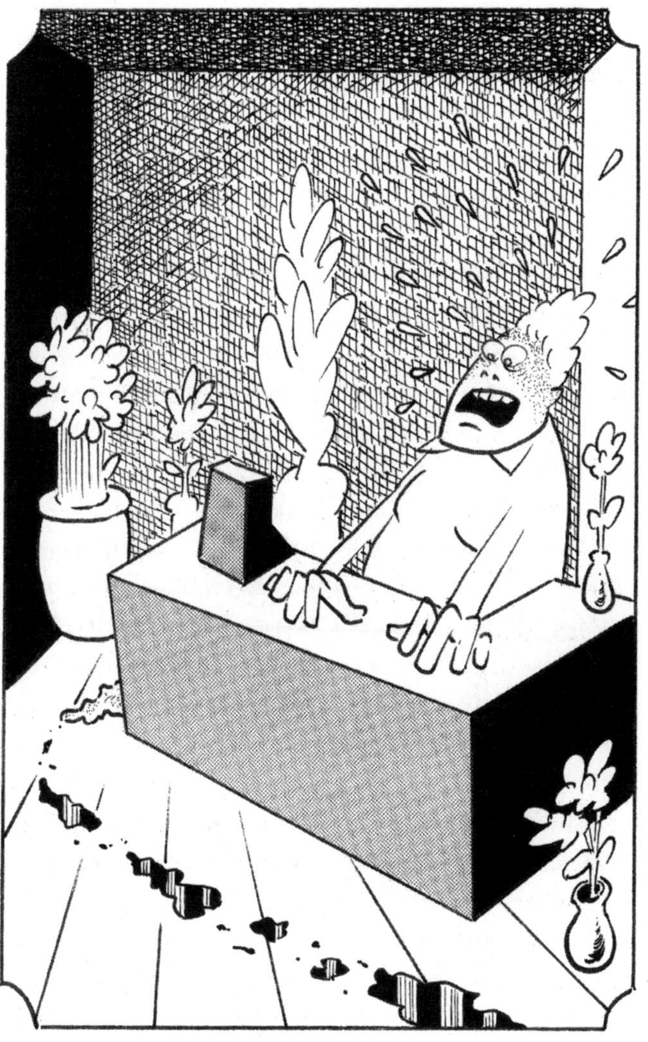

»Was ist DAS?!?«, schrie die Kollegin, als sie in den Verkaufsraum kam, griff dann aber mit erstaunlicher Geistesgegenwart einen schweren Blumenkübel und zog ihn mir über den Schädel. »Ich bin ein KUNDE!«, rief ich verzweifelt, kurz davor, das Bewusstsein zu verlieren. »Ich habe Geld! Es ist in meinem …« Sie schlug noch mal zu. Dann wurde alles schwarz.

Wie gesagt: Alles wiederholt sich im Gefängnis. Zum dritten Mal landete ich auf der Krankenstation, wieder operierten sie akribisch an mir herum, wieder lag ich sediert bis an den Nasenkrater wochenlang dösend herum, vage gewahr, dass mehr und mehr Zeit verging und ich hier meiner armen Brünette so nützlich war wie ein Salatkopf im Löwenkäfig.

Aber auch an Frau Dr. Du Ruez dachte ich, ich muss es gestehen. Was war ich im Knast nur für ein ekelhafter Gigolo geworden. Die grauen Mauern hatten meine Moral zerdrückt.

Schwere dunkle Gedanken hatte ich, während ich so dalag und langsam heilte. (Körperlich nur, meine Seele blieb beschädigt.)

Natürlich erwartete ich, dass sie mich nach meiner Genesung wieder in ein Loch stecken würden, kleiner, enger und finsterer als das letzte. Besser bewacht.

Umso größer war mein Erstaunen, als ich stattdessen in einen Trakt gefahren wurde, den ich nicht kannte, der aber hell und freundlich wirkte.

Das musste das Verwaltungsgebäude sein. Gerahmte Kinderzeichnungen und informative Poster an den

Wänden, Büros und Linoleum ohne Risse in einer identifizierbaren Farbe (Grün).

Da ich einen Maulkorb trug, konnte ich die Wärter nicht fragen, wo es hinging. Aber die waren ja eh alle schlecht auf mich zu sprechen und redeten gar nicht. Wir steuerten eine große Flügeltür am Ende des Ganges an und rollten hindurch in ein wohnliches Büro mit hohen Fenstern. Die Wärter parkten meinen Rollstuhl in der Mitte des Raums, und zwei von ihnen positionierten sich breitbeinig rechts und links von mir. Die Hände an den Pistolen. Aus Gründen der Wichtigtuerei nehme ich mal an, denn nicht nur trug ich wie gesagt einen Maulkorb, ich war auch wieder mit festen Riemen am Rollstuhl fixiert, sodass ich mich nicht bewegen konnte. Ein breiter Riemen ging sogar über meine Stirn. Der dritte Wärter latschte ins Nebenzimmer, und dann warteten wir. Wie beim Arzt.

Irgendwann betrat ein Herr den Raum, dessen blütenweißes Oberhemd die aufreizend rundliche Weichheit in der Körpermitte, welche Männer in Machtpositionen oft auszuzeichnen scheint, nicht verbergen konnte.

Mit einer Mischung aus Ekel und vorgetäuschtem Desinteresse sah er mich an und fragte: »Weißt du, wer ich bin, Kannibale?«

Mit ziemlicher Sicherheit der Gefängnisdirektor, aber ich spürte, dass dies keine Wissensfrage, sondern der Anfang eines zuvor zurechtgelegten Vortrags war. Darum schwieg ich. Zudem konnte ich aufgrund des Maulkorbs und der Riemen weder sprechen noch den Kopf bewegen.

»Ich bin der Direktor. Dies ist MEIN Gefängnis. Verstehst du?« Wieder eine Pause. Wieder schwieg ich, obwohl ich verstand. Der Weise protzt nicht mit seinem Wissen, sondern verbirgt es wie einen Schatz. Denn genau das ist es.

»Wir mögen dich hier nicht«, fuhr er nach einer Weile fort, und dieser Satz traf mich härter als vermutet, weil ich natürlich sofort dachte: Wir? Also auch Frau Dr. Du Ruez? Auch sie? Hatte der Direktor mit ihr gesprochen?

»Du baust nur Mist. Kannst dich nicht einfügen. Wir haben dir immer wieder die Hand gereicht, und du hast hineingebissen.«

Hier musste nicht nur ich grinsen, sondern auch der Wärter links von mir. Kameradschaftlich zwinkerte ich ihm zu, aber da der Maulkorb meinen Mund verdeckte, hatte er gar nicht mitbekommen, dass wir Schmunzelbrüder waren, und erstarrte. Dann schaute er böse. Der Direktor auch.

»Du denkst, du kannst uns hier auf der Nase rumtanzen. Du denkst, unsere Regeln gelten nicht für dich, stimmt's?«

Stimmte so halb.

Er nahm einen Stapel Zettel vom Schreibtisch und wedelte mit ihnen durch die Luft. »Ich habe hier dein psychologisches Gutachten. Willst du wissen, was da steht?«

Ohne nachzudenken, nickte ich so heftig, dass der Kopfriemen aufsprang. Mein Nackentraining machte sich bezahlt. Der Riemen zerbarst mit einem lauten Knall. Die Augen des Direktors weiteten sich, und schlagartig wurde er wieder zu dem kleinen unsportlichen Jungen, der als Kind von genau solch einer Machtposition geträumt hatte. Er stieß einen spitzen Schrei aus, die weiche Mitte schwabbelte angstvoll, während er schützend die Hände vors Gesicht hielt.

Die Wärter zuckten ebenfalls zusammen. Einer zog seine Pistole und hielt sie mir an die Schläfe.

»Verdammt, bindet ihn richtig fest!«, rief der Direktor und fügte überflüssigerweise hinzu: »Das ist mein Büro hier!«

Es mussten erst mal neue Riemen besorgt werden. Währenddessen verzog sich der Direktor ins Nebenzimmer, und ein Wärter hielt die Pistole auf mich gerichtet. In gewisser Weise war es schmeichelhaft, wie viel Furcht sie vor mir zu haben schienen, aber ich konnte nur an den Bericht von Frau Dr. Du Ruez denken, und die Zeit verging quälend langsam.

Endlich war mein Schädel wieder fixiert, und der Direktor kam zurück.

Zaghaft staksend, positionierte er sich diesmal hinter seinem Schreibtisch, stemmte die Fäuste in die weichen Hüften und stieß hörbar Luft aus. Er hatte sein Momentum verloren.

»Dein Verhalten hier ...«, begann er endlich. »Wir können so was nicht tolerieren. Ein Gefängnis hat Regeln. Ohne die funktioniert es nicht. Und du ... passt hier nicht hin.«

Endlich griff er wieder den Bericht, warf einen Blick darauf, schüttelte den Kopf und legte ihn wieder ab. Es war zum Aus-der-Haut-Fahren!

»Seit zwanzig Jahren leite ich diese Institution«, hob er an. Entnervt schloss ich die Augen. Das schien ihm wieder etwas Mut zu machen.

»Langweilen wir dich, Kannibale?«, fragte er in einem zickigen Tonfall. »Siehst du uns nur als Nahrungsquelle, du Bestie? Wunderst du dich, dass der Kartoffelbrei redet?«

Hier musste ich doch wieder grinsen und öffnete die Augen dazu. Mit geschlossenen Augen zu grinsen hat etwas Überhebliches, finde ich.

»Unsere Psychologin hält dich für geistesgestört«, sagte der Direktor, abermals den Bericht in die Hand nehmend. Nachlässigkeit vortäuschend, blätterte er darin herum. »Narzisstische Persönlichkeitsstörung, Grandiosität, Realitätsverweigerung, lebt in einer Fantasiewelt. Unfähig, sich in andere hineinzuversetzen, dazu sadistische psychotische Neigungen. Zugleich masochistische Tendenzen, Schizophrenie, das ganze Programm.« Er warf den Bericht verächtlich auf den Schreibtisch. »Frau Dr. Du Ruez sagt, du bist ein Irrer. Aber ich glaube das nicht. Ich glaube, du bist vollkommen klar im Kopf und einfach nur ein Arschloch und ein ganz besonders hinterfotziges noch dazu.«

Meine Augen füllten sich mit Tränen. Nach allem, was ich ihr angetan hatte, war Frau Dr. Du Ruez immer noch auf meiner Seite. Sie hatte ihren Arzteid gebrochen und gelogen, damit ich aus dem Gefängnis entlassen und in eine Nervenheilanstalt verlegt werden würde. Auf diese Weise wollte sie mir bei der Flucht helfen. Die Frage war nur – warum? Weil meine Liebe zu Brünette sie rührte oder weil sie selbst mich liebte? Die zweite Frage war: Welche Antwort wäre mir lieber? Von diesen Gedanken erfüllt, konnte ich dem Direktor nicht mehr zuhören.

Brünette! Frau Dr. Du Ruez! Es gab – nicht länger konnte ich das leugnen – zwei Frauen in meinem Leben! Zwei wundervolle Engel. Aber was für ein grausiger Fluch: Ich musste mich für eine von ihnen entscheiden! Und mir die andere aus dem Herzen reißen. Doch das konnte ich nicht! Ich liebte sie beide! Zum ersten Mal in meinem Leben zweifelte ich daran, dass meine Geschichte gut ausgehen würde. Alles hing von der richtigen Entscheidung ab, die ich nicht treffen konnte, weil JEDE Entscheidung sich falsch anfühlte. Oh, was sollte ich nur tun?

Stumme Tränen rannen meine Wangen hinab. Mein Herz war so von Leidenschaft erfüllt, und ich begriff, warum es »Leiden«schaft hieß.

»Wir sind hier keine Hampelmänner.« Die Worte des Direktors rissen mich aus meinen Gedanken. »Wer sich nicht benehmen kann, fliegt raus. So einfach ist das.«

Irritiert blinzelte ich. Ach ja? Wurde ich jetzt wegen schlechter Führung entlassen? Das wäre ja mega.

»Du kannst es dir aussuchen«, fuhr der Direktor fort. »Das B.S.-Institut oder Sachsen-Anhalt.«

Fragend zog ich die Augenbrauen hoch.

Der Direktor trat einen Schritt zurück.

»Nehmt ihm den Maulkorb ab«, sagte er.

Der Wärter rechts von mir löste vorsichtig einige Schrauben, und endlich konnte ich wieder sprechen. Zunächst räusperte ich mich. Dann murmelte ich: »Entschuldigung, könnten Sie die Frage noch mal wiederholen?«

»B.S.-Institut oder Sachsen-Anhalt?«

»Ja, das ... hatte ich verstanden, aber was ist damit? Also ... mir fehlt leider der Zusammenhang.«

»Gib's auf, Kannibale. Spiel nicht den Wirrkopf, darauf fall ich nicht rein. Du hast ganz genau verstanden, worum es hier geht, und meine Geduld ist am Ende. Entscheide dich jetzt!«

»Was ist denn das B.S.-Institut?«

»Habe ich gerade erklärt. Halt mich nicht zum Narren. Damit kommst du nicht weit.«

Ich versuchte, ein mitleiderregendes Gesicht zu machen.

»Gut. Dann also Sachsen-Anhalt«, sagte er.

Hm. Sie wollten mich offenbar irgendwohin transferieren. Von Sachsen-Anhalt hatte ich noch nie gehört. Es klang wie sehr weit weg. Schnell rief ich darum: »Nein, B.S.-Institut bitte!«

»Siehst du. Ich wusste, dass du alles verstehst. Lies dir das durch und unterschreib.«

Von hinten, wo er stand, warf er einen weiteren Stapel gehefteter Zettel Richtung Schreibtisch, verfehlte diesen aber, sodass der Packen auf den Boden klatschte.

»Halt mich nicht zum Narren«, wiederholte er, mich wütend anfunkelnd, als wäre das meine Schuld gewesen.

Als hätte ich die Flugbahn durch Gedankenkraft verhext. Diese Leute hier überschätzten mich. Und das war genau falsch: Im Gefängnis musst du *unter*schätzt werden, wenn du fliehen willst. Es war gut, dass ich nun woandershin verlegt werden würde.

Ein Wärter hob die Zettel auf, legte sie auf den Schreibtisch und schob meinen Rollstuhl näher heran.

Ich tat, als würde ich lesen, indem ich rhythmisch mit dem Kopf nickte, die Lippen bewegte und ab und zu »Aha« und »Soso« sagte.

Mit den spitzesten Fingern des Universums steckte mir der Wärter dann einen Kugelschreiber in den Mund, und ich machte mein Kreuz.

Ohne Abschiedsworte wurde ich wieder rausgeschoben.

Bullshit-Institut? Best Sausages? Banana Shake? Blue System?

Egal. Eine Veränderung würde mir guttun.

Musste meine Gedanken klären und mein Herz aufräumen.

Rausfinden, was zur Hölle ich eigentlich wollte. Wer zwei Hasen jagt, wird keinen fangen.

»Entscheide dich, Casanova!«, flüsterte ich in meinen Maulkorb hinein. Aber es war unmöglich.

6 Die Bestie

Pilze würde es geben. Pilze und Dachs. Dazu Kreidekresse, Schlammsaat, Ladmichein und Wurzelampfer. Kehlma schmunzelte. Den Dachs über der Schulter, die Pilze und die Kräuter in den weiten Schürzentaschen verstaut, stapfte sie durch den Wald.

Verirren könnte ein Fremder sich hier, nicht aber Kehlma. Jeden Winkel kannte und liebte sie seit Jahren. Jeden Baum, jedes den Baum bewachsende Moos, jeden das Moos nach Moosläusen durchforstenden Wirbelwurm, jeden Mondschattenfuchs, jede Fichtelnatter, alle Speckhasen, Warzenschaben, Klumpkröten und Schachtelschweine, jeden einzelnen Blutschwamm, Spaltfalter, Vierfuß, Rotreiher, Karstbären, Fressmarder und Wieselhopf kannte sie mit Vor- und Zunamen.

Kurz innehaltend, roch sie an einem feuchten Stamm, gierig und mit breiten Nüstern den fauligen Holzdunst einsaugend. Ja. Hierher gehörte sie. In den Wald. Ins Wilde. War sie doch selbst fleischgewordene Wildnis.

Gut 2 Meter 10 ragte sie gen Himmel, zu klein waren ihr stets Haus und Kammer gewesen, gebückt stolperte sie im Dorf die schiefen, engen Gassen hinan, von der rechtsradikalen Jugend verlacht und beworfen.

Hier in ihrem Wald aber ging sie aufrecht, hier warf sie das filzige, vor der Zeit ergraute Haar zurück, statt sich dahinter zu verbergen, hier bei ihren Freunden, den Baumstämmen, wurde sie zu sich selbst.

Zu einer Bestie.

Kehlma trug eine Maske aus Menschenhaut.

Wie jeder Mensch.

Dahinter aber wie gesagt: die Bestie. Wie bei den anderen Menschen auch, sie wussten es nur nicht. Kehlma wusste.

Kehlma liebte es zu töten. Mit größter Wonne hatte sie dem Dachs vorhin sein kleines dünnes pelziges Lebenslicht ausgedreht, behutsam fast, jeden Moment auskostend, langsam mit den riesigen Pranken, den rasenden Herzschlag des panischen Wesens spürend, in seine brechenden Augen blickend.

Töten – sie wusste es –, das war der Sinn des Lebens, so wie die Nacht der Sinn des Tages war.

Das Leben war Unordnung, Konfusion, Chaos. Ruhe indes brachte der Tod.

Mit keinem konnte Kehlma solche Gedanken teilen, nicht einmal mit der alten Bea, bei der sie lebte und die wie eine Mutter stets ihr gesonnen gewesen.

Ein Knacken drang an ihr Ohr. Ab wandte sie den Blick vom Baum und schaute in die Richtung des Geräusches.

Ein Knacken im Walde? Nichts Gutes konnte das bedeuten.

Das lange Messer in der einen, die Flinte in der anderen Hand und den Dachs wie eine feine Dame des letzten und vorletzten Jahrhunderts kokett um den fleischigen Hals geschlungen, schlich sie geduckt durch das dichte Dickicht.

Blitzen sah sie zuerst den zerstörten Wagen. Schweine hörte sie dann grunzen.

»Schmeckt gut«, grunzte das eine Schwein. Um Silbertrüffel handelte es sich, den Anführer.

»Bekommen wir denn auch?« Das war die ewig trächtige, zuckerzitzige Berta, seine Favoritin.

»Geduldet euch«, erwiderte Silbertrüffel. »Wenn ich mit diesem Beine fertig bin, sei euch der erste Bissen gegönnt. Wohlgemerkt: nur euch, meinem Harem. Die jungen Schnellspritzer da drüben, die schwachen flachen Schimmelpimmel – sie mögen sich mit jenem ekelhaften Abschaum der Hölle dort begnügen. Zartes Fleisch wie dieses hier ist zu gut für sie.«

Hierauf lachten alle, und Kehlma nutzte das, um sich noch näher heranzuschleichen.

Hinter der alten Eiche Fridolin Rumpelrinde (sie kannte auch die Namen aller Bäume) versteckt, konnte sie nun sehen, was los war.

Zwei Leichen hatten die Schweine entdeckt. Einen grauenhaft missgestalteten Mann und eine junge Frau, die – obschon blutüberströmt und mit unnatürlich verdrehten Gliedern daliegend – so wunderschön war, dass Kehlma aufgeseufzt hätte, hätte sie nicht das Gesetz der Wildnis (»Nicht aufseufzen«) daran gehindert.

Dafür seufzte jetzt die Frau. Die lebte ja noch!

»Was …?«, murmelte die Frau mit blutverkrusteten Lippen und blickte verwirrt um sich. Dann klappte ihr Kopf zur Seite. Ohnmächtig war sie wohl geworden, ohne gesehen zu haben, dass Silbertrüffel ihr bereits den halben Oberschenkel weggefuttert hatte.

Nichts zu zögern und zu zagen gab es nun für Kehlma.

Entschlossen trat sie hinter Fridolin hervor.

»Lasst ab von dieser Dame«, grunzte sie.

»Verschwinde, Kehlma«, grunzte Silbertrüffel wütend

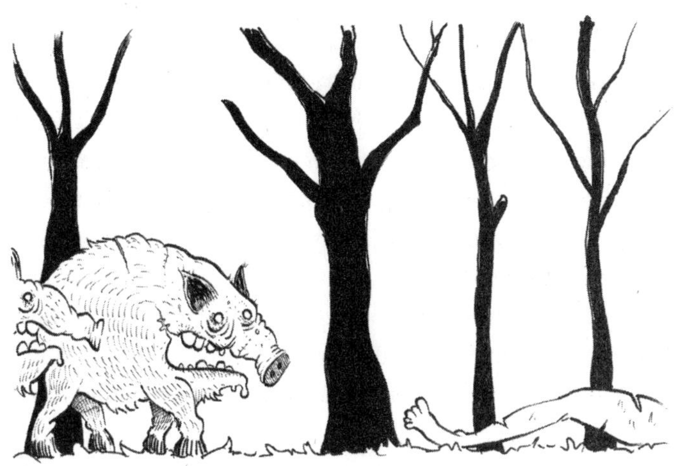

und stellte die Ohren schräg. »Du hast uns gar nichts zu sagen. Wir sind sieben Steine, und du bist nur ein Stein. Wenn du nicht gleich abhaust, reißen wir dich in Stücke.«

»Man kann einfach ›sieben‹ oder ›eins‹ sagen«, grunzte Kehlma. »Die Steine hatte ich damals nur zur Veranschaulichung genommen. Übrigens seid ihr nicht sieben, sondern elf. Doch wenn du dich daran erinnerst, weißt du, dass deine Sippe mir viel verdankt, alter Eber. Zählen hab ich euch gelehrt, Sternenkunde und die Herrschaft über das Feuer. Aus alter Freundschaft bitte ich euch nun: Lasst ab.«

Erwartungsvoll blickten alle zu ihrem Anführer. Der grunzte verächtlich.

»Einen Stein Dreck hast du uns gelehrt, hässliches Weib!«, grunzte er. »Glaubst du, wir wollen so sein wie ihr nackten Affen in euren Höhlen? Diese, die du Dame nennst, werden wir jetzt essen, und wenn du nicht verschwindest, und zwar sofort, wirst du die Nachspeise sein.«

»Pfui Schweibel!«, rief Stinkhuf junior aus. Er war der Spaßmacher der Truppe. »Kehlma verspeisen? Fürwahr, sie ist so hässlich, lieber beiß ich in die feuchte herbstblattübersäte Erde!«

Hierauf lachten alle.

Schwartana, Silbertrüffels zweitliebste Favoritin, tapste mit übertrieben ausladenden Beckenbewegungen zu Kehlma hin, beschnüffelte deren Mitte und wandte sich mit gespieltem Ekel ab.

»Fisch hab ich diese Woche schon gehabt!«, grunzte sie, worauf das Gelächter noch lauter wurde.

»Und ich erst!«, quiekte Stinkhuf junior. Er war zwar der Spaßmacher der Truppe. Besonders gut war er allerdings nicht.

»Um unserer alten Freundschaft willen«, grunzte Kehlma. Sie hatte die ganze Zeit den Blick nicht von Silbertrüffels riesigem, hartem, von hundert Narben entstelltem Leib abgewandt. »Um des Bundeswillen, den ich einst mit deinem Vater schmiedete, Silbertrüffel.«

»Mein Vater war ein Schwein«, grunzte jener. »Du aber bist nur eine Äffin. Schwach, haarlos, zahnlos, brabbelnd wie ein Ferkel. Zwischen uns besteht kein Bund. Dein Blut ist Milch, deine Leber ist fahl, deine Arme sind Zweiglein im Wind. Mein Atem ist ein Orkan, und er wird dich in die tiefste Schwölle wehen.«

»Da beiß ich ja lieber in die feuchte herbstblattübersäte Erde«, rief Stinkhuf junior, aber bevor alle lachen konnten, drehte sich Silbertrüffel blitzschnell in seine Richtung, sprang ihn an und riss ihm mit seinen scharfen Zähnen die Halsschlagader auf.

Wie ein Achtzigerjahre-Actionfilm-Superschurke opferte er sinnlos einen seiner eigenen Männer, bloß, um zu beweisen, was für ein gefährlicher Psychopath er war. Und genau wie in jenen goldenen Filmen brachte dieses Manöver weniger als nichts. Kehlma hob die Flinte, drückte ab und jagte ihm eine böse Ladung Schrot in den Pelz. Aufgrunzend und rasend vor Schmerz, Wut und genereller Psychopathie, sprang Silbertrüffel sie an. Kehlma rührte sich keinen Millimeter. Sie ließ die Flinte fallen, pflückte das fliegende Schwein mit der rechten Hand aus der Luft und stieß ihm mit der linken das Messer von unten durch den Kehlkopf ins Gehirn. Wie Luft aus einem Ballon wich das Leben aus Silbertrüffel. Kehlma zog das Messer heraus, wischte es an ihrem Faltenrock ab, hob dann mit übermenschlicher Kraft das tote Tier einhändig über ihren Kopf und atmete tief durch. Sie liebte es zu töten, tötete allerdings nur, wenn es absolut nötig war. Ohne Prinzipien war frau verloren in dieser wirren digitalen Welt.

Sie schleuderte Silbertrüffels Leichnam von sich und fixierte den Rest der Bande.

»Jetzt sind wir nur noch vierzehn Steine«, sagte Schwartana.

»Wer wird nun Anführer?«, fragte Berta und sah sich erwartungsvoll um.

»Ich!«, grunzte Stinkhuf junior und starb. Glücklich starb er: Sein letzter Scherz war zugleich auch sein bester gewesen.

Kehlma knallte noch zwei, drei Schweine ab. War absolut nötig. Darauf ergriffen die anderen die Flucht.

Mit schnellen Schritten begab sie sich zu der schönen Frau und legte ihre ledrige Wange auf deren weiche Brust. Ganz schwach war ein Herzschlag zu hören. Gut! Nun schnell!

Mit einem groben Hanfseil, welches sie stets bei sich trug, band sie die toten Schweine mit dem Dachs zusammen, warf sich die sterbende Schöne vorsichtig über die Schulter und wollte schon losmarschieren, als ihr Blick auf den buckligen, verwachsenen Mann fiel, der dort ebenfalls auf den Steinen lag, und sie sah, wie sein Auge die ihren zu suchen schien. Der lebte ja auch noch! Sie kehrte um und kniete sich zu ihm.

»Kannst du mich verstehen?«, grunzte sie und fragte es dann noch mal in der Menschensprache. Er starrte sie nur an.

Ein Wort formte sich in Kehlmas Gehirn.

»Brünette.«

»Brünette?«, fragte sie. »Ist das dein Name?«

Der Bucklige schwieg, aber sein Blick sagte Ja.

»Kannst du laufen?«, fragte sie. Er schwieg.

Irgendetwas war mit ihm. Ein Zauber, eine Art Fluch. Die Blätter, die in seiner Nähe lagen, sahen vertrockneter aus als alle anderen, und er war bleich auf eine unwäldische Weise. Der hier – das spürte Kehlma – gehörte nicht zur Natur. Er gehörte noch weniger zur Natur als die Leute im Dorf, weniger sogar als die Menschen in den Städten mit ihrem Highspeed-Internet und dem fließenden Wasser. Der hier stand jenseits der Natur, und etwas Dunkles,

Kaltes, Böses ging von ihm aus. Sie hatte den Impuls, ihn dort liegen zu lassen auf dem harten Stein, umringt von trockenen, toten Blättern, aber letztlich hob sie ihn doch auf, warf ihn sich über die andere Schulter und setzte sich, die Tiere hinter sich herziehend, in Bewegung.

Sie lief, so schnell sie konnte. Die Schöne durfte nicht sterben! Ihr weicher, warmer Körper war das Schönste, was Kehlma in ihrem ganzen Leben gespürt hatte. Sie musste überleben! Bea würde ihr helfen können, Bea war weise.

Bea hasste es, wie das Alter sich anfühlte. Wie eine Krankheit. Und wie bei einer Krankheit wichen auch die Leute vor ihr zurück, als hätten sie Angst, sich mit ihrem Alter anzustecken. Sie legte ihre Einkäufe auf das Band an der Edeka-Kasse. Sie machte das, so schnell sie konnte, und doch schien es, als wäre die Zeit eingefroren, als würden alle missmutig – fast schon hasserfüllt – auf ihre steifen Finger starren, die so unendlich lange für diese Aufgabe brauchten, wenn sie sie denn jemals überhaupt zu Ende führen könnten.

Bea stellte den Warentrenner hinter ihr Zeug, sie hatte das Geld abgezählt bereit, brauchte aber wiederum endlos lange, um ihr Portemonnaie zu öffnen. Sie stahl allen die Zeit. Würde sie diesen Einkauf noch in ihre Falttasche packen und nach Hause tragen können? Im Alter war der Ausgang jeglicher Aktion ungewiss. Der Tod konnte jederzeit alles beenden. Und dann würde sie hier auf dem trostlosen, halbherzig gefeudelten Edeka-Boden liegen, den Lebenden im Weg, und alles würde noch länger dauern. Sie fühlte

Scham. Seit sie in dieses letzte Stadium des Alters eingetreten war, fühlte sie ständig Schuld und Scham. Allen war sie im Weg. Den ganzen Betrieb hier im Dorf hielt sie auf. Und wenn sie nicht im Weg war, dann war sie ihnen eine dauernde ungefragte Mahnung. Eine Erinnerung, dass da noch was kommen würde hintenraus, und zwar der Tod. Niemand wollte gern an den erinnert werden.

Vor allem: Für die anderen war sie eine Sendbotin des Todes, aber sie selbst wusste genauso wenig über ihn wie das kleinste Kind. Der Tod war ihr ein fremdes absurdes Konzept, sie hatte überhaupt keine Ahnung von ihm, und auch dafür schämte sie sich.

Diesmal ging es noch gut. Sie hatte ihre Einkäufe verstaut und wankte zum Ausgang. Jedes Mal hatte Bea Angst, die Fotozelle der Supermarkttür würde sie nicht mehr als lebendiges Wesen registrieren. Deswegen ging sie immer besonders langsam auf diese Tür zu. Funktionierte das überhaupt noch mit einer Fotozelle? Waren Automatiktüren nicht längst schon von digitalen Algorithmen gesteuert? Bea verstand von der Welt der Gegenwart nur, dass es dort noch weniger Platz für Alte gab als je zuvor.

Die Tür öffnete sich. Ein junger Mann überholte sie mit langen Schritten und ging hindurch. Hatte der den Mechanismus ausgelöst, und würde die Tür sich wieder schließen, wenn Bea hindurchging? Würde die Tür sie dann in zwei Teile schneiden, und würden dann nicht einmal diese zwei Teile sterben, sondern weiter leben, weiter einkaufen gehen, noch schwerfälliger als die einteilige Bea jetzt, den richtig lebendigen Menschen ein noch größeres Ärgernis, weil sie beim Anblick dieser widerlichen Hälften nicht nur an den Tod erinnert würden, sondern zudem noch daran, dass Menschen nur Fleischsäcke waren, gefüllt mit lauter ekelhaftem Zeug?

Diesmal nicht. Diesmal noch nicht, Bea schaffte es durch die Tür, stand nun auf der Straße, wieder allen im Weg, geblendet von Sonnenstrahlen, die nicht ihr galten, die sie den Jüngeren wegnahm.

Dieses Dorf, in dem sie ihr ganzes Leben verbracht hatte, war zu einem anspruchsvollen Hindernisparcours geworden, alles lud zum Fallen ein. Fallen schien im Alter logischer als Gehen. Sie war schon ein paarmal gefallen, hatte sich aber wie durch ein Wunder nichts getan. Niemand hatte ihr übrigens aufgeholfen. Hatte sie auch nicht erwartet. Die Dorfbewohner hassten Bea, so wie sie damals Beas Mutter gehasst hatten. Sie wusste, dass sie »die Hexe« genannt wurde, genau wie ihre Mutter. Was die Dorfbewohner allerdings vermutlich nicht wussten: Bea war tatsächlich eine Hexe. Eine Hexe im historischen Sinne, die letzte in einer langen, mit ihr sterbenden Linie von kräuterkundigen weisen Frauen.

Beas Wissen über Kräuter und andere Heilkräfte der Natur war so fundiert und so derart verschieden von den naturwissenschaftlichen Auffassungen des Rests der Menschheit, dass es auf Uneingeweihte tatsächlich wie etwas Magisches wirken mochte. Sie war eine Heilerin, vielen hatte sie schon geholfen hier im Dorf, ohne je Dank dafür erhalten zu haben. Eher hatten die Heilungen, die sie vorgenommen hatte, den Hass und das Misstrauen ihr gegenüber noch geschürt.

Dennoch hatte sie niemals Hilfe verweigert. Seit zwanzig Jahren war aber nun schon niemand mehr gekommen. Außer Kehlma, ihrem Wolfsmädchen, das sie damals im Wald gefunden hatte, kümmerte sich niemand um Bea.

Sie kochte weiter ihre Kräuter, sie bereitete ihre Tinkturen und Tränke zu, auch wenn niemand außer ihnen beiden Bedarf dafür hatte. Kehlma brauchte eigentlich auch fast nie etwas. Das Mädchen hatte eine gute Gesundheit und war stark wie ein Bär. Wirklich wie ein Bär. Jetzt nicht im übertragenen Sinne.

Bea hatte viel Lebensverlängerndes, Vitalisierendes für sich selber zubereitet in den letzten Jahren. Aber jetzt schien sie damit nicht mehr weiterzukommen. Es gab eine Grenze, und hinter dieser Grenze konnten auch die Kräutergeister nicht mehr helfen. Immerhin – dieser Gedanke ließ sie jedes Mal innerlich schmunzeln – hatte sie sich einen ziemlichen Batzen Lebenszeit ergaunert mit ihren Tränken. Bea war 145 Jahre alt.

Sie wankte durch die gleißende Sonne, die einfach viel zu hell war. Die ganze Welt außerhalb ihrer kleinen Hütte war zu hell, zu bunt, zu schnell und zu laut. Für Menschen in Beas Alter müsste es eine Zwischenwelt geben, eine abgemilderte pastellfarbene.

»Hexe!«, rief irgendein junger Tölpel von irgendwoher. Bea war's gewohnt und konzentrierte sich aufs Nichtfallen. Die Schmerzen, die sie beim Dahinwanken empfand, kamen ihr wie wütende Schreie ihres Körpers vor. Ihr Körper konnte sich nicht abfinden mit dem Verfall, voller Empörung wies er sie darauf hin, dass es in der Hüfte brannte, im unteren Rücken stach, im Nacken presste und in allen

Gelenken pochte. Ihr Körper schrie nach einer Feuerwehr, die nicht kommen würde. Keine Tränke vermochten Beas Schmerzen mehr zu lindern. Es war vorbei. Es war vorbei, aber sie war immer noch hier. Sie fühlte sich wie eine Schauspielerin, die auf der Bühne im Dunkeln steht, nachdem der Vorhang gefallen und das Publikum nach Hause gegangen ist. Warum war sie noch hier? Was gab es noch für sie zu tun? Sie furzte trocken in den Nachmittag hinein. Es war, wie es war.

Als sie mit zitternden Fingern das Gartentor aufsperrte, öffnete sich die Haustür, und Kehlma kam herausgestürzt. Blutüberströmt wie üblich und in höchster Aufregung.

»Zum Glück bist du da!«, rief sie. »Komm schnell herein!«

Das war eine ähnlich absurde Forderung wie »Flieg auf den Baum«. Schnell ging gar nichts mehr in Beas Leben, aber sie spürte, wie sehr Kehlma ihre Hilfe brauchte, und das ließ sie etwas weniger langsam wanken.

In der Hütte lagen zwei Leichen. Die eine, eine wunderschöne junge Frau mit angeknabbertem Bein und verdrehten Gliedern, war kürzlich erst gestorben. Aber schon zu lange tot, um sie wiederzubeleben. Die andere schien zugleich tot und lebendig zu sein. Bea spürte die Gegenwart eines bösen Zaubers. Sogleich öffnete sie ihr Schränkchen und suchte einige Tinkturen heraus. Dann schob sie einen Schemel zu der seltsamen Kreatur, die hässlicher war als alles, was Bea in ihrem langen Leben gesehen hatte, und setzte sich krachend darauf. Während sie mit ihrem Pinselchen sorgsam verschiedene Öle und Säfte über die Wange des bedauernswerten Wesens strich, sagte sie: »Die andere ist hin, Kehlma. Heb am besten im Garten ein Grab aus.«

»Ich war es nicht«, sagte Kehlma.

»Weiß ich. Und falls doch, wird es nötig gewesen sein. Aber begraben müssen wir sie. Geh zur Linde. Die sieht kränklich aus in letzter Zeit und kann etwas Dünger gebrauchen.«

Eine Träne verdrückend, nahm Kehlma eine Schaufel vom Haken, schulterte die Schöne und verließ die Hütte.

»Vorhin hat sie noch gelebt«, murmelte sie. Eher zu sich selbst.

Bea hörte nicht hin. Sie war fasziniert von dem Wesen, das vor ihr lag.

»Was ist dir widerfahren?«, flüsterte sie. Das Wesen lebte, atmete aber nicht. Kein Puls, eiskalte Haut. Aber das Auge schaute ohne Frage voller Bewusstsein aus dem Schädel heraus. Vollkommene Reglosigkeit. Das sah nach Vampirismus aus. Aber es gab keine Bisswunden am Hals. Da sah sie die Operationsnarben. Eine Hirntransplantation. Natürlich. Sie stand auf, ohne drüber nachzudenken, wie schwer ihr das fiel, und lief zur Haustür.

»Hat das Mädchen eine Bisswunde am Hals?«, rief sie.

»Ja«, rief Kehlma zurück. »Aber ich war das nicht. Die hatte sie schon vorher.«

Bea kehrte in die Hütte zurück. Der Fall war klar. Ein Vampirbiss und danach eine Hirntransplantation. Der klassische Versuch, dem Sklavenfluch zu entkommen. Leider funktionierte das nicht. Nichts konnte diesen Fluch beenden. Nicht einmal Bea. Sie seufzte.

»Ich kann dir deine Seele nicht zurückgeben, meine

Schöne«, flüsterte sie, während sie Brünette über die missgestaltete Stirn strich, »wohl aber deinen Körper. Eine Hirntransplantation – das krieg ich noch hin, wenn Kehlma mir 'n starken Kaffee macht.«

Ächzend zog sie sich hoch und schlurfte zur Tür.

»Bring die Leiche bitte zurück! Wir brauchen sie noch!«, rief sie in den Garten.

Keine Antwort.

»Kehlma?! Hörst du mich? Ich brauche noch mal die Leiche des Mädchens!«

»Wofür denn?«, antwortete Kehlma.

»Die Gehirne wurden vertauscht! Ich will sie wieder zurücktauschen! Jetzt komm doch her, lass mich nicht so schreien.«

Mit hochrotem Gesicht tapste Kehlma linkisch um die Ecke.

»Bist du sicher?«, fragte sie.

»Klar bin ich sicher. Das Mädchen wurde von einem Vampir zur Sklavin gemacht, und Freunde von ihr hatten dann wohl probiert, den Fluch mittels Hirntransplantation zu brechen. Das wird in solchen Fällen oft versucht, klappt aber nie. Unklar ist auch, warum sie so einen abstoßenden Mann als neuen Gastkörper gewählt haben. War wohl grad kein anderer verfügbar. Ich will der armen Kleinen jetzt wenigstens ihre Schönheit zurückgeben.«

»Das ... wird nicht klappen, fürchte ich.«

»Hab mal ein bisschen Zutrauen. Gehirne hab ich schon getauscht, da hast du noch am Daumen genuckelt, ohne dich dafür zu schämen. Wir müssen nur mein Operationsbesteck entoxidieren.«

»Nein, ich meinte … das geht leider nicht mehr. Ich hab jetzt die Mädchenleiche schon zerhackt.«

»Was?«

»Ich wusste doch nicht, dass du sie noch brauchst! Du sagtest: ›Begrab sie bei der Linde.‹«

»Und sagte ich auch: ›Zerhack sie vorher ohne Sinn und Verstand wie eine Geisteskranke‹? Hab ich das auch gesagt?«

Kehlma schwieg und sah betreten zu Boden.

»Warum hast du das gemacht?«, fragte Bea, die Antwort erahnend.

»Es tut mir leid. War wohl wieder meine Bestialität. Du weißt schon. Die wilde, ungezähmte Bestialität, die ich unter meiner Fleischgesichtsmaske verberge. Wie alle Menschen.«

»Nicht alle Menschen sind so, Kehlma.«

»Gut, dann bin ich eben eine totale Vollidiotin.«

»Das hab ich nicht gesagt. Na ja, da kann man jetzt nichts machen, hat keinen Sinn, weiter zu streiten. Schwamm drüber.«

»Es tut mir leid, dass mir so was immer passiert, ich …«

»Kehlma, es ist gut. Komm her«, sagte Bea und zog die riesige Frau sanft zu sich herab. Sie legte einen knochigen Arm um Kehlmas mannesbreiten Hals und küsste sie trocken auf die Wange.

»Ich hab dich lieb, meine Kleine«, flüsterte sie.

»Ich dich auch, Bea, ich dich auch«, schluchzte Kehlma. »Ich wünschte, ich wäre klüger und weniger bestialisch.«

»Du bist genau richtig, so wie du bist«, antwortete Bea, und das stimmte. Sie hätte sich keine bessere Freundin backen können. Sie hatte es mehrfach versucht. Jetzt konnte sie auch über die verrückte Situation lachen. Zwei alte Schachteln hier in der Hütte im Wald, und anstatt Tee zu trinken, zerhackt die eine erst mal eine Leiche. So waren sie eben. Anders als andere und genau dadurch verbunden. Und jetzt würden sie zu dritt sein. Zwei alte Schachteln und eine Vampirsklavin, die auf ewig in einem buckligen Monsterkörper gefangen war. Die drei Amigas. Das konnte ja heiter werden. Olé!

»Ich mach uns ’n Tee«, sagte sie.

»Okay. Soll ich vorher noch die … Soll ich das alles noch vergraben vorher?«

»Ja. Bei der Linde.«

»Okay.«

Bea ging in die Hütte, setzte das Teewasser auf und starb.

Einfach so.

Kehlma fand sie beim Ofen, kniete nieder und wiegte sie stundenlang in den schweren Armen. Stumme Tränen rannen ihre Wangen hinab.

7 Das Labor

Ich hätte Sachsen-Anhalt wählen sollen. Wäre vermutlich ein angenehmerer Ort gewesen als das bescheuerte B.S.-Institut.

Analphabeten sind immer die Dummen.

Gleich nachdem ich beim Direx die unseligen Papiere unterschrieben hatte, wurde ich in einen kleinen, weiß gekachelten Raum geschoben, wo mir eine Krankenschwester ein starkes Betäubungsmittel spritzte. Innerhalb von Sekunden verlor ich das Bewusstsein und erwachte nach einer undefinierbaren Zeitspanne in einem fünf Quadratmeter großen und zehn Meter hohen Glaskasten, der mitten in einer riesigen Halle stand. Ich war auf einer harten Liege festgeschnallt. In meiner Halsschlagader steckte eine Kanüle, in meiner Leistenarterie eine weitere. Auf meiner Brust klebten Elektroden.

Im Glaskasten befanden sich zudem eine Toilette, zwei Waschbecken und ein paar technische Geräte. Der Luftschacht war oben an der Decke. Es hatte alles einen gewissen minimalistischen Chic, lud aber nicht zu Fluchtversuchen ein.

Mein Mund fühlte sich merkwürdig taub an und meine Lippen geschwollen. Als ich mit der Zunge testend durch die Mundhöhle fuhr, stellte ich fest, dass mir jemand sämtliche Zähne gezogen hatte.

Schräg über mir war ein riesiger Flachbildschirm an der Glaswand befestigt. Dort liefen Nachrichten. Allerdings ohne Ton. Dafür erklang Musik. Irgendein freudloser

Schweinerock. Die ganze Halle war erfüllt davon. Und in der Halle standen noch mehr solche großen Glaskästen, in denen andere Unglückliche eingesperrt waren, denen Gliedmaßen fehlten. In einigen Kästen befanden sich zudem Männer und Frauen mit weißen Kitteln, die ungut anmutende Handlungen an den Insassen vollführten.

Eine ovale Tür, die ich zuvor nicht bemerkt hatte, glitt zur Seite, und ein hagerer Mann mit Stirnglatze und stark unterschiedlichen Augen trat ein. Auch er trug einen weißen Kittel.

»Aufgewacht?«, fragte er.

Ich nickte. War nicht der Moment für doofe Sprüche.

»Na, dann herzlich willkommen im Bruce-Springsteen-Institut, Nummer 12.«

Er starrte mich an, anscheinend höchste Verwirrung und verzweifelte Fragen erwartend, aber bisher hatte ich das Gefühl, alles zu checken. Nummer 12, das war ich. Leute, die dir ungefragt die Zähne ziehen und mit Sicherheit noch Übleres vorhaben, tun gut daran, eine gewisse emotionale Distanz zu etablieren, und die Vernummerung ist da eine geradezu klassische Methode. Und B.S. stand also für Bruce Springsteen und nicht für Balkan Schlampen. Schade, aber auch egal.

»Ich bin Herr Peter Laschet, dein neuer Herr, Meister und Gott.« Hier schmunzelte er. Es klang so, wie ein spermabesudeltes Taschentuch aussieht. »Wir haben jede Menge tolle Sachen mit dir vor, zwölf. Wir basteln dir neue Arme und Beine und einen neuen Piephahn. Und dann schneiden wir alles wieder ab. Hast uns ja die Vollmacht erteilt, alles Erdenkliche mit dir anzustellen. Ich les es mal

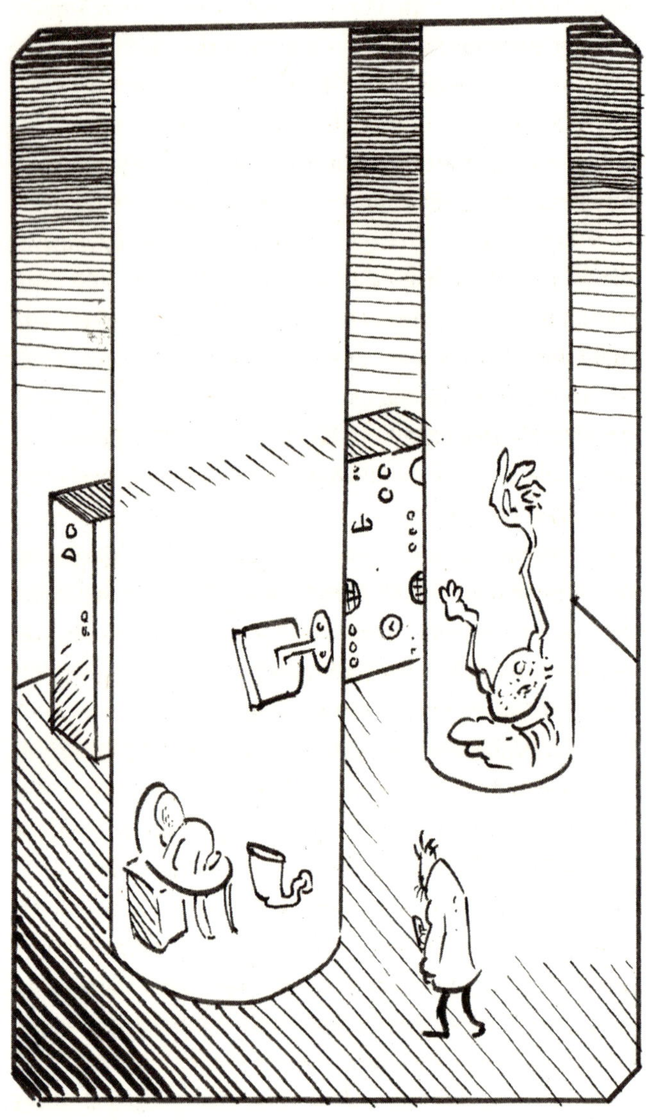

vor.« Hier holte er die von mir unterschriebenen Papiere aus der Kitteltasche, hielt sie sich vors Gesicht und las: »Bla, bla, bla … wird der Proband der Prothesenforschung des B.S.-Instituts unterstellt, gibt sämtliche Rechte ab, willigt ein, operiert, mit Nanotechnologie, mutierten Bakterienstämmen, okkulten Praktiken behandelt zu werden et cetera, et cetera … Na, da hast du ja noch schön was vor dir. Wir werden unseren Spaß haben. Und ich weiß auch, was du für einer bist: ein Menschenfresser. Aber jetzt nicht mehr, kleiner Alex, jetzt bist du nur noch ein Stück Scheiße, an dem wir rumbasteln, bis es hin ist. Und das wird dauern, Mörderschwein. Dich halten wir am Leben, du sollst alle Schmerzen, Erniedrigungen und Mutationen auskosten bis zur Neige. So wie du deine Opfer gequält hast, tausendmal mehr quälen wir jetzt dich. Da guckst du. Willst mich wohl fressen, Drecksack. Aber du kriegst hier nur noch pflanzliche Flüssignahrung. Wir machen aus dir einen vorbildlichen Veganer, bevor wir dich zugrunde ficken. Am Ende deines jämmerlichen Lebens wirst du noch die Klimakatastrophe abwenden durch vollständigen Fleischverzicht. Was sagst du dazu?«

»Kannibalen schonen das Klima eigentlich mehr als Veganer«, konnte ich mir nicht verkneifen zu erwidern.

Herr Peter zog die Brauen hoch, was seine kniffligen, schlecht harmonierenden Augen förmlich ineinanderpurzeln ließ. Dieser hier war kein schöner Mann. Keiner, den die Frauen liebten. Solche Leute tragen oft Groll mit sich herum, da muss man aufpassen.

»Ein Schlaukopf!«, rief er aus. »Wir haben einen Schlaukopf geschenkt bekommen! Da wollen wir mal so bald wie möglich einen Blick ins Hirn werfen, was? Geht alles hier, kriegen wir alles hin! Ich hol gleich die Schädelsäge.«

Er redete noch weiter, aber ich hörte nicht mehr zu, sondern begann, meine Fluchtchancen zu berechnen. Was wusste ich? Erstens: Meine Nummer war die 12, was darauf schließen ließ, dass es dieses Institut noch nicht lange gab. Es sah auch alles sehr neu aus, und das bedeutete, dass es hier Sicherheitslücken geben konnte, von denen keiner was ahnte. Zweitens: Es schien die ganze Zeit Musik zu laufen. Bruce Springsteen, wie ich jetzt erkannte. Keine Ahnung, was der Boss mit dieser Metzgerbude zu tun hatte, aber die Musik war möglicherweise laut genug, dass man etwaige Sterbensschreie von Herrn Peter oder Kollegen nicht hören würde, wenn jene nicht zu lang gezogen wären. Drittens: Der Luftschacht war ganz oben, durch den würde ich nicht fliehen können. Also die Glastür. Viertens – und das war das Beste: Ich würde neue Gliedmaßen bekommen! Mein Plan war also: Erst mal warten, bis ich diese hätte, dann den entsprechenden Weißkittel töten und durch die Vordertür raus. Eine Waffe wäre hilfreich. Vielleicht eine Schädelsäge? Klang doch schon mal gut.

Während ich so überlegte, redete Herr Peter weiter, sodass ich »Fünftens: mitteilsamer Pfleger« hinzufügte. Mit seinen irren Augen, der schmächtigen Konstitution und der nerdigen Ausstrahlung erinnerte er mich an einen von den Bondschurken, die dem gefesselten James immer gleich ohne Not ihren kompletten Plan erzählten. Tja. Das machte MICH dann wohl zu James Bond. Der Gedanke gefiel mir, und ich musste grinsen.

»Oh, das findest du witzig, ja, Mörderschwein? Das gefällt dir? Da freust du dich drauf, ja?«

Da er vermutlich über irgendwelche Experimente gesprochen hatte und ich mehr darüber wissen wollte, sagte ich: »Nein. Ich finde es schrecklich. Es interessiert mich bloß rein wissenschaftlich. WIE genau planen Sie vorzugehen, Herr Peter?«

»Ich plane, dich mit radioaktivem Krötensperma zu befruchten, dass dir Schwimmhäute in der Seele wachsen. Ich plane, ab jetzt jede Sekunde deines verfluchten Restlebens zur absoluten Hölle zu machen. DAS plane ich.«

»Dieses Gebäude ist neu, oder?«

Er schaute irritiert, nickte dann aber.

»Und die Musik, läuft die die ganze Zeit?«

Hier stöhnte er.

»Leider ja«, antwortete er. »Wir sind verpflichtet, vierundzwanzig Stunden am Tag Bruce Springsteen zu spielen. Anders hätten wir die Namensrechte nicht bekommen. Es nervt, und man gewöhnt sich nicht daran. Das einzig Gute ist, dass es deine Qualen vergrößern wird.«

»Ich mag den Boss eigentlich ganz gern«, sagte ich.

Famous last words. In den nächsten Wochen und Monaten erkannte ich, dass Bruce wirklich sehr viele schwache Songs im Repertoire hatte, und selbst die guten nutzten sich rapide ab. Und ich war auch nicht wirklich Bruce-Springsteen-Fan. Ich weiß, in Kapitel 2 gebärde ich mich als einer, aber das hatte ich nur aus Tarnungsgründen vorgetäuscht. Normale Menschen liebten Musik. Ich nicht besonders. Offen gestanden begriff ich Musik nicht. Was sollte das? Wie soll man sich da unterhalten? Und wo ist die Stille? Musik ließ keine Stille zu. Am wenigsten die Musik Springsteens, dieses rauchig-ranzige Abgefeiere der eigenen Schlunzigkeit. Bei allen Unheiligen, was war sein Problem? Er sang und sang. Es klang in meinen Ohren wie eine einzige Beschwerde. Wenn du ein Problem hast, Bruce, dann löse es, anstatt uns alle damit zu nerven, dachte ich.

Fast war es ein Segen, dass ich die meiste Zeit unter Drogeneinfluss stand. Über meine zwei Venentropfe flößten sie mir jeden Tag von Neuem Opiate ein. Und dann wurde geschnitten, geimpft, verlötet und vernäht. Bakterienstämme und Viren wurden in präzise zugefügten Wunden angesiedelt, alle möglichen und unmöglichen Gliedmaßen probeweise angenäht, elektrifiziert, magnetisiert, nach Reiki-Prinzipien besprochen, mit unaussprechlichen Flüchen bedacht, mit Chips ausgestattet und wieder entfernt.

Es war nicht das große Leiden, welches Herr Peter mir versprochen hatte, da die Opiate sämtliche Schmerzen dämpften und mich zudem beständig in einem milden euphorischen Zustand hielten. Aber es war trotzdem problematisch, denn die Drogen weichten meinen Willen zur Flucht auf.

Morgen, dachte ich beständig, und am nächsten Tag wurde es dann auch wieder nichts. Die ganze dreckige Wahrheit, liebe Leser, ist, dass ich es nach all dem Stress im Knast genoss, zugedröhnt auf der Liege zu faulenzen und fernzusehen. An Flucht dachte ich immer seltener.

Ich redete mir ein, nur auf den richtigen Moment zu warten, aber der kam irgendwie nie. Einerseits wollte ich natürlich raus hier aus dem Deppenterrarium, andererseits fieberte ich der nächsten Dosis Tilidin entgegen. In klareren Momenten schmiedete ich schon noch halb gare Pläne, meist aber träumte ich nur von meinen beiden lieben Frauen, zwischen denen ich mich immer noch nicht entscheiden konnte. Warum fliehen und danach eine der beiden aus meinem Herzen stoßen müssen, wenn ich sie in meinen fiebrigen Drogenträumen doch beide haben konnte?

So machte ich – mir ist klar, werte Leser, wie enttäuschend das für euch sein muss, die ihr natürlich Unterhaltung und Action von dieser Schnurre hier erwartet und die ihr ja auch ein verbrieftes Recht auf beides habt – nichts.

So denn diese Erzählungen einmal in gedruckter Form vorliegen werden und ihr euch ihnen am Urlaubsstrande gebräunt, mit salziger Haut Caipirinhas schlürfend, hingebt, wollt ihr ja nicht lesen: »Ich machte zehn Jahre nichts.«

Und doch ist das die Wahrheit, und der Wahrheit Sklaven sind wir alle.

Ich machte zehn Jahre nichts.

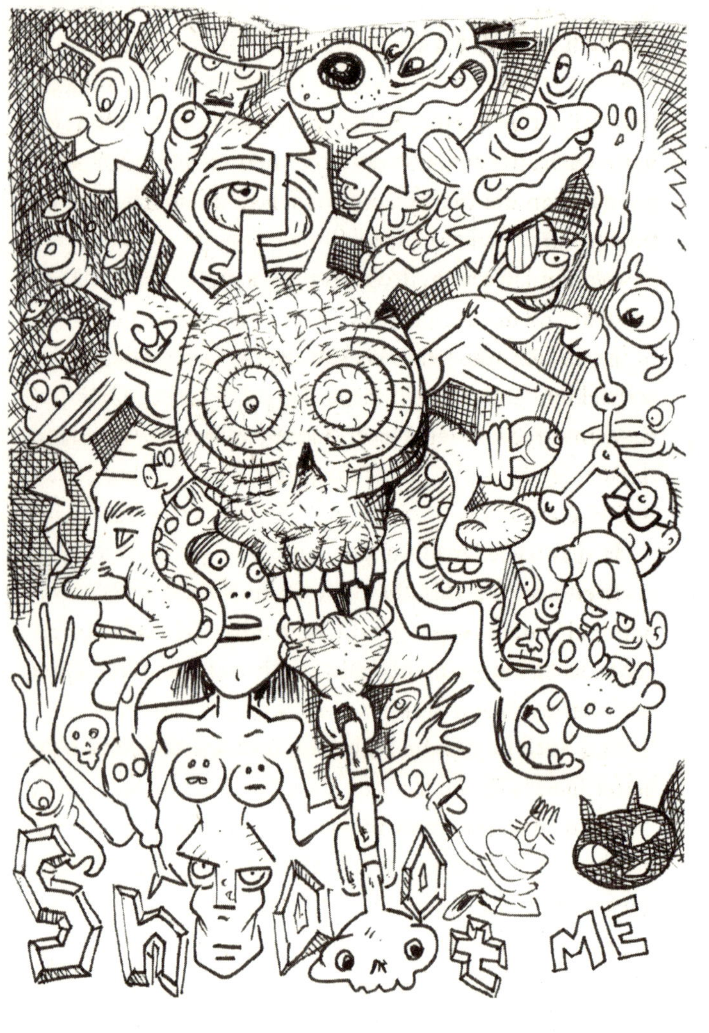
Shoot ME

8 Brünette

Und Brünette? Blieb dort liegen, wo Kehlma sie abgelegt hatte. Schaute aus ihrem Auge verzweifelt und bewegungslos an die Decke. Dieses Locked-in-Syndrom zu ertragen wurde nicht leichter.

»Werd mich um dich kümmern«, sagte Kehlma, die rot geweint und mit erdigen Händen zurück in die Hütte kam, nachdem sie Beas Leiche bei der Linde neben Brünettes zerhacktem ehemaligen Körper begraben hatte. »Ich will für dich sorgen, so wie die alte Bea immer für mich gesorgt hat.«

Sie setzte sich neben Brünette, kraulte sanft deren Ohr und begann wieder zu weinen.

»Weißt du«, erklärte sie nach einer Weile. »Ohne Bea hätte ich's nicht geschafft. Sie hat mir ... wie soll ich sagen ... sie hat mir meinen Selbstwert wiedergegeben. Oder mir überhaupt erst gezeigt, dass ich einen Wert habe. Vorher, als ich noch in Dortmund in der Werbeagentur gearbeitet hab, hielt ich eigentlich gar nichts von mir. Mein Wert war an Leistung gekoppelt. Oh, ich war nicht schlecht, im Gegenteil, ich war verdammt gut. Kennst du die ›Elektrobrot‹-Kampagne? ›Du bist wahrscheinlich morgen tot, iss heut noch ein Elektrobrot.‹ Ja, das ist von mir. Edgy, ich weiß. Genau das war mein Markenzeichen. ›Over the top‹-Slogans outside the box. Oder die Fix-Bus-Geschichte: ›Fix – denn das Leben ist zu schnell für Flix.‹ Hat 'ne Menge Ärger gebracht, aber noch mehr Aufmerksamkeit, und Aufmerksamkeit war unsere Währung. Die Kunden waren jedenfalls zufrieden, scheinbar lief alles bombig. Aber wenn du gut bist, wird von dir erwartet, dass du dich immer weiter steigerst. Die Branche verzeiht kein Plateau. Schneller, weiter, höher, du musst liefern. Und ich konnte liefern, glaub mir. Jung, weiß, Single, hungrig – ich war der personifizierte Pinsel für die Leinwand des Erfolgs. Riss einen Rekord nach dem anderen. Sie nannten mich ›die Bestie‹, weil ich diese ungebremste ›*Anything goes*‹-Wildheit hatte. Nach außen spielte ich die Abgebrühte, aber innerlich stieg die Panik und ließ sich nur noch mit Drogen bändigen. Hier«, sie steckte einen wulstigen Finger erstaunlich tief in ihren roten Riechkolben hinein, »war mal 'ne Nasenscheidewand. Alles weggeätzt. Aber es lief. Kampagne after Kampagne, Prämien, Dienstwagen, Dubai, Dachetage. Ich war ein ferngesteuerter Roboter, aber ich funktionierte – bis sie anfingen, mich zu mobben.«

Hier spuckte sie auf den Teppich.

Brünette war sich sicher, dass Kehlma das zu Beas Lebzeiten nicht getan hätte.

»Das ist nämlich das Geheimnis des Erfolgs«, fuhr Kehlma fort. »Du gehst innerlich kaputt, indem du ihm hinterherhetzt, und äußerlich brechen all deine Beziehungen zusammen, weil sie ihn dir neiden. Irgendwann hockte ich im Entschlackungsschloss Königsberg, ein paar Kilometer von hier, wo ich monatlich zum Lymphe-Feinjustieren, Kapillaren-Dehnen und Schlammschlucken hinfuhr. Ich saß da in der Bernsteinsauna, nippte Austernsekret und erkannte: Wenn ich jetzt sterben würde, wäre niemand traurig. Ein paar Kunden vielleicht, aber nur aus Eigeninteresse. Niemand würde mich vermissen außer meinem Dealer. Im Gegenteil: Die meisten wären froh über meinen Tod. Das würde ihrer als Moral getarnten Bosheit in die ungeschickten Stümperhände spielen. Der Fall einer Mächtigen, das Ende einer Großen, das bestätigte sie in ihrem feigen Mittelmaß. Und gar nicht beim Gedanken an die Bosheit der Menschen, sondern bei genau dem Wissen um eben jenes trantütige Mittelmaß, das 99 Prozent dieser Pfeifen schon ausreicht, verlor ich den Willen, so weiterzuleben.

Ganz kurz flackerte die Gewissheit auf, dass ich tatsächlich einen Wert hatte, und nicht nur das, ich erkannte, dass ich in meinem Feld genial war. Besonders. Einzigartig und unübertroffen. Alles, was ich hatte werden wollen, war ich geworden. Aber in der nächsten Sekunde zerfiel alles zu Asche, denn es hatte mir nur Unglück gebracht. Ohne weiter nachzudenken, stand ich auf, verließ die Sauna und lief in den Wald. Nackt, wie ich war, den Blick starr nach vorn. Ich sah die Sterne vor lauter Bäumen nicht. Es war Winter. Mein Plan war, hier im Wald zu erfrieren. Ein auch schon wieder genialer Abgang, was aber natürlich wieder keiner erkennen würde. Mitten im Wald setzte ich mich auf einen Baumstumpf und wartete auf den Tod.

Stattdessen kam Bea.

Bea nahm mich einfach mit zu sich nach Hause. Ohne viele Worte. Sie speiste mich, kleidete mich und war nett zu mir. Alles mit einem Selbstverständnis, das es in der Welt der Werbung gar nicht gibt. Sie lehrte mich die Gesetze der Wildnis. Das Jagen. Kräuterkunde. Die Sprache der Tiere. Die Launen der Pilze. Telepathie. Alles, was mich heute ausmacht, habe ich von Bea gelernt. Und jetzt …«, hier schluchzte Kehlma, »jetzt werde ich es an dich weitergeben, mein Wissen. Alles, was ich weiß, will ich dich lehren. Morgen fangen wir an. Aber jetzt lass uns 'n bisschen in die Röhre gucken, das war ein anstrengender Tag, was meinst du? Nachher koch ich uns noch rohen Dachs, aber jetzt erst mal 'n bisschen glotzen, oder? Komm. Ich hol mir 'n Bier, magst du auch eins?«

Kehlma rumorte in der Küche herum und kam dann mit zwei Schöfferhofer Grapefruit wieder in Brünettes Gesichtsfeld.

»Sag mal«, fragte sie, während sie eine Dose mit dem linken und die andere mit dem rechten Auge öffnete. »Gibt's eigentlich noch Elektrobrot? Und wie bewerben die das jetzt? Bin ja schon lange aus der Branche raus, aber das tät mich interessieren.«

Brünette antwortete nicht. Kehlma erinnerte sich, was ihr Bea über den Vampirfluch erzählt hatte, kam sich kurz dumm vor, stellte die Biere ab und schaltete einen alten Schwarz-Weiß-Fernseher ein, der oben auf dem mit kruden Blümchen und Libellen bemalten Eichenschrank stand. Brrrzelnd rotierte sich die Röhre warm, und es erschien ein schwarzer Jazzpianist, der virtuos in die Tasten haute. Instinktiv schaltete Kehlma um, und ebenso instinktiv erhob sich Brünette vom Bett, ging zum Fernseher und wechselte zurück.

»DAS willst du sehen?«, fragte Kehlma. Brünette setzte sich auf die Bettkante.

»Das Besondere beim Jazz ist die sogenannte ›Blue

Note‹«, ertönte eine Erzählerstimme. Dann – wie Kehlma fand – nervendes Gedudel.

»Nicht dein Ernst, oder?«, inquirierte sie. »Das ist doch total öde, Mann. Jetzt müsste auch schon *Bares für Rares* kommen.«

Wieder wechselte sie den Sender.

Mit atemberaubender Schnelligkeit sprang Brünette auf und stieß Kehlma zur Seite. Die ehemalige Werbetexterin krachte scheppernd in den Geschirrschrank. Fast das gesamte Service ging zu Bruch. Der Schrank auch.

Kurz spürte Kehlma die Bestialität in sich aufsteigen. Sie riss ihr Jagdmesser aus dem Gürtel, besann sich aber, zwang sich zu einer Art Lächeln und sagte dann: »Na gut, wenn's dir so wichtig ist.«

Sie setzte sich ebenfalls aufs Bett, kippte ihr Bier hinunter und flößte auch Brünette was ein. So schauten sie fern. Es war eine von diesen nervigen ARTE-Dokus, die einfach nie endeten und einem ein blödes Gefühl gaben, wenn man kein Französisch konnte. Über Jazz.

Brünette schien gar nicht hinzugucken, doch als Kehlma probeweise nach zwanzig Minuten noch mal versuchte umzuschalten, sprang die andere sofort auf und stellte sich ihr in den Weg.

»Mach Musik. Klassik oder Jazz.« Dieser Gedanke formte sich in Kehlmas Hirn.

»Ist das dein Fluch? Musik?«, fragte sie, um dann selbst bestätigend zu nicken. »Das ist dein Fluch. Meiner war Erfolg. Immer die Beste sein, weißt du? Und ich WAR ja sogar die Beste. Die beste Bestie. Nur ein Buchstabe mehr, wa? Ha. Aber Erfolg ist wie 'n schwarzes Loch: verschiebt die

Verhältnisse, verzerrt die Realität, wenn du ihm nahekommst. Und wenn du reinfällst, bist du weg. Ich mein, ich hatte Spaß an der Arbeit, klar. Wir haben damals Zeug gemacht, das würde heute noch als visionär durchgehen. Haha, die Sonnenflohkampagne damals: ›Am Montag ist die Oma froh – es biss sie keck ein Sonnenfloh.‹ Niemand wusste, was ein Sonnenfloh sein soll, aber die ganze Republik diskutierte darüber. So geht Werbung. So brandest du, Herrgott. Das kapiert bloß keiner mehr heutzutage.« Kehlma stand auf, um sich ein weiteres Bier zu holen. Brünette hatte noch.

Die ARTE-Doku endete. Es erschien ein weiß geschminkter Clown auf dem Bildschirm, der durch ein imaginäres Fenster stieg.

Brünette ging zum Fernseher und begann, am Knopf zu drehen.

»*Bares für Rares* ist auf ZDF«, erklärte Kehlma.

Brünette drehte und drehte.

Klassik oder Jazz, dachte sie. Es tat irgendwie gut, selbstständig zu stehen und den Arm bewegen zu können, auch wenn es ferngesteuerte Bewegungen waren. Wann immer es die Gelegenheit gab, zu fahren oder für klassische bzw. Jazzmusik zu sorgen, war ihre Starre aufgehoben. Weil der Fernseher theoretisch zwei dieser Möglichkeiten beinhaltete, konnte sie an ihm drehen.

Tatsächlich fand sie Klassik. Ein Orchester schmetterte etwas von Schostakowitsch.

Brünette setzte sich wieder.

»Sollen wir sagen, an den ungeraden Tagen bestimmst DU, was wir sehen, und an den geraden ich?«, schlug Kehlma vor.

Nicht, dass die mich jetzt auch wieder mobbt, dachte sie, als Brünette nicht antwortete.

Nachdem das Orchester seine Darbietung beendet hatte, begann Brünette wieder, am Programmknopf zu drehen. Sie hörte nicht auf damit, bis Kehlma den Stecker zog.

»Wir werden schon 'ne Lösung finden«, sagte sie dann, knipste das Licht aus und legte sich ins Bett.

Brünette steckte den Stecker wieder rein und begann von Neuem mit der Suche.

So kam es zu Brünettes und Kehlmas erstem und letztem Streit, welcher damit endete, dass Kehlma den Fernseher zerhackte und seine Einzelteile bei der Linde begrub.

Am nächsten Morgen ging sie wortlos auf die Jagd, blieb eine Woche fort und kam dann verlegen grinsend mit einem riesigen, schlecht verpackten Paket über der Schulter zurück.

Brünette stand noch immer beim Schrank.

»Guck mal, was ich gefunden hab«, sagte Kehlma. »Gefunden« war das falsche Wort. Sie schob das Paket in die Mitte des Raums. Es handelte sich um ein altes Klavier, notdürftig mit blutbeschmierten Zeitungen umwickelt.

»Dachte, wo du doch so gerne Musik magst ... Mal gucken, ob ich das noch kann ...«

Kehlma klappte das Klavier auf und begann, stockend und ohne jeglichen Groove den Flohwalzer zu spielen.

»Haha, klappt ja noch! Schätze, das ist wie Fahrradfahren!«, lachte sie. »Ich hatte ganz vergessen, wie obsessiv ich als Kind Klavier geübt hab. Stundenlang. Bei schönstem Sonnenschein. Schon damals hatte ich diesen Ehrgeiz, die Beste zu sein. Meine Klavierlehrerin, eine alte Russin, sagte immer: ›Kchechlma …‹ – sie sprach mit diesem starken Akzent, einmalig –, ›Kchechlma …‹, sagte sie immer …«

Brünette stieß Kehlma zur Seite. Dieses Geklimper war weder Klassik noch Jazz. Sie schlug eine Taste an. Das Besondere beim Jazz ist die »Blue Note«, kam es ihr in den Sinn. Aber welches war die »Blue Note«?

»Wollen wir vierhändig spielen?«, fragte Kehlma, stellte sich neben Brünette und begann wieder mit ihrem Gestümper. »Ich zeig dir, wie's geht. Alles Übungssache.«

Brünette ließ kurz den Ellenbogen hochschnellen und brach Kehlmas Kiefer, während sie weiter nach der »Blue Note« suchte. Die hier war's nicht, die auch nicht. Brünette kannte sich mit Musik nicht aus, aber als sie die richtige Taste gefunden hatte, erfüllte unbändige Freude ihr untotes Herz.

Wieder und wieder drückte sie diese zwei Tasten. Das war Jazz! Und ohne zu realisieren, was sie tat, sang sie zu dieser primitiven Zweitonmelodie: »Danke, Kehlma!«

»Hey, keine Urfaffe, iff wuffte, daff du Mufik magft«, sagte Kehlma, während sie einen notdürftigen Verband anlegte. Zwei ihrer Zähne lagen am Boden. Egal. Sie hatte genug übrig. Die Freude in Brünettes Augen und die Tatsache, dass jene zusammen mit Kehlmas Kiefer endlich auch ihr zickiges Schweigen gebrochen hatte, ließen sie den Schmerz vergessen.

»Ich kann sprechen!«, sang Brünette, und Glückstränen rannen ihre Wangen hinab. Solange sie die erste Note und die »Blue Note« traf, konnte sie singen. Klar, denn es war Jazz! Zum ersten Mal seit geraumer Zeit fasste sie wieder Hoffnung.

»Bierchen?«, fragte Kehlma.

»Nein, danke«, sang Brünette.

Kehlma holte sich eins, setzte sich auf den Schemel, hörte der Freundin zu und wippte dabei mit dem Kopf, wobei das gebrochene Kinn knirschend hin und her schlackerte.

»Versuch doch mal ’n dritten Ton«, schlug sie nach einer Weile vor.

Brünette probierte eine weitere Taste. Es funktionierte.

»Das ist Jazz!«, sang sie.

»Free Jazz«, präzisierte Kehlma. »Nachher darf ich wieder, okay? Immer abwechselnd.«

Aber sie ahnte, dass es nicht so kommen würde. War auch egal. Dies hier war der Beginn einer wundervollen Freundschaft.

Singend erzählte ihr Brünette in den nächsten Tagen von ihrem erstaunlichen Leben, und Kehlma steuerte Anekdoten aus der Welt der Werbung und der Wildnis bei. Wenn Kehlma nicht jagte, hockten sie so zusammen in der Hütte. Kehlmas Warnungen vor den Folgen übertriebenen Ehrgeizes in den Wind schlagend, spielte Brünette Tag und Nacht. Kehlma schlief deshalb draußen bei der Linde. Brünette benutzte bald alle Tasten. Es klang furchtbar.

»Vielleicht, wenn du etwas weniger frei spielen würdest?«, schlug Kehlma eines Tages vor.

»Ich weiß nicht, wie das geht«, sang Brünette.

»Ich könnte es dir zeigen«, schlug Kehlma vor. Zaghaft krümmte sich ihr Zeigefinger. Bereit zum Flohwalzer. Dann rieb sie sich das Kinn und sagte: »Oder ich besorg dir Noten.«

Und das tat sie.

Erst »Jazz for Beginners«, dann »Die kleine Klassik« und danach immer ausgefuchsteres Zeug.

Mit den Jahren wurde Brünette besser. Nach einem Jahr klang es gut. Nach drei Jahren konnte man sie eine Virtuosin nennen. Nach vier Jahren war das erste Klavier kaputt gespielt. Nach fünf Jahren begann sie, auf Profiniveau zu komponieren, nach sechs Jahren war das zweite Klavier durch. Ab da brauchte Brünette jedes Jahr ein neues. Und nach zehn Jahren – das klingt übertrieben, aber bitte bedenkt, liebe Leser, dass Brünette 24 Stunden am Tag ununterbrochen übte – war sie die beste Klavierspielerin der Welt.

Brünette war glücklich. Jeden Tag wuchs ihr Glück. Die Musik füllte sie vollkommen aus. Sie – jetzt kommt ein kitschiger Satz, aber EINEN darf man bringen, wenn die restliche Story derart bluttriefend ist, oder? –, sie WAR Musik. Dauerhaft im Flow, ganz bei sich und zugleich verbunden mit allem um sie herum. Jedes Grillengezirpe, Vogelgezwitscher, Froschquaken, jedes Rascheln im Walde, jedes Dielenknarren und die dumpfen Schädelknaller der Stubenfliegen an der Fensterscheibe webte sie in ihre Improvisationen ein, sie erkannte, dass nicht nur SIE Musik war, sondern auch alles andere. Die Dinge verloren ihre Konturen, alles bestand aus Klängen, aus Harmonien, alles war verbunden, und diese Verbindung war Gott, und Gott jubelte. Es gab nur noch Musik.

»Du hast genau so ’ne Macke wie ich«, sagte Kehlma lachend.

Dann schenkte sie ihrer Freundin einen Steinway.

Für sich selbst hatte sie heimlich einen neuen Fernseher besorgt. Mit Kopfhörern.

Es war ein gutes Leben dort in der Hütte.

Jazz, Klassik, Bier und Mädelstratsch.

Ein gutes Leben – bis die Welt um sie herum zerfiel.

9 Cthulhu

Ich machte zehn Jahre nichts. Bitte legt das Buch nicht stöhnend zur Seite! Ich werde diese zehn Jahre jetzt nicht *en détail* beschreiben! Überspringen wir sie, wie auch ich sie übersprang. Ich meine, klar, währenddessen fühlte es sich mehr wie quälend langsames Durchdringen an, aber kaum ist die Zeit vorbei, hat man das Gefühl, man wäre da irgendwie durchgerutscht. Vergangenheit ist immer unreal und in gewisser Weise sogar eine Art Lüge. Und unangenehme Vergangenheit macht Bock auf Gegenwart.

Reisen wir also einfach zehn Jahre in die Zukunft!

Schaut, ich hause immer noch in meinem Glaskäfig, bin immer noch dauersediert. Bruce-Fucking-Springsteen ertönt immer noch mitleidlos rund um die Uhr. Alle anderen Invaliden, die damals mit mir hier angefangen hatten – Schwerverbrecher, Hochverschuldete und schlecht informierte Menschen aus Entwicklungsländern –, sind längst verstorben und durch andere ersetzt worden. Inzwischen sind die Nummern in den Tausendern. Die meisten alten Angestellten haben gekündigt, aber Herr Peter ist noch dabei. Sein Bart zeigt Spuren von Grau, und seine Augen funkeln stumpfer, doch sein Eifer ist ungebrochen. Und immer noch erklärt er mir, was er gerade macht. Inzwischen habe ich eine ganz gute Wissensgrundlage.

Wechseln wir jetzt mal in die Vergangenheitsform, das ist ja ein Gruselroman für Erwachsene hier und nicht *Conni beim Zahnarzt*, wiewohl es Parallelen gibt.

Also: Ich lag immer noch festgeschnallt auf meiner Liege, und Herr Peter kam gut gelaunt durch die ovale Tür in meinen Kasten. In der linken Hand hielt er eine Ampulle.

»Oktopus-DNA, Schweinchen«, sagte er. Er nannte mich seit einiger Zeit »Schweinchen«, mir war entfallen, wieso. »Wir gehen da einer interessanten Theorie nach. Seit Kurzem erst weisen entdeckte Runen darauf hin, dass Oktopusse außerirdischen Ursprungs sind. Ich meine: Sieh sie dir einfach an, oder? Offenbar sind sie die Nachfahren von Wesen, die vor Jahrmillionen mit Raumschiffen auf der Erde landeten. Diese Wesen haben zur Zeit der Dinosaurier Städte gebaut, die heute alle längst zerfallen sind, und dann haben sie sich zurückentwickelt. Ohne richtige Aufgabe vertierten sie mehr und mehr. (Verdammt, das kam mir bekannt vor.) Aber in ihrer DNA sind die alten Fähigkeiten noch angelegt. Geheime Fähigkeiten einer hoch entwickelten außerterrestrischen Rasse! Außerdem hat der Oktopus acht Arme und zwei Penisse. Also der ideale Kandidat für unsere Bioprothesen, oder? Wir haben die DNA zusätzlich schwarzmagisch behandelt mit Beschwörungsformeln aus unserem Lieblingsbuch.« Er hielt einen in Menschenhaut gebundenen Schmöker hoch. Herr Peter war ein großer Fan von dieser Schwarte. Damit arbeitete er in den letzten Monaten am liebsten und las mir permanent Sprüche daraus vor. Ich verstand immer nur Bahnhof. »Und zusätzlich haben wir die DNA mit Lebensfunke-Serum gestreckt«, sagte er dann.

Lebensfunke! Das war dieser Naziquatsch, der seit einem Jahr die News beherrschte. Leider konnte ich immer noch nicht lesen, aber in meinem Fernseher wurden permanent grausige Zombies in faschistoiden Uniformen gezeigt, die irgendwas Doofes machten, und Herr Peter hatte mir auf seine mitteilsame Art gesteckt, worum es ging.

Lebensfunke war eine Art Unsterblichkeitselixier, das durch Nazizombiebisse weitergegeben wurde. Echte Nazizombies jetzt, keine Impfgegner oder ehemalige Facebookfreunde von euch. Richtige Originalnazis hatten offenbar in irgendwelchen Bunkern unter der Hauptstadt dämmernd überlebt und waren vor einem Jahr reaktiviert worden. Nun zogen sie durch ganz Europa und bissen alles, was nicht niet- und nagelfest war. Madonna und Lady Gaga arbeiteten als Sturmbannführerinnen bei denen, was ihnen viel Zulauf brachte. Außerdem hatten sie einen Pressesprecher, der immer wieder versicherte, alles wäre halb so wild, und sie würden gar keine Ambitionen auf Weltherrschaft hegen. Hegten sie aber doch. Und es wurden immer mehr. Der private Sicherheitsdienst Xen Yang, der vor Jahren schon die Aufgaben von Polizei, Bundeswehr und Familie in der EU übernommen hatte, wurde nun im Kampf gegen die Zombies eingesetzt. Leider bestand die Xen-Yang-Belegschaft vorwiegend aus gesichtstätowierten rechtsradikalen Alkoholikern, und die zweitägige Umschulung, die ihnen die Regierung spendierte, machte aus ihnen nicht groß was anderes. Sie fielen wie die Fliegen.

»Wir haben versucht, den ursprünglichen Faschistencode aus dem Serum rauszufiltern, aber ob das funktioniert hat, wissen wir nicht. Kann also sein, dass du gleich zum strammen Nazi wirst, Schweinchen. Auf alle Fälle aber unsterblich, das heißt, dass noch meine Enkel weiter an dir rumbasteln können, haha.«

Hier schwiegen wir beide betreten. Es war sonnenklar und stand als unüberbrückbarer hochwissenschaftlicher Fakt im Raum, dass Herr Peter niemals Enkel haben würde.

Um die peinliche Stimmung zu entzerren, bat ich: »Lesen Sie mir vor der Behandlung noch was vor, Herr Peter?«

Bereitwillig nickte er.

»*Vampirschwestern* 2 oder *Necronomicon?*«, fragte er, beide Bücher hochhaltend.

»*Vampirschwestern* 2«, bat ich.

Ein wenig enttäuscht legte er das Hautbuch zur Seite und setzte sich auf den Stuhl. Behaglich schubberte ich mich an meiner Liege. Vorlesen war über die Jahre unser »Ding« geworden. Herr Peter genoss es genauso wie ich. Letztlich war ich in seinem trostlosen Leben das, was einem Freund am nächsten kam. Mit mir verbrachte er die meiste Zeit, und mir konnte er alles erzählen. Trotz seiner ausgeprägten sadistischen Neigungen hatte er so eine Art Schwäche für mich entwickelt, eine Art umgekehrtes Stockholm-Syndrom (ein Mlohkcots-Syndrom, haha, das klang wie ein Wort aus seinem bekloppten Necrobuch), und das Vorlesen war die Form von Zuneigung, zu der ein psychotischer Irrer wie Herr Peter fähig war. Ein bisschen schwul kam's mir vor, aber das nahm ich in Kauf, denn ich liebte *Vampirschwestern* 2. Obschon längst klar war, dass in diesem Buch keinerlei Infos über das Auflösen von Vampirflüchen zu finden waren, fand ich die Story immer wieder aufs Neue faszinierend. Klar, es war auch mein erstes Buch. Das erste Buch bleibt immer etwas Besonderes.

Herr Peter befeuchtete Mittel- und Ringfinger seiner linken Hand (einer der fünfhundert Signature Moves, die ihn für immer Single bleiben lassen würden), schlug das Buch irgendwo auf und begann zu lesen.

»OH MEIN GOTT!«, schrie Brittany. Entsetzt wich sie zurück. Dort unten im Hobbykeller stand Maggie schuldbewusst schielend mit blutverschmierter Schnute über den ausgesaugten Postboten gebeugt.
»Das ist doch Mister Betterletter! Was zum Kuckuck macht deine Schwester da mit Mister Betterletter, Steph?!«
Steph kam wie von der Tarantel gestochen die Treppe heruntergeflitzt.
»Langsam auf den Stufen!«, mahnte Mum wohl schon zum hunderttausendsten Mal.
Steph achtete nicht auf den gut gemeinten Ratschlag ihrer Erzeugerin. Sorgenvoll lugte sie die Kellertreppe hinunter, um ihre Sorgen sogleich bestätigt zu sehen. Natürlich! Ihre chaotische Schwester hatte mit dem Mitternachtssnack nicht warten können. Sowie sie die Haustür ins Schloss hatte fallen hören, hatte sie sich über den Postboten hergemacht, nicht ahnend, dass es Brittany draußen zu kalt gewesen war und sie sich darum noch einen Cardigan holen wollte. Dann hatte ihre Brieffreundin die Türen verwechselt, und jetzt hatten sie die Bescherung.
Schuldbewusst schaute Maggie von Brittany zu Steph und wieder zurück. Das normalerweise um Sprüche nicht verlegene Mädchen brachte kein Wörtchen heraus.

»Was geschieht hier?! Ist deine Schwester etwa …?« Brittanys Gesichtsfarbe wechselte von Kreideweiß zu Puterrot, was Steph unpassenderweise daran erinnerte, dass sie selbst noch nicht zu Abend gegessen hatte.

»… ein Vampir?!«

»Nein, nein …«, begann Steph und täuschte einen Hustenanfall vor, um Zeit zu gewinnen.

»Doch«, erwiderte da aber Maggie. »Es ist leider so.« Mister Betterletter röchelte. Maggie zertrat mit ihrem Chuck seinen Adamsapfel, ohne hinzusehen, und fuhr fort: »Ich … wurde vor Jahren gebissen. Und seither kann ich nicht anders: ich muss Blut trinken. Meine Familie kümmert sich um mich, obwohl ich ein Monster bin. Vor allem Steph. Sie ist ein Engel. Deswegen gehen wir nur nachts raus. Wir haben gar keine seltene Tageslichtallergie, das war geflunkert. Mum, Dad und Steph leben dieses Leben in Dunkelheit aus Rücksicht auf mich. Nur ich bin an allem schuld.«

»Das ist ja EKELHAFT!!!«, schrie Brittany. »Du trinkst BLUUUUUT?!? MENSCHENBLUT?!? Steph, wie kannst du nur mit diesem Freak unter einem Dach leben?!«

»Ich … also …«, stammelte Steph. Mum und Paps hatten sich unbemerkt genähert, griffen aber noch nicht ein.

»Sie fühlt sich verpflichtet, weil wir Schwestern sind«, erklärte Maggie, verzweifelt gestikulierend. »Sie opfert sich. Steph ist ein ganz normales Mädchen, das weißt du ja, die einzig Unnormale hier bin ich.«

»Pffff!« Brittany stieß Luft aus. »Wieso sperrt ihr dieses Monster nicht weg? Es gibt doch sicher Heime für solche … Kreaturen? ICH werde jedenfalls keine

MINUTE mehr in diesem Haus bleiben, solange sie auch hier ist. Man ist sich ja seines LEBENS nicht sicher!«

»Ich werde hier im Keller bleiben, solang du zu Besuch bist, Brittany«, bot Maggie unterwürfig an. Tatsächlich hatte sie Tränen in den Augen. »Du wirst nichts von mir mitbekommen, das schwöre ich! Bloß, bitte geh nicht! Steph hat sich so auf dich gefreut!«

»Auf GAR KEINEN FALL!«, keifte Brittany. »Entscheide dich, Steph: Entweder das Monster geht oder ich!«

Mit herausfordernd blitzenden Augen und wippenden Zöpfen schaute sie Steph an, welche betreten den Kopf senkte und dann tonlos murmelte: »Findest du nicht, dass du jetzt etwas übertreibst, Brit? Vampire gehören nun mal auch zur Erdbevölkerung dazu … Sie sind nicht unbedingt böse, nur … anders …«

»NICHT BÖSE?!«, rief Brittany theatralisch. »NICHT BÖSE?! Hallo?! Erde an Steph?! Sie hat grad den POSTBOTEN ermordet!«

»Der wär doch eh irgendwann gestorben«, versuchte Steph, die aufgebrachte Freundin zu beschwichtigen. »Vampire MÜSSEN nun einmal Blut trinken, sie haben ja keine Wahl, und Blutkonserven sind teuer und nicht einfach zu beschaffen. Tierblut sättigt nicht wirklich, und da bleiben … ihnen … halt nicht mehr viele Möglichkeiten …«

»Du kennst dich ja super mit Vampiren aus!«, höhnte Brittany spöttisch. »Aber ich will davon nichts mehr hören! Deine Schwester ist ein Monstrum und gehört hinter Schloss und Riegel, fertig!«

Maggie setzte zu einer Erwiderung an, doch ehe sie

den Mund öffnen konnte, sagte Steph in veränderter Tonlage: »Dann gehöre ICH aber auch hinter Schloss und Riegel, Brit.«

»DUUUUUU?!«, entfuhr es Brittany.

»Ja. Ich. Denn ich bin auch ein Vampir.« Und mit diesen Worten öffnete Steph ihren Mund, um der Freundin ihre Zähne zu zeigen.

»Nicht nur sie. Wir alle«, ließ sich nun Mum von hinten vernehmen. In ihrer Stimme schwang unendlicher Stolz auf ihre Erstgeborene mit. »Und wenn dir das nicht passt, junge Dame, dann kannst du gern abreisen; es hält dich hier niemand. Ich denke, wir haben uns jetzt genug Unverschämtheiten aus deinem Munde angehört. Es zeugt von einem kleinlichen Geist, alles, was man nicht versteht, gleich abzulehnen. Für sogenannte ›normale Menschen‹ sind wir vielleicht Monster, aber auch wir haben Gefühle. Auch wir weinen und lachen. Auch wir können lieben. Vielleicht mehr als die Normalen. Wir haben andere Sinne, andere Beschränkungen, aber wir müssen uns dafür nicht schämen. Wenn uns unsere Andersartigkeit zu Monstern macht, dann bin ich gern ein Monster. Dann danke ich dem Universum, dass es mich zu einem Monster gemacht hat!«

»Amen!«, sagte Steph, stieß Brittany die Zähne in den Hals und begann, die ungläubig glotzende Blondine auszusaugen.

»Ich denke, das ist deine Freundin?«, fragte Maggie verdutzt.

»Kann sein, aber mich nervt's, wenn meine kleine Schwester ohne mich mit dem Essen anfängt«, entgegnete Steph spitzbübisch zwinkernd, und alle mussten lachen.

»Hey, lass noch was übrig für deinen alten Herrn«, rief Paps in gespielt jammerigem Tonfall, aber Brittany war schon leer.

Steph war wohl hungriger gewesen, als sie vermutet hatte.

Herr Peter legte das Buch zur Seite, holte eine Spritze heraus und füllte sie mit einer dunklen dicklichen Suppe aus der Ampulle.

»Grüß mir den Führer, Schweinchen, Sog nhiuth cthuluh alraze'd«, sagte er und drückte mir die ganze Ladung in den Nacken. Mir wurde übel. Alle Farbe wich aus der Welt. Dann begannen meine Knochen zu schmelzen.

»Wow«, lachte Herr Peter. »Das hatten wir auch noch nicht! Wirst du jetzt zum Pudding, Schweinchen? Da könnte ich mir einen Spaß in der Cafeteria machen. Haha.«

Laut und feucht lachte er. Dann sagte er noch weitere Dinge, die ich aber nicht mehr verstehen konnte. Hörte nur noch den ewigen Bruce Springsteen.

»Streets of Philadelphia«, knallte es aus den Boxen, und mein Hirn schwappte auf den Boden, zusammen mit allen anderen Organen. Wie eine Pfütze fühlte ich mich. Unendlich schwach und weich.

Dann aber wuchsen mir die Arme. Lange Tentakel. Sie schossen aus mir heraus. Und ich spürte eine fremdartige kosmische Energie meinen Körper durchdringen. Mein Hirn erwachte mit einem lauten Klatschen, es startete puckernd wie ein Außenbordmotor. Sämtliche drogeninduzierte Mattigkeit fiel von mir ab. Die fremdartige Kraft, die mich nun erfüllte, wuchs und wuchs und ließ meinen sich neu formenden Körper erzittern.

»Hallo, hallöchen!«, staunte Herr Peter. »Da passiert ja wirklich was! Sieht gut aus! Dachte schon, das wird wieder so 'ne Pleite wie letztens mit den Fledermausviren!«

Ich erhob mich vom Boden, schlang einen Arm um Herrn Peters Hals und riss ihm den Kopf ab.

Blut spritzte an die Glaswände.

Schon kamen Schergen herbei mit Pistolen, Spritzen und Maria-Montessori-Klötzchen, aber ich nutzte meine saugnapfbesetzten Tentakel, um senkrecht die Wand hochzuklettern, presste mich in den Luftschacht, und weg war ich.

Während ich durch den Schacht glitt, schien dieser immer enger zu werden. Was allerdings bautechnischer Unfug oder arge Schlamperei gewesen wäre. Und davon wollte ich jetzt mal aus Respekt vor dem B.S.-Institut nicht ausgehen, sodass sich eine alternative Erklärung aufdrängte: Ich wuchs.

Und ich wuchs schnell. Gerade so schaffte ich es noch, oben auf dem Dach durch den Filter zu flutschen. Als ich dort saß – während sich unten schon Schützen bereit machten, mich abzuknallen –, war ich bereits fünf Meter groß.

Sie schossen. Einige Kugeln durchdrangen mich wie … na ja, wie wirklich einen Pudding. Lassen wir dem seligen Herrn Peter diese Metapher, statt auf Krampf eine neue zu suchen. Ein riesenhafter grüner Wackelpudding mit acht mächtigen Armen schien ich geworden zu sein.

Ein fantastisches Wesen. Und zum Glück kein Nazi. Nicht den Funken einer rechten Gesinnung verspürte ich. Nur Unsterblichkeit. Dieser Aspekt des Lebensfunke-Zeugs funktionierte.

Das Gefühl der Unsterblichkeit ist schwer zu beschreiben. Wir Menschen (diese Bezeichnung passte nicht mehr so gut auf mich) vermeiden es ja generell, an den Tod zu denken, wir schieben ihn stets so ein bisschen vor uns her, prokrastinieren das Sterben, und je näher er rückt, desto beharrlicher schauen wir in die andere Richtung. Echte Unsterblichkeit sieht den Tod. Der Unsterbliche kann vermutlich sogar als Einziger den Tod sehen. Und siehe: Da war er. Schwarz, stinkend, wolkenhaft überall. Wie eine Aura – wahrscheinlich war er auch genau das – dampfte er um die sich unten vor dem B.S.-Gebäude versammelnden Sicherheitsleute herum. Und als ich vom Dach auf sie hinuntersprang und sie unter meinem immer weiter wachsenden Leib erdrückte, drang er in sie ein. Alles war Tod. Nur ich war Leben. War ich ein Gott geworden? Vermutlich. Na ja. Wär auch okay, wenn nicht. Mir reichte schon, dass ich endlich frei war und nicht mehr dauernd den blöden Bruce Springsteen hören musste.

»Born in the U.S.A«, summte ich, ohne zu realisieren, was ich tat. Meine Stimme hatte einen metallischen Klang. Aber klang gut. Ehrfurcht gebietend.

Mittlerweile war ich auf fünfzehn Meter angewachsen. Sirenen erklangen, Leute schrien durcheinander.

Ich atmete tief ein und sprang. Ich sprang in die Luft und schwebte. Außerhalb des Todes herrschen andere

Naturgesetze. Durch die Luft springend, entfernte ich mich. Es war ein guter Tag.

In einem nahe gelegenen Wäldchen ließ ich mich nieder. Immer noch wuchs ich. Die jungen Birken knickten ab wie Strohhalme. Obschon von puddinghafter Konsistenz, war mein Körper hart, fest und wuchtig. Aber ich war jetzt viel zu groß. Kurz konzentrierte ich mich aufs Schrumpfen, und schon wurde ich kleiner. Ich stellte mir vor, mannshoch zu sein, und die Schrumpfung endete genau, als ich es war. Gedankenkraft. Eine neue Fähigkeit. Eine von vielen wahrscheinlich.

»Dancing in the dark«, murmelte ich nachdenklich. Die Waldluft roch frisch und lebendig. Stimmen drangen an meine Hörorgane. Einige Kilometer entfernt befanden sich Senioren auf einem Trimm-dich-Pfad. Schnell hüpfte ich hin und verschlang sie. Das machte ich, indem ich mich über sie stülpte. Mein Mund war nun unten. Verzweifelt schrien sie, während meine säurehaltigen Säfte sie zersetzten. Hinterher war mir schlecht. Essen kam nicht mehr so gut wie früher. Brauchte ich überhaupt noch Nahrung als Gott? Ich übergab mich. Schöne Sauerei. Versuchsweise aß ich einen Baum. Nee. Auch nicht.

Viel gab es noch herauszufinden über meine neue Existenz, aber jetzt musste ich erst mal Ramses befreien. Ein Pakt war ein Pakt, und der arme Kerl hatte lang genug gewartet.

Ein neuer Orientierungssinn wies mir exakt den Weg zum Gefängnis, und bevor ich den ersten Hüpfer tun konnte, war ich auch schon da. Teleportation. Das konnte ich jetzt also auch. Nicht schlecht.

Anstatt die Wachen zu essen und mich dann wieder übergeben zu müssen, teleportierte ich mich gleich in unsere alte Zelle, und wirklich lag dort mein Freund auf seiner Pritsche. Er sah genauso aus wie damals. Nicht eine Falte mehr. Auch wirkte er kein bisschen erstaunt darüber, mich zu sehen. Na, so war er schon immer gewesen: Mister Supercool. Sein neuer Zellenkumpan nicht. Ein dicklicher Angsthase, der schrill aufschrie.

»Was bei allen Heiligen der Hölle ...«, begann der Zellenkumpan, und ich schlug ihn bewusstlos für den Fall, dass das ein längerer Monolog werden würde.

»Kannibale«, sagte Ramses. Offenbar erkannte er mich, was wirklich seltsam war, denn ich sah jetzt sicher völlig anders aus. War das alles nur ein Traum? Angstvoll kniff ich mich. Tat weh. Gut.

»Hatte dir doch gesagt, dass wir nur zu zweit abhauen«, grinste ich. »Sorry, dass es so lange gedauert hat.«

Ramses nickte bloß und begann, seine Sachen zu packen, während ich die Tür aufstemmte.

Dann flitzten wir durch die Flure, Ramses auf meinem Rücken. Anscheinend kannte meine Geschwindigkeit kein Limit. Zack waren wir aus dem Bau raus und zurück im Wäldchen. Ramses wirkte gefasst wie immer.

»Willkommen in der Freiheit, alter Knabe«, sagte ich. »Bin gleich wieder da, muss nur kurz noch was erledigen.«

Und weg war ich.

Zurückteleportiert ins Gefängnis.

Ihr, Leser, kennt mich ja. Euch kann ich nichts vormachen. Natürlich suchte ich Frau Dr. Du Ruez.

Warum nicht meine Brünette? Warum galt mein erstes

Trachten nicht der Liebe meines Lebens? Ein gar nicht göttlicher Anflug von schlechtem Gewissen ließ mich wackeln. »Wo ich schon mal hier bin«, flüsterte ich doof, als wäre das eine Erklärung.

Die traurige Wahrheit war, dass ich es in sage und schreibe ZEHN Jahren nicht geschafft hatte, mir über meine Gefühle klar zu werden. Welche Frau liebte ich? Klar, die offensichtliche Antwort war: Brünette. Natürlich Brünette, die Gefährtin meiner Jugend, meine erste und einzige große Liebe. Sie, die mich zudem brauchte, die ich vom Vampirfluch erlösen musste. Meine *Damsel in Distress*, deren Held ich war. Schicksal, Mann. Natürlich Brünette.

Aber – wenn das alles so klar war, warum wanderten dann meine Gedanken, einer fauligen Waldbodenpilzkultur gleich, immer wieder zu »der anderen«? So versuchte ich, sie in meinen Überlegungen zu nennen, wollte ihren Namen vor meinem lüsternen Sehnen verbergen. Es gelang nicht. »Die andere« – das war Frau Dr. Du Ruez, und sie liebte ich mit mindestens derselben Intensität. Wenn auch ganz anders. Hier mischte sich Bewunderung in die Liebe. Ihre akademische Laufbahn gebot Ehrfurcht. Hatte ich nicht auch deswegen geplant, lesen zu lernen, um mich ihr intellektuell anzunähern? Ja und ja! Frau Doktor hatte etwas in mir ausgelöst, eine Wunde in mein Herz geschlagen, die nicht heilen wollte. Wenn ich die Augen schloss, sah ich nicht Brünette vor mir, sondern die unergründlich grünen Augen meiner Therapeutin. Oh, ich unseliger Patient! Dann also Frau Doktor? Dann sprich es doch aus, gesteh dir doch ein, dass deine erste Liebe schwach war, abstarb, dass du ihr entwachsen bist – wie konnte es anders sein. Nur eine moralische Verpflichtung band mich noch an Brünette. Brünette – das war nur noch ein Wort.

Mich schauderte. Diese toxischen Gedanken hatte ich so oft gehabt, und nie hatte ich gewagt, sie zu Ende zu denken. Jetzt, als ich hier so die altbekannten Flure entlangschlich, spürte ich, dass endlich eine Erlösung – oder zumindest eine Lösung – aus meinem Dilemma bevorstand.

Hier war die alte lieb gewonnene Tür! War das alles wirklich schon zehn Jahre her? Oh, und unser letztes Treffen war doch auch so blöd gelaufen mit dem Messer am Hals und alldem! Jetzt konnte ich Frau Dr. Du Ruez ja alles erklären, oder? Konnte ich? Was wollte ich ihr denn überhaupt sagen? Würden die Worte kommen, oder würde ich nur stammelnd wabbeln? Mich zugleich heiß und kalt fühlend, drückte ich die Türklinke runter und trat ein.

Was hatte ich erwartet? Einen leeren Raum. Wusste doch gar nicht, ob sie hier noch praktizierte nach so langer Zeit. Und wenn, dann war sie ja auch nicht dauerhaft im Dienst.

Aber der Raum war nicht leer.

Frau Dr. Du Ruez stand vor ihrem Schreibtisch. Ihr Kopf hing in einem orthopädisch bedenklichen Winkel zur Seite. Eine schwarzgrün verschorfte Bisswunde klaffte in ihrem Hals. Als ich eintrat, wandte sie sich mir zu, riss die Augen auf und kreischte: »Heil Hitler! Du wirst einer von uns werden.« Steifbeinig stakste sie langsam auf mich zu. Sie war schlecht gealtert. Ihre Haut war grau und an einigen Stellen zerfetzt, die grünen Augen leuchteten in einem unnatürlichen Blau, und als sie vor mir stand und mich in den dritten Arm von rechts biss, kullerte eines von ihnen heraus und fiel auf den Boden.

Verschämt hob ich das Auge auf und setzte es ihr wieder ein. Nun war es irgendwie verdreht, und sie erinnerte an Marty Feldman.

»Werde einer von uns, Abschaum der Hölle«, sagte sie, missmutig auf meinem gummiartigen Fleisch herumkauend.

»Erkennen Sie mich denn nicht wieder, Frau Doktor?«, fragte ich.

Sie spuckte aus.

»Adolf Hitler ist unser Erlöser. Er wird wiederauferstehen und ein millionenjähriges Reich der Arier im Glanze einer neuen Zeitrechnung ...« Hier kam ihr etwas hoch. Ich bekam ihr nicht. Sie musste sich übergeben. Krümmte sich dabei. Das Auge fiel wieder raus.

Vorsichtig löste ich mich aus ihren steifen Fingern, glitt zur Tür und verließ den Raum.

Brünette also! Endlich war es entschieden! Natürlich Brünette! Immer war sie es gewesen, *you and me, we've been together ever since we've been sixteen!* Es tat so gut, endlich Klarheit zu haben.

Der Flur war auf einmal voller Nazizombies, aber ich nahm sie kaum wahr. Ihre Bisse schmerzten nicht, ihre Parolen hatten keine Überzeugungskraft, es waren eigentlich arme Schweine.

Ich teleportierte mich zurück zu Ramses.

Der stand wie Caspar David Friedrich auf einem kleinen Hügel und schaute ins darunter liegende fruchtbare Tal.

»Wollte mich nur verabschieden, Alter«, sagte ich. »Unser Pakt ist erfüllt. Nun muss jeder seines eigenen Weges gehen. Pass auf dich auf, und lass mal von dir hören. Über Facebook vielleicht.«

»Ich bin Ramses der Zweite«, sagte Ramses mit dem Rücken zu mir. »Vor viertausend Jahren wurde ich in Mesopotamien geboren, bestimmt, der größte Pharao Ägyptens zu werden. Unsterblichkeit war mein Schicksal.«

»Krass genug«, antwortete ich. »Na, ich mach los. Muss meine Brünette finden, hatte dir ja von ihr erzählt.«

Ramses drehte sich zu mir um. Seine Pupillen leuchteten tiefrot, und seine Haut hatte nichts Menschliches mehr. Sie schien aus grobem Sand zu bestehen.

»Nach meinem Tod wurde ich einbalsamiert und begraben, aber da ich ein Gott bin, gelang es mir, mich aus meinem Sarkophag zu befreien. Jahrtausende streifte ich umher, ohne zu wissen, wer oder was ich war. Tags schlief ich, nachts suchte ich nach Antworten. Mein faulender Leib verging und regenerierte sich, und unstillbarer Hass auf die Menschheit erfüllte mein trockenes Herz.«

»Wow. Okay. Aber weißt du, das hättest du mir alles erzählen können, als wir noch zusammen in der Zelle gesessen haben. Da hatten wir alle Zeit der Welt. Jetzt … ich will nicht unhöflich sein, aber … jetzt muss ich halt wirklich los …«

»Erst jetzt erinnere ich mich wieder«, fuhr er unbeirrt fort. »Erst jetzt erinnere ich mich, was meine Bestimmung ist: die Menschheit vernichten und eine Welt der Toten erschaffen. Die Erde wird ein Todesplanet werden. Dies wird meine Rache sein.«

Während er so sprach, wurde er größer. Und ich wuchs mit. Anscheinend reagierten meine neuen Superkräfte auf seine. Das war alles furchtbar interessant, doch mein Herz verzehrte sich nach meiner ersten und einzigen Liebe, und diese Plaudertasche hielt mich auf.

»Also tschüss«, sagte ich, aber er packte mich mit einer stählernen Hand und hielt vier meiner Arme fest.

»Lass mich bitte los, Ramses. Das find ich nicht in Ordnung. Ich hab dich befreit, und du machst jetzt so was.«

»Ein Gott der Rache kennt kein Mitgefühl«, rief er, hob mich scheinbar mühelos in die Luft und schleuderte mich einige Dutzend Meter weit.

»Streets of Philadelphia!«, rief ich wütend und rappelte mich gaumenknirschend wieder auf.

Wir waren nun beide so groß, dass wir die Baumkronen überragten. Bald würde man uns entdecken und dann: Alarm, Alarm, töten, töten, fliehen, fliehen. Kurz fühlte ich mich unendlich müde.

»Erwachet, Soldaten des Todes! Erwachet, meine Getreuen, die ihr vor Jahrtausenden hier im Kampfe für das Böse fielet«, rief Ramses.

Zehn Jahre Dauerfernsehen hatten mich zu einem Experten auf fast allen Gebieten gemacht, und ich war mir ziemlich sicher, dass vor egal wie vielen tausend Jahren keine Ägypter in Deutschland für das Böse gekämpft hatten, wurde aber eines Besseren belehrt, als Dutzende verfaulter Leichen durch den krumigen Waldboden brachen.

Es waren im Grunde genommen bräunliche Skelette, an denen hier und da noch ein wenig Haut, ein Armband oder ein Fußreif hingen. Alle hatten aber glänzende Schwerter und Speere in den Händen.

Liebe Leser, es erging mir in diesem Moment genau wie euch jetzt. Ich dachte: Nicht jetzt noch so was. Warum? Die Geschichte soll enden, sie strebt ihrem Ende zu, und das Ende muss die Vereinigung der Liebenden sein – was will jetzt Ramses, diese schlecht ausgedachte Nebenfigur, mit seiner Leichenarmee des Todes? Wieso wird jetzt kurz vor Schluss noch mal so ein Fass aufgemacht?

Indes: Die Realität ist kein Roman. Sie folgt einer anderen Logik. Es war Armee-des-Todes-Time, da konnte ich nichts dran drehen, und hätte ich Zweifel gehabt, so hätten die Schwerthiebe und Lanzenstiche dieser nervigen Skelette sie mir genommen. Es waren viele. Es tat weh. Zudem spie Ramses noch Sand in meine Richtung. Unzählige scharfkantig schneidende winzige Sandkörner durchdrangen meine quallige Haut und färbten mich bräunlich ein. Es fiel mir schwer, mich zu bewegen. Der Sand reagierte mit meinem Körper und verwandelte mich in eine Art riesigen Zementsack.

Ramses hob den Blick zum Himmel und spie eine Sandfontäne in die Stratosphäre. Es wurde dunkel. Jetzt ertönten auch endlich Sirenen. Polizisten und Feuerwehrleute kamen, die allesamt von der Armee des Todes niedergemetzelt wurden. Mich ermüdete diese ganze Brutalität. Ich wollte das alles nicht mit ansehen, sondern endlich meine Geliebte umschlingen. Meine Bobby Jean, nein, warte mal, sie hieß anders.

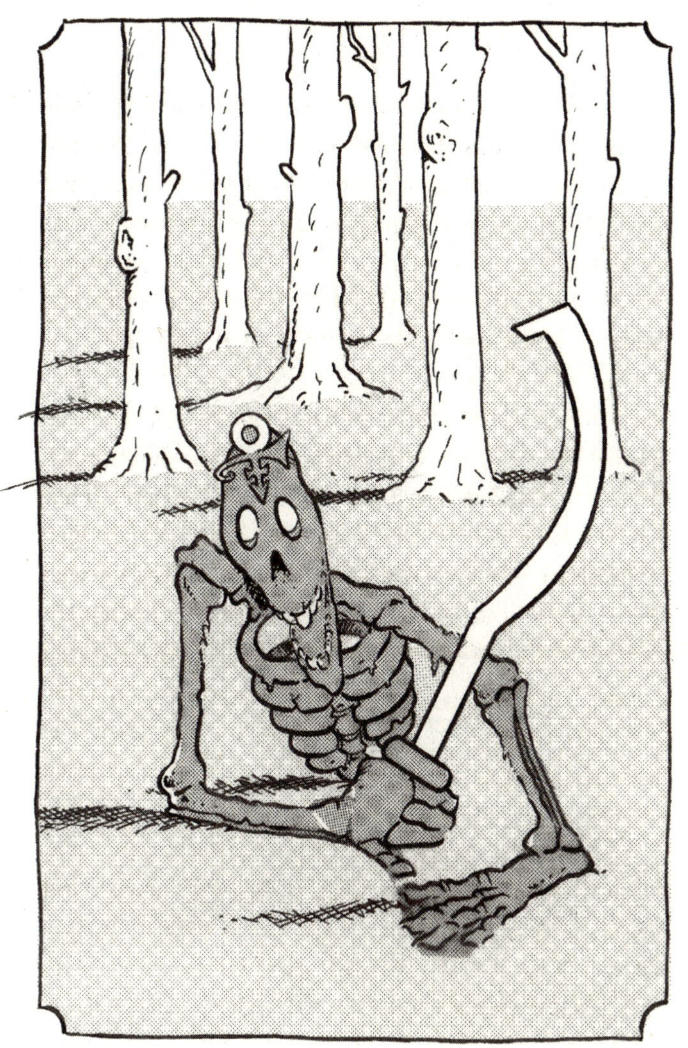

Ich saugte mit einem mir bisher nicht aufgefallenen neuen Organ den inneren Sand zu einem festen Klumpen zusammen und spuckte ihn Ramses mit voller Kraft an den Schädel. Er brach zusammen. Diesen Moment nutzte ich und machte mich davon. Mittels Teleportation.

Meine Intention war gewesen: so weit weg wie möglich. Und mit meinen neuen Fähigkeiten war das SEHR weit.

Der Ort, an dem ich landete, bestand aus merkwürdig fleischigen Metallfelsen, die auf eine mehrdimensionale Weise zu schwingen schienen. Der Himmel darüber war schreiend grünviolett und von dreizehn Monden beleuchtet. Ich war nicht mehr auf der Erde. Die Metallfelsen auf diesem fremden Planeten schienen zugleich natürlichen als auch künstlichen Ursprungs zu sein. Und als ich mich setzte, um mal kurz zu verschnaufen, kamen kleine insektenfroschartige Wesen von unbeschreiblicher Widerwärtigkeit aus den Felsspalten herausgekrochen und

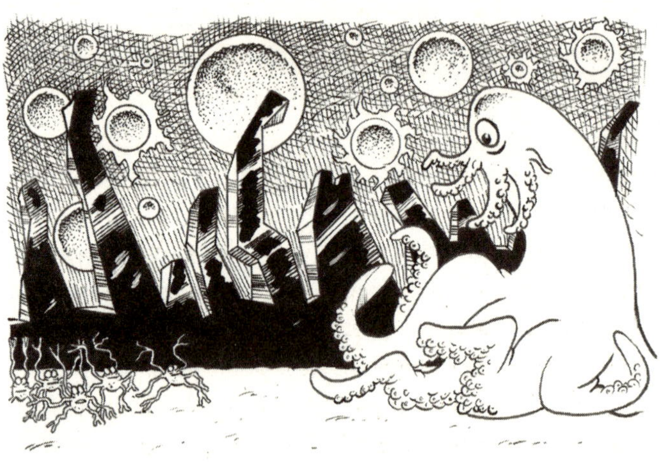

fiepten in einer Frequenz, die mir schlimmste Kopfschmerzen bereitete.

»Cthulhu«, fiepten sie und zeigten auf mich.

»Gaylord«, berichtigte ich, aber sie schüttelten ihre monströsen kopfähnlichen Gebilde und wiederholten nur: »Cthulhu, Cthulhu!«

Ich hatte keinen Nerv mehr für diesen ganzen Scheiß und teleportierte mich zurück auf die Erde.

Auf menschliche Größe zurückverkleinert, legte ich mich im Dschungel auf dem Ast eines M'ngovibaumes schlafen.

»Bobby Jean«, dachte ich, bevor mir die Augen zufielen. Morgen würde ich mit der Suche nach ihr beginnen.

Ich schlief sechs Monate. Dann aber erwachte ich und legte los.

Zunächst versuchte ich, meine Geliebte (die natürlich Brünette hieß und nicht Bobby Jean) zu spüren. So viele neue Sinne hatte ich ja nun, vielleicht konnte mich einer von denen zu ihr führen. Leider nicht. Ich spürte schon Wesen. Alle möglichen Wesen. Tiere, Menschen, Pflanzen – wie Knoten auf einer feinen Schnur ertastete ich sie. Nah und fern. Es waren Milliarden. So viel Leben. Aber keiner von ihnen war Brünette. Auch Tote ertastete ich mit diesem verrückten neuen Sinn. Die ganzen blöden Nazizombies, welche sich immer weiter über den Planeten ausbreiteten, erspürte ich, genau wie Ramses und seine knöchernen Gehilfen, von denen er, während ich schlief, noch mehr erweckt hatte. Es waren nun Hunderttausende, und sie mordeten, was das Zeug hielt. Überall spürte ich das schmerzhafte Zucken des Übergangs vom Leben zum

Tod, es war völlig aus dem Gleichgewicht geraten, der Tod verschlang das Leben. Ich empfing Schmerz, Leid, Nazigelaber und jahrtausendealten Rachedurst (wofür eigentlich? Auch egal). Brünette aber spürte ich nicht. Weder bei den Lebenden noch bei den Toten.

Das musste nichts bedeuten. Durch den Vampirbiss war sie ja weder tot noch lebendig. Ich konnte sie nicht spüren, war mir aber sicher, dass sie noch – na ja – *da* war. Und ich würde sie finden. Sie war meine einzige große Liebe. Die Logik der Liebe gebot, dass ich sie finden würde.

Was blieb mir übrig, als es auf die alte analoge Art zu probieren? Nichts. Systematisch begann ich, die Welt zu durchforsten. Zunächst Europa. Überall stieß ich auf Verwüstung und Tod. Entweder waren die Nazizombies eingefallen oder die Leute von Ramses. Oft lieferten sich auch beide Armeen erbitterte Kämpfe in den Ruinen. Menschen wurden zombifiziert, zerhackt oder gegessen. Es war eine traurige und sinnlose Geschichte. Das Morden und Assimilieren nahm zu, als sich beide Armeen verbündeten. Offenbar waren die ägyptischen Skelettkrieger auch Arier. Na, herzlichen Glückwunsch. Jetzt legten sie gemeinsam den alten Kontinent in Schutt und Asche. Nach ein paar Monaten gab es kaum noch Menschen, und der alte Denkfehler der Nazis trat wieder zutage: Wenn du alle guten Leute umbringst oder auf dein niedriges Zombielevel runterziehst, gibt's halt irgendwann keine guten Leute mehr. Da Zombies Menschenfleisch benötigen, fanden sie immer weniger Nahrung, je erfolgreicher sie waren. Dann fiel den Soldaten von

Ramses plötzlich ein, dass sie doch keine Arier waren. Sie zerstückelten die geschwächten Nazis und übernahmen die Herrschaft.

Die Leute von Ramses waren – falls man das sagen kann – noch geistloser als die Nazis. Ihre »Herrschaft« bestand aus blöd irgendwo rumhocken.

Sie konnten nur töten, aber es war niemand zum Töten mehr übrig.

Eine tödliche Stille legte sich über den Kontinent. Ich wanderte umher, schaute in jede Ruine, durchsuchte jeden Keller, hinterließ überall Nachrichten. Die wenigen Menschen, die ich in ihren Verstecken entdeckte, schrien bei meinem Anblick und hatten Brünette auch nicht gesehen. Meine Suche interessierte sie nicht, sie hatten ihre eigenen Probleme.

Dann eines Tages, als ich durch das ehemalige Hipsterviertel Darmstadts lief, spürte ich die Präsenz meines alten Knastkumpans.

Und kaum hatte ich ihn gespürt, da stand er auch schon vor mir. Schlecht sah er aus, man merkte ihm jetzt seine viertausend Jahre an.

Er spuckte einen Klumpen Sand aus.

»Na?«, sagte ich.

»Na«, erwiderte er tonlos.

»Hast du jetzt deine Rache gehabt?«, fragte ich.

Er schwieg. Rieb sich nur die müden Augen.

»Du verstehst das nicht«, sagte er dann.

»Stimmt. Aber mal was anderes: Hast du vielleicht zufällig auf deinen Eroberungszügen meine Verlobte gesehen?«

Er schüttelte den Kopf, während seine Skelette sich schlurfend näherten und einen Kreis um uns bildeten. Sie witterten einen Feind, und das brachte ihre morschen Knochen in Schwung.

»Viertausend Jahre«, sagte er dann.

»Nicht schon wieder DIE alte Leier.«

»Viertausend Jahre. Niemand kann ermessen, welch Leid ...«

»Ramses, ich sag's dir als Freund: Du musst von diesem Opfertrip runterkommen. Guck, das Komplizierte am Gewinnen ist nicht nur das Gewinnen selbst, sondern dass man es auch erkennen muss, wenn man gewonnen hat. Du HAST gewonnen. Fast alle Menschen und Nazis sind tot. Du und deine Vollvögel beherrscht den Planeten. Das nennt man gewonnen. Also freu dich doch. Entspann dich. Wenn du jetzt in deiner Jammerlappigkeit verharrst, war alles umsonst.«

»Du nennst mich einen Jammerlappen?«, fragte er, ein Auge zukneifend.

»Ich nenn dich gar nicht. Ich gratuliere dir einfach zu deinem Sieg und finde, du kannst dich jetzt mal zurücklehnen. Du siehst abgekämpft aus.«

Der alte funkelnde Hass kehrte in Ramses' Augen zurück.

»Ergreift ihn, Männer!«, rief er.

»Ey, wer hat dich aus dem Knast befreit?«

»Du spottest meiner! Niemand spricht so mit Gott! Reißt ihn in Stücke!«

Es folgten Monate des permanenten Flüchtens. Ruhe fand ich nur in den entlegensten Regionen – am Nordpol oder im tiefsten Urwald. Ramses' Armee hatte tatsächlich den gesamten Planeten unter Kontrolle, und nun jagten sie alle – mich.

Ich konnte mich jetzt aber nicht bis in alle Ewigkeit (da alle wichtigen handelnden Personen unsterblich zu sein schienen, keine leere Redensart) verstecken, wenn ich Brünette finden wollte.

Was konnte ich tun?

Manchmal hat man einfach Glück.

Eines bedeutsamen Tages färbte sich der Himmel über mir schwarz, und eine Armada von Raumschiffen landete. Ungute mehrdimensionale Fleischmetallsteinraumschiffe waren das, und ihnen entstiegen – you guessed it – die Insektenkröten von Gaylord Zentauri, oder wie dieser ferne Planet hieß. Sie hatten mich aufgespürt, hielten mich noch immer für ihren Gott, und »Cthulhu! Cthulhu!« fiepend, umringten sie mich.

Ich brauchte einige Wochen, um ihre Sprache zu lernen. Blöd, wie ich nicht war, bestätigte ich sie in ihrem Aberglauben. Ja, fiepte ich, ich sei Cthulhu, der Gebenedeite, erschienen, um ihnen diesen Planeten als Himmelreich zu gewähren. Das einzige Problem wäre Ramses mit seiner Armee der Finsternis, die möchten sie doch, bitte schön, erst einmal vernichten.

Mit meiner List zettelte ich die »Planet X vs. Wüstenficker«-Kriege an, wie ich sie insgeheim nannte. Drei Jahre außerirdische Technologie gegen außergewöhnlichen Hass. Am Ende gewannen meine Leute. Sie hatten einfach die besseren Waffen gehabt. Und waren emotional ausgeglichener, was auf lange Sicht entscheidend ist.

In einen Fleischmetallblock eingekleistert, brachten sie mir Ramses.

Er vermied es, mich anzusehen.

»Was ist aus unserer Freundschaft geworden, Alter?«, fragte ich.

»Ich war nie dein Freund, Hund«, zischte er und spuckte aus.

Wegen der alten Zeiten brachte ich es nicht übers Herz, ihn hinzurichten. Ach, nicht nur wegen der alten Zeiten. Schon seit geraumer Zeit verspürte ich keine Freude mehr an Brutalität. War inzwischen ja auch schon Mitte vierzig oder so. Da kommt man zur Ruhe.

Ich verbannte Ramses in den tiefsten Weltraum, erklärte dann meinen Kreaturen, dass ich mich getäuscht hätte (etwas, was in ihrer Religion anscheinend okay war): Die Erde wäre doch nicht der gelobte Planet, sondern sie müssten noch einige Jahrtausende durchs All schippern, um jenen zu finden. Letztlich sei der gelobte Planet aber auch in jedem Einzelnen von ihnen, und da könnten sie genauso gut mal suchen. Hier jedenfalls sei ihre Mission erfüllt.

Sie kauften es mir ab, bestiegen ihre Raumschiffe und flogen davon.

Mit gemischten Gefühlen ließ ich sie ziehen. Einige hatte ich lieb gewonnen in diesen wilden drei Jahren. Klar, es waren Bestien, und ihr Anblick ließ einen wahnsinnig werden. Aber sie hatten auch einen erfrischend trockenen Humor und konnten fünfe gerade sein lassen.

Jetzt war ich wieder allein.

Und so setzte ich meine Suche fort.

10 Das Ende

Alt war Kehlma geworden. Schwerer und schwerer fiel ihr die Jagd, zumal auch kaum noch Tiere im Wald zu finden waren nach den großen Kriegen.

Früchte und Gemüse aber gab es reichlich. Überall wucherte, blühte und gedieh es. Die Erde gehörte nun wieder den Pflanzen, ihren ersten, treuesten und vernünftigsten Bewohnern. Obgleich – hatte die Erde denn je jemand anderem gehört? Waren wir Sauerstoffatmer nicht nur eine Schöpfung des Pflanzenreichs gewesen, konzipiert als eine Art nützliche Idioten, deren einzige Aufgabe darin bestand, Samenkörner in ihren Mägen von A nach B zu tragen, den Boden mit ihrem Kot zu düngen und Kohlendioxid bereitzustellen?

Und alle paar Jahrmillionen mussten wir wohl mal ein bisschen zurechtgestutzt werden. Kehlma ächzte und pflückte ein paar gigantische Heidelbeeren.

Im Dorf waren alle tot. Die Hütte lag gut versteckt im Wald und war deshalb verschont geblieben, aber die Dörfler hatten nicht so viel Glück gehabt. Erst waren die Zombies gekommen, dann die Weltraumwesen.

Den Edeka hatte Kehlma schon vor langer Zeit leer geräumt, auf den REWE hatte sie keine Lust.

Sie fand im Wald genug Nahrung. Brünette aß eh nichts.

Ihr Leben war eigentlich nicht viel anders als vor der Apokalypse. Kehlma jagte und sammelte, während Brünette Klavier spielte. Die Kleine war nicht unbegabt,

Kehlmas alte Klavierlehrerin hätte ihre Freude an ihr gehabt. Sie lebten nun schon so lange auf engstem Raum zusammen, dass alles Sagbare schon dreimal gesagt war, und im Fernsehen kam nur Nazipropaganda in Endlosschleife. Da sendete irgendeine Station einfach weiter. Mit KI oder so. Es war totenöde. Eine Zeit lang hatte Kehlma sich das trotzdem angesehen und war dann auch prompt zum Nazi geworden. Noch immer schämte sie sich, wenn sie daran dachte, wie sie die arme Brünette damals mit diesen einfältigen völkischen Idealen zugetextet hatte, wie sie ihr ihren geliebten Jazz hatte vermiesen wollen.

Brünette hatte ihr dann irgendwann singend erklärt, dass die Nazis genau dieselben Mechanismen anwandten wie Kehlma selbst damals in der Werbeagentur: Finde die Unsicherheiten des Kunden, oder red ihm welche ein, und versprich ihm, dass diese verschwinden werden, wenn er sich für dein Produkt entscheidet. Du kannst eine andere werden, eine Bessere – musst nur in die Partei eintreten oder ein Elektrobrot essen. Als ihr das klar geworden war, hatte sie den Fernseher zertrümmert, später dann aber aus dem Juniorsaturn im Dorf einen neuen Flatscreen besorgt, und jetzt guckten sie den Naziquatsch ohne Ton.

In letzter Zeit war der Empfang schlechter geworden.

Fernsehen war eh Mist. Wozu? Das echte Leben hatte so viel zu bieten: Beeren, Kartoffeln, Musik.

Das Bier ging zur Neige. Da würde sie wohl bald mal in die große Stadt fahren müssen.

Kehlma schälte die Heidelbeeren über der Spüle,

summte heiser das Lied mit, das Brünette gerade spielte – eine neue Komposition ihrer Freundin, die die gesamte abend- und morgenländische Musik von Bach bis Omar Sharif in den Schatten stellte und die man nur als einen phonetischen Dauerorgasmus höchster Kajüte beschreiben konnte.

Plötzlich flackerte der Flatscreen. Schneegestöber, Interferenzen, dann erschien das Gesicht einer jungen Frau. Kein Zombie, eine lebendige schöne junge Frau mit lustigen Sommersprossen und kaskadenartig fließenden dunklen Locken. Sie trug keine Uniform, und sie erzählte etwas. Aufgeregt suchte Kehlma die Fernbedienung, fand sie endlich im Regal (wo denn sonst), blies den Staub weg und schaltete den Ton ein.

»Jeder ist willkommen«, sagte die lockige Frau. »Alt oder jung, krank oder gesund – wir nehmen jeden auf.«

»Hörst du das?«, fragte Kehlma. Sie fragte immer die blödesten Sachen.

»Ja«, sang Brünette. »Das ist sicher nur ein neuer Nazitrick.«

»Glaub ich nicht. Diese Frau sieht nicht aus wie eine von denen.«

»Wie willst du …«, begann Brünette und ging dann eine Dreivierteloktave tiefer, »… das denn wissen?«

»Na, erst mal ist sie noch am Leben. Die Nazis waren doch alle Zombies, remember? Und sie sieht irgendwie … nett aus. Demokratisch, wenn du verstehst, was ich meine.«

»Ich sage, das ist eine Falle«, sang Brünette.

»Lass trotzdem mal weiterhören.«

»Jeder ist willkommen«, fuhr die junge Frau fort. »Wir bewirtschaften wieder Felder und rechnen mit einem hohen Ernteertrag im Herbst. Wohnungen sind auch vorhanden. Sie werden gerade fachgerecht renoviert und instand gesetzt. Hier ist viel Platz, und wir haben eine gute, gerechte Regierung. Kommt. Wenn ihr dies hört – macht euch auf den Weg, werdet Teil unserer Gemeinde. Unsere Stadt heißt Reutlingen.« Es folgte eine Wegbeschreibung.

»Reutlingen. Kenn ich«, sang Brünette. »Das ist keine Stadt, sondern 'n Dorf. Totenöde und voll die Spießer.«

»Vielleicht ist es mittlerweile zu einer Stadt angewachsen«, sagte Kehlma. »Ich finde, das klingt ganz gut.«

»Du bist zu leichtgläubig, Kehlma.«

Kehlma dachte darüber nach, zuckte dann mit den Achseln und betrachtete weiter den Bildschirm. Es wurden nun saubere, aufgeräumte Straßen und Menschen gezeigt, die sich daranmachten, zerfallene Häuser wieder aufzubauen. Dann weitere Menschen auf Feldern und in behelfsmäßigen Kuhställen und Hühnerzwingern.

Die Menschen wirkten fröhlich und ausgelassen. Es waren nicht viele, doch man meinte, ihre feste Gemeinschaft und ihre Aufbruchstimmung zu spüren. Das sollte eine Falle sein?

Brünette schaute nicht mehr hin, sondern konzentrierte sich wieder auf ihr Spiel. Sie war in all den Jahren kein bisschen gealtert, was bei ihrer grauenhaften Hässlichkeit allerdings nicht half.

Kehlma liebte Brünette, spürte jetzt aber, dass sie sich auch nach anderen Menschen sehnte. Wenn die Zivilisation wieder aufgebaut wurde, dort in Reutlingen, sollten sie beide da nicht mit dabei sein?

Kehlmas Wildniswissen und Brünettes Musikalität wären doch sicher eklatante Values für eine junge, entstehende Gesellschaft. Schnalzend schmeckte Kehlma diesem kleinen Wörtchen nach: »jung«. Nach all den endzeitlichen Grausamkeiten der letzten Jahrzehnte spürte sie plötzlich, wie sehr sie nach einem Anfang dürstete. Einem neuen Beginn. Wenn sie selbst auch alt war, so wäre sie doch gern Teil von etwas Neuem, Jungem geworden.

Aber Brünette wollte nichts davon hören. Gut.

Kehlma ging raus, hackte Holz, wässerte die Linde, beschnitt die Nordhecke, zimmerte ein neues Waschbärhäuschen, und so verging auch dieser Tag.

Die junge Frau aus Reutlingen sendete von nun an täglich. Immer wieder erzählte sie von ihrer Stadt, von der Güte ihres mysteriösen Anführers, welchen man allerdings nie zu Gesicht bekam, und dann wurden die Fortschritte gezeigt, die die Menschen dort machten: Sie gruben einen neuen Brunnen, bauten eine Brücke über die Reut, zogen Getreidespeicher hoch und errichteten ein großes hölzernes Schulgebäude, welches sie in leuchtenden Farben strichen.

Kehlma liebte diese Sendungen. Eine unstillbare Sehnsucht nach jenem Ort erfüllte sie nun. Aber Brünette ließ all das kalt. Brünette war zufrieden, wenn sie Klavier spielen konnte, und das konnte sie 24 Stunden am Tag. Sie musste weder essen noch trinken oder schlafen, war unsterblich und unverwundbar, und all das hatte bei ihr gewisse autistische Züge entstehen lassen. Brünette brauchte niemanden.

Auch Kehlma brauchte sie vermutlich nicht. Ihre Freundschaft war weiterhin stark, indes – wie bei allem, was lange währt – nicht mehr sonderlich tief. Sie kannten sich mittlerweile so gut, hatten sich alle Geschichten schon hundertmal erzählt, waren einander wie offene Bücher. Schlichte, simple Bücher. Selbst ihr komfortables gemeinsames Schweigen, welches den Großteil der gemeinsamen Zeit ausmachte, hatte etwas Banales. Wenn nichts mehr fremd ist, wird alles lauwarm. Abenteuer gehen anders.

Kehlma seufzte öfter, tiefer und lauter als früher, was Brünette instinktiv in ihre genialen Improvisationen einbaute.

Und dann eines Tages geschah es, dass Gaylord an die Tür klopfte.

Für ein Wesen mit derart schrankenlosen Sinnen und Fähigkeiten hatte er erstaunlich lange gebraucht, Europa zu durchkämmen. Tatsächlich war er alles zu Fuß abgeschleimt, hatte Gebäude um Gebäude einzeln durchsucht. In einigen wenigen hatte er noch Menschen gefunden. Verängstigte, vertierte kleine Gruppen. Viele Kannibalen auch. Jetzt, wo er selbst keiner mehr war, fingen auf einmal die Normalen damit an. *Ironic.*

Wann immer Menschen ihn gesehen hatten, hatten sie schreiend Reißaus genommen, denn die Geschichte von Cthulhu, dem Weltraumoktopusgott, der mit seiner außerirdischen Armee den Planeten weitgehend zerstört hatte, wurde überall erzählt, und dass es eigentlich Notwehr gewesen war (wie fast alle »bösen« Taten Gaylords, fand zumindest er), interessierte keinen.

Auch Gaylords Oktokörper musste weder schlafen noch essen und trinken, und leise mutierte er immer weiter vor sich hin. Mittlerweile kannte er nur noch zwei körperliche Empfindungen: warm und windig. Sein Hirn war indes das alte geblieben. Und seine Seele auch: erfüllt von Liebe und Sehnsucht nach Brünette, seiner ersten und einzigen Liebe. Das Intermezzo mit der Therapeutin hatte er erfolgreich verdrängt. Nur noch Brünette gab es für ihn. Nur sie hatte es immer gegeben. Sie musste er finden und retten. Das – außer einem gelegentlichen »Hey, heute ist's ja windig und warm« – erfüllte seinen Sinn. Brünette wiederzufinden war sein Trachten und sein Ziel. Ein Ziel hält dich bei der Stange, und so war Gaylord mit der relativen Einsamkeit, die du als furchterregender Gott der Apokalypse nun einmal in Kauf nehmen musst, gut klargekommen. Und Einsamkeit war weniger unerträglich, wenn man – so wie unser Held – irgendwann erkannte, dass im Grunde jeder einsam war. Die verängstigten Überlebenden, die sich zu straff organisierten Kleingruppen zusammengeschlossen hatten und dort Stabilität in Form von abstrusen, teilweise wirklich ekelerregenden Riten und Gebräuchen suchten, die jede andere Kleingruppe abgrundtief hassten, fürchteten und mit verbissener Grausamkeit bekämpften, waren am Ende des Tages genauso einsam wie er. Die wenigen Tiere, die den Dauerbeschuss außerirdischer Strahlenwaffen überlebt hatten, waren Inseln der Idiotie inmitten ihres Rudels. Alle respektierten die Rangfolge, zogen die Paarungsnotwendigkeiten stoisch durch, aber jeder war allein. Die Tatsache, dass es nur noch so wenig Leben auf dem Planeten gab, verlieh dieser fundamentalen Einsamkeit mehr Gewicht. Sie war immer schon leise anwesend gewesen, nun aber hatte sie Farbe, Schwere und Kontur bekommen. Ja, der ganze Planet, das ganze riesige All, welches von den Sterbensschreien der unglücklichen Opfer der Armeen des Cthulhu widerhallte, war einsam. Gaylord war im Grunde genommen sogar noch etwas weniger einsam als der Rest, denn er hatte ein Ziel.

Es war ein windiger, warmer Aprilnachmittag, als er dieses Ziel erreichte.

Zuerst war ihm die Linde aufgefallen. Ein außergewöhnlich prächtiges Exemplar, welches etwas aussendete, was Gaylord direkt ins Herz stach. Er war stehen geblieben, hatte die Augen geschlossen und den Lindenduft eingeatmet. Diese ungewöhnlich ausgeprägte warme Windigkeit hatte bei ihm derart tiefe Gefühle ausgelöst, dass er verwundert die Augen wieder geöffnet hatte, und in dem Moment erst sah er die Hütte. Sie war bewohnt, das spürte er. Immer noch erregt und verwirrt, war er zur Tür tentakelt, und nach einem kurzen Moment des Sammelns hatte er angeklopft.

Kehlma trat die Tür von innen auf und leerte beide Läufe ihrer abgesägten Schrotflinte in den verdutzten Wanderer. Die Apokalypse gebot eine gewisse Vorsicht gegenüber Fremden, und dieser dort schien obendrein noch ein Monster zu sein. Fragen also später.

Die Wucht der Schüsse ließ Gaylord durch die Luft segeln und gegen den Zaun krachen. Kehlma lud derweil blitzschnell nach.

»Moment«, keuchte Gaylord und hob einen Arm. »Ich komme in Frieden.«

Dunkelgrünes Blut suppte ins dunkelgrüne Gras, aber seine Wunden schlossen sich schon wieder, und er spürte nur eine gewisse Wärme, keinen Schmerz.

»Was für ein Ausbund der Hölle bist du?«, fragte Kehlma.

»Mein Name ist Gaylord Goldberg«, kam die Antwort. »Ich bin auf der Suche nach meiner Verlobten Brünette. Haben Sie sie gesehen? Sie ist blond, ungefähr 1 Meter 75 groß, sportlich, attraktiv und von einem Vampirfluch befallen.«

»Wenn Sie ihr Verlobter sind, dann zeigen Sie erst mal den Ring.«

»Ringe gibt's doch erst zur Hochzeit, oder? Okay, wir waren nicht offiziell verlobt, aber sie ist die Liebe meines Lebens. Ich muss sie wiederfinden. Ist sie hier?«

»Ich sag nicht Ja, und ich sag nicht Nein«, entgegnete Kehlma schnippisch. »Beweisen Sie erst einmal, dass Sie der sind, für den Sie sich ausgeben.«

Und Gaylord erzählte. Wie er schon unzählige Male erzählt hatte. Die Geschichte seiner ersten und einzigen großen Liebe. Die Worte kamen wie von selbst über seine Lippen, und wie immer, wenn er von damals erzählte, verschwamm alles um ihn herum, und er durchlebte die Vergangenheit noch einmal, hörte Brünettes Lachen, spürte den Fahrtwind auf der Haut und ihre Lippen auf den seinen, und so fiel ihm auch nicht auf, dass Kehlmas Augen sich mit Tränen füllten.

»Du bist es!«, rief sie, als er geendet hatte, und warf die

Schrotflinte zu Boden. »Du bist es wirklich! Gaylord! Aber was ist mit dir geschehen, Junge?«

»Oktopus-DNA, Naziserum und schwarze Magie.«

»Ist doch scheiße!«

»Ich sag nicht, dass es geil ist. Aber was will man machen. Und Brünette? Wissen Sie, wo sie ist?«

»Sie sitzt hier in der Hütte am Klavier. Aber ich muss dich warnen, Junge. Auch sie hat sich verändert.«

»Klar, davon bin ich ausgegangen. Das ist ja alles schon über dreißig Jahre her. Jünger werden wir alle nicht, wa? Hehe. Darf ich eintreten?«

»Sicher, nur ... es ist ...«

Aber Gaylord drängte sich an Kehlma vorbei ins Innere der Hütte. Dort saß die abscheulichste Kreatur, die er jemals gesehen hatte, sabbernd am Klavier, klimperte irgendwas Verschrobenes und sang dazu: »Gaylord, alter Knabe! Lange nicht gesehen!«

Also doch Frau Dr. Du Ruez. Natürlich sie. Immer war sie es gewesen. Ihre katzenhaften Augen, das selbstbewusste Auftreten. Sie war es immer gewesen und würde es immer sein. Er musste sie finden und von ihrem Nazizombiefluch befreien. Dies war nun seine Aufgabe und sein Ziel.

Aber Kehlma schlug die Tür zu und rief: »Das muss gefeiert werden! Wer möchte ein Bier?!« Zum Glück niemand außer ihr, denn es waren nur noch drei Flaschen im Kühlschrank.

»Erzähl doch mal, was du erlebt hast in den letzten Jahrzehnten, Mann«, sang Brünette. »Und wieso bist du so grün und quallig?«

»Irgendein mieses DNA-Ding«, erklärte Kehlma und goss sich ein Schöfferhofer in die Blechtasse.

»Fuck«, sang Brünette. »Das tut mir leid, Baby.«

Und bei diesen Worten wurde es Gaylord windig und warm ums Herz. Er lachte und sagte: »Ist doch egal. Aussehen ist nicht wichtig.«

Und so war es. Dies hier war doch seine liebe Brünette, ganz egal, in was für einem üblen Körper sie nun steckte. Es waren ihr Lachen, ihr Schalk im Auge und ihre liebevolle Art.

»Kannst du dich noch erinnern, wie wir mal die eine Jurastudentin mitgenommen haben, die uns einen Vortrag über Logik und Demokratie und den Ausgleich der Gewalten gehalten hat? Weißt du noch? Die hübsche Rothaarige?«, fragte er. »Und weißt du noch, was du hinterher meintest?«

»Klar«, sang Brünette grinsend. »Ich meinte: endlich mal was Vernünftiges zu essen.«

Alle drei brüllten los vor Lachen, und sie lachten den ganzen Nachmittag bis in die Nacht hinein. Erzählten sich alte Geschichten und ließen sich welche von Kehlma erzählen. Gaylord fiel auf, dass Brünette ein anderes Lachen hatte als früher. Ihr neues Lachen machte sie (wir reden hier von winzigen Nuancen) schöner, und er erkannte, dass sie glücklich war, wobei er gleichzeitig erkannte, dass sie früher nicht glücklich gewesen war. Als Drittes bemerkte er, dass er selbst jetzt ebenfalls glücklich war, was ihn aber nicht sonderlich überraschte.

Einige Monate lebten sie so zu dritt in der Hütte. Keiner war das fünfte Rad am Wagen, Gaylord gewann Kehlma sofort lieb. Es stellte sich sogar heraus, dass sie beide einmal in derselben Werbeagentur gearbeitet hatten – er als Praktikant.

Als aber der Winter kam, überzeugten Kehlma und Gaylord Brünette, nach Reutlingen zu fahren. Sie hatten so viele Fernsehsendungen über diesen Ort gesehen, dass sie schon meinten, ihn zu kennen. Immer mehr Menschen siedelten sich dort an und errichteten imposante neue Bauten. Es gab mittlerweile eine Kanalisation und ein Elektrizitätswerk. Das Leben dort schien wieder auf vorapokalyptischem Level angekommen zu sein. Sogar eine eigene Brauerei war vor Kurzem in Betrieb genommen worden. Gaylord und Brünette brauchten weder Nahrung noch sonst irgendwas, aber aus Rücksicht auf Kehlma, die in der näheren Umgebung kein Bier mehr auftreiben konnte, tankten sie einen alten Lieferwagen voll, luden das Klavier und Kehlmas Waffen darauf und machten sich auf den Weg.

»Ich fahre!«, sang Brünette. Keiner hatte Einwände. Und wie sie da so durch Deutschland bretterten, *back on the road*, fühlte Gaylord sich so derart in die alten Zeiten zurückversetzt, dass er um ein Haar Kehlma gegessen hätte. Sie sangen Lieder, erzählten sich Witze, schossen mit der Schrotflinte auf kopflose Zombiekörper, angefressene Leichen und Verkehrsschilder. Die Zeit verging im Flug, und bald waren sie am Ziel.

Reutlingen.

Es war tatsächlich mehr ein Dorf als eine Stadt.

Was zuerst auffiel, war die fast schon kleinliche Sauberkeit und Ordnung dort. Nicht ein Fetzen Papier lag auf den

Wegen, alles funkelte und glänzte. Sämtliche Häuser schienen vor Kurzem in fröhlichen Pastellfarben gestrichen worden zu sein. Es sah genauso aus wie in den Werbefilmen, aber in der Realität hatte die Szenerie etwas Unwirkliches.

Was als Zweites auffiel, war, dass keine Menschenseele zu sehen war.

»Das ist eine Falle, ich hab's ja gesungen«, sang Brünette mit dem Timbre einer Billie Holliday.

In diesem Moment ertönte ein Schuss, und kurz darauf kam der Wagen ins Schlingern. Luft zischte aus dem Vorderreifen.

Weitere Schüsse trafen die Motorhaube. Gaylord betätigte die Bremse (Brünette konnte ja nur »fahren«, nicht »anhalten«. Trotzdem stöhnte sie genervt), öffnete eine Tür, quoll hinaus und rief: »Wir kommen in Frieden.«

Als Antwort durchdrangen drei Schüsse seine Stirn, und warmes Blut rann ihm in die Augen. Wind wehte durch die frischen Löcher.

»Verschwinde, Cthulhu!«, ertönte eine schrille Frauenstimme.

»Ich bin nicht Cthulhu«, erklärte Gaylord geduldig. »Mein Name ist Gaylord Goldberg. Dies sind Brünette Pocher und Kehlma von Heinzen. Wir wollen uns euch anschließen.«

Es folgten weitere Schüsse, doch dann rief jemand: »Halt!«

Ein mittelgroßer Herr mit albernem Schnurrbart tauchte hinter einem Schuppen auf und kam langsam auf sie zu.

»Sag noch mal deinen Namen«, rief er.

»Goldberg!«, rief Gaylord zurück.

»Wie war der Name deiner Mutter?«, fragte der Herr, sich weiter nähernd.

»Susanne! Nein, Quatsch, Sabine!«, erwiderte Gaylord.

Der Mann kam ihm seltsam bekannt vor. Er stand nun vor ihm, und seine Schweinsäuglein funkelten. Idiotisch lächelnd, breitete er die Arme aus. »Gaylord! Erkennst du mich denn nicht? Ich bin es: Bingo!«

Und fürwahr: Er war es.

Gaylord schlang vier Arme um den Bruder, und sie herzten sich, so gut ihre inkompatiblen Anatomien dies zuließen. Darauf kamen langsam Männer und Frauen mit Gewehren und Pistolen hinter den bunten Häusern hervor.

»Alles in Ordnung, es ist mein Bruder!«, rief Bingo, und dann – typisch für ihn, wie Gaylord fand – fragte er nicht: »Was ist mit dir passiert? Warum siehst du aus wie ein kosmischer Oktopusgott des Verderbens, und diese Horrorfigur dort soll Brünette sein?«, sondern erzählte nur von sich: »Ich schmeiß den Laden hier. Hatte doch immer gesagt, dass ich mal Bürgermeister einer mittelgroßen Stadt werden würde.«

»Na ja, Stadt«, sagte Gaylord. Bingo ging ihm schon wieder auf die Nerven. »Das ist hier ja wohl eher ein Dorf.«

»Wir haben unsere eigene Brauerei«, fuhr Bingo unbeirrt fort.

»Wo denn?«, fragte Kehlma.

»Du siehst aus wie Horst Lichter mit dem idiotischen Bart«, sagte Gaylord.

»Ich seh besser aus als du«, konterte Bingo.

»In deinen Träumen vielleicht«, sagte Gaylord und zog dem Jüngeren aus alter Gewohnheit eins über.

Ein Kugelhagel ergoss sich daraufhin über ihn.

Es dauerte noch eine Weile, bis die Einwohner Reutlingens ihre Skepsis gegenüber den Neuankömmlingen verloren.

Dann aber wurden sie wertvolle Mitglieder der Gemeinschaft. Kehlma bildete Jäger:innen aus und half, die Reutlingen-Werbevideos disruptiv aufzumotzen, sodass immer mehr Menschen kamen und die Gemeinde beständig wuchs. Gaylord übernahm nach einigen Querelen das Bürgermeisteramt und regierte weise und gerecht. Und alle liebten Brünettes Musik. Sie bauten ihr eine Elbphilharmonie, wo sie Tag und Nacht musizierte. Fans brachten ihr von Beutezügen in der Umgebung alle möglichen Instrumente mit, die sie allesamt meisterte und auf denen sie Klassik und Jazz in allen erdenklichen Variationen mit immer größerer Meisterschaft darbot.

Die Jahre vergingen. Reutlingen erblühte, und unter Gaylords tüchtigen Tentakeln wurde es irgendwann tatsächlich zu einer richtigen Stadt. Dann starb Kehlma. Sie starb, wie sie gelebt hatte: mit aufgerissenen Augen und weiten Nüstern, ein tonloses »Noch nicht!« durch die zusammengepressten Zähne zischend. Kurz darauf verschied auch Hilfsbürgermeister Bingo, bevor er sein Dekret zur Bleistiftrationalisierung in den Amtsstuben zu Ende hatte formulieren können. Sie legten ihm die Entwürfe mit in den Sarg. Dauernd starben Leute, und neue wurden geboren. Nur Gaylord und Brünette blieben am

Leben. Es vergingen Jahrhunderte. Seuchen kamen und gingen, Bürgerkriege, Religionen, Moden.

Nach ungefähr tausend Jahren gab es einen Vampirangriff. Diese Untoten hatten sich während der großen Kriege zu einer Armee zusammengeschlossen, überall auf der Welt Überlebende ausgesaugt oder zu Sklaven gemacht und planten nun, Reutlingen einzunehmen, um dort dann Menschen wie Vieh zu züchten. Gaylord mochte keine Vampire und vernichtete sie alle innerhalb kürzester Zeit ohne Zimperlichkeit. Es war nicht schwer: Tageslicht. Die Sklaven konnten bei Tag überleben, standen aber ohne Anweisungen nur lethargisch herum. Die Reutlinger zerhackten sie und warfen die Teile ins schwäbische Meer.

Nach ungefähr dreitausend Jahren griffen primitive Hornmenschen, die sich in den Wäldern aus Rotwild entwickelt hatten, die Stadt an, nach achttausend Jahren kamen Eroberer aus dem All. Nach zwanzigtausend Jahren zogen sie wieder fort und hinterließen auf der Erde eine völlig neuartige Spezies aus Weltraummonstern, Hirschmenschen und Reutlingern. Jetzt sah Brünette tatsächlich noch am normalsten aus.

Die meiste Zeit verstanden sie und Gaylord sich gut. Klar, der Sex war schlecht, aber in welcher langjährigen Beziehung ist er das nicht?

Irgendwann aber packte Gaylord das Fernweh, und er teleportierte sich zu seinen kosmischen Insektenkröten und vernichtete gemeinsam mit ihnen im Laufe der nächsten Jahrmillionen unzählige Galaxien.

Als er schließlich auf die Erde zurückkehrte, war es dort sehr kalt, was er allerdings nur als eine Art Windigkeit wahrnahm. Die Sonne war kurz vorm Implodieren. Lebewesen gab es nicht mehr. Auch keine Vegetation. Nur Fels und Ruinen.

Brünette saß immer noch dort, wo einst ihre Elbphilharmonie gestanden hatte, und musizierte. Sie hatte sich ein unfassbar komplexes Instrument aus Steinen gebaut, und ihre Musik stellte die gesamte restliche Realität in den Schatten, transzendierte sie und wurde zu einer neuen tieferen Wahrheit.

Gaylord fühlte sich etwas schlecht, weil er ihr damals nicht Auf Wiedersehen gesagt hatte. Aber sie schien nicht sauer zu sein.

»Hey, Baby«, sang sie einfach nur.

»Was geht?«, fragte er.

»Nicht viel.«

»Machst noch deine Mucke, wa?«

»Scheint so.«

»Klingt gut. Wirklich.«

»Alles Übung.«

»Jetzt gibt's nur noch uns beide hier. Schon komisch, oder?«

Brünette sah ihn lange an und sang dann: »Es gab immer nur uns beide, Gay. Niemand sonst konnte uns wirklich verstehen. Nicht mal Kehlma. Wir sind füreinander bestimmt. Zwei Monster. Und Monster sind wir von Anfang an gewesen.«

»Ich mochte dieses Wort noch nie«, antwortete Gaylord, seiner Verlobten mit einem Tentakel den Speichel aus dem Mundwinkel wischend. »Gut, für sogenannte ›normale Menschen‹ sind wir vielleicht Monster, aber auch wir haben Gefühle. Auch wir weinen und lachen. Auch wir können lieben. Vielleicht mehr als die Normalen. Wir haben andere Sinne, andere Beschränkungen, aber wir müssen uns dafür nicht schämen. Wenn uns unsere Andersartigkeit zu Monstern macht, dann bin ich gern ein Monster. Dann danke ich dem Universum, dass es mich zu einem Monster gemacht hat!«

»Ist das aus *Vampirschwestern 2?*«

»Hä? Nein, das hab ich mir grad ausgedacht.«

»Bist du sicher?«

»Klar bin ich sicher. Hallo? Was willst du denn jetzt ...?«

Gaylord wurde dunkelgrün und suchte nach Worten, und genau in diesem Moment implodierte die Sonne, und das schwarze Loch, das hierbei entstand, verschluckte unsere Helden. In ewiger Dunkelheit, gebeutelt von wahnsinnigen Gravitationskräften, verbrachten sie dort die nächsten siebenundzwanzig Milliarden Jahre.

Das gesamte Weltall wurde nach und nach von dem schwarzen Loch eingesogen und tüchtig komprimiert.

Dann entstand ein neues Universum mit vollkommen anderen Naturgesetzen. Gaylord und Brünette bereisten diese junge Welt. Sie war aufregend, verrückt und frisch.

»Was hältst du von Kindern?«, fragte Gaylord.

»Irgendwann mal, klar. Im Moment fühl ich mich noch nicht bereit dafür«, sang Brünette.

»Wie du meinst. Wir haben ja noch jede Menge Zeit.«

»Danke, dass du das verstehst.«

Unsere Freunde erlebten noch unzählige Abenteuer.
Sie trennten sich nicht mehr.

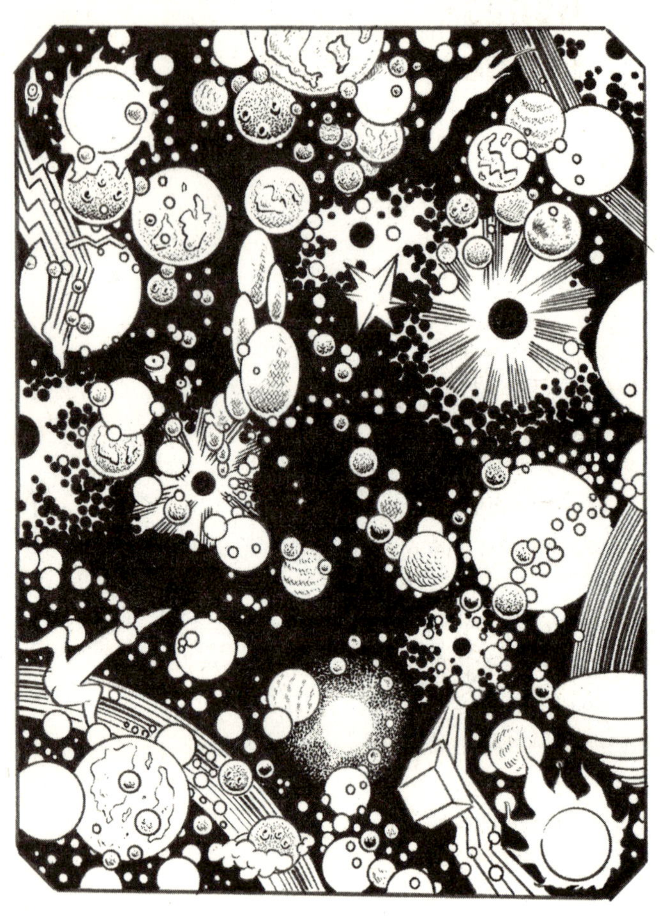

Bonus-Reime:

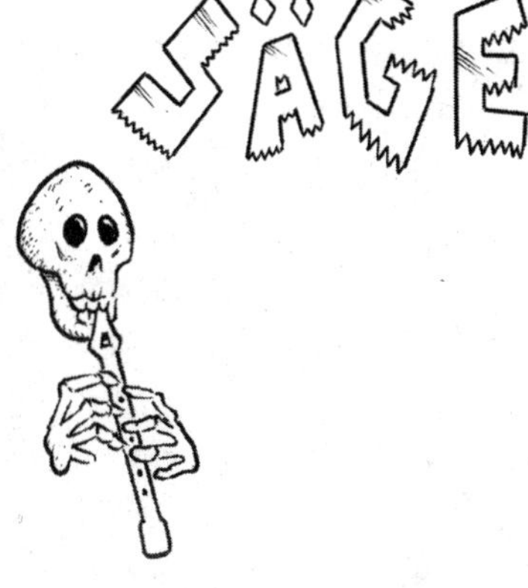

Sie nannten ihn Säge,
weil er immer sägen musste.
Er war so ein Kollege,
von dem man nicht viel wusste.

Und als man Leichenteile fand,
sauber abgesägt,
da hat im ganzen Land
so mancher überlegt,

ob dies ma nich Säge
gemacht hat, du,
und bei der Sägenpflege
schaute man skeptisch ihm zu.

Beim Ölen und Wachsen des Sägeblatts,
da sah man ihm auf die Pfoten,
und Fred, der Polizist Darmstadts,
hätt ihm das Sägen gern verboten.

Und immer mehr Arme und Beine
tauchten auf an den komischsten Orten.
Aber niemand rief aus: »Das sind meine!«
Man wusste nicht, in wessen, mit anderen Worten.

Doch die Kinder Darmstadts, wie Kinder so sind,
liefen Säge nun nach durch die Gassen.
Und sangen: »Sä – ge, Säge, der spinnt,
sägt alle tot und lässt sich nicht fassen!«

Säge seufzte und sägte weiter,
und immer mehr Arme und Beine
erschienen, sie wurden normale Begleiter
der Darmstädter – vermisst wurden allerdings keine.

Auch in den Nachbarstädten gab's keine Klagen
und absolut keine Vermissten.
Der Polizist Fred begann, sich zu fragen,
ob's mit rechten Dingen zuging. So was ist hart für
Polizisten.

Die Kinder aber, nach kindlicher Art,
liefen Fred hinterher nun und sangen:
»Herr Fred ist nicht fähig und hat Ei im Bart,
den Säge, den kann er nicht fangen.«

Die Schande, die Schmach, lange lag Fred nachts wach,
fand die Lösung nicht und keine Ruh.
Einmal ging er zu Säge, fragte direkt mal nach:
»Säge, komm, ohne Schmu, gib zu, es warst du.«

»Nein, Wachtmeister Fred«, sagte Säge darauf,
»meine Mordlust ist unausgeprägt.«
»Glaub mal nicht«, grollte Fred, »dass ich dir das
abkauf.
Du bist immerhin der, der hier permanent sägt.«

Aber keine Beweise, es war zum Verzweifeln,
und immer mehr Arme und Beine,
die keinem gehörten, sehr schwer zu begreifen,
und die Kinder, große und kleine,

liefen Säge und Fred
nun von früh bis spät
hinterher
und sangen: »Der Fall ist zu schwer

für den dummdicken Fred,
der nur rumficken geht,
der im Schlamm seiner Doofheit wie 'n Sumpfchicken
steht,
wie 'n Sumpfchicken. Wie 'n Chicken ausm Sumpf.
Und Säge sägt weiter wie so 'n Sägeschlumpf.
Säge is wie 'n Pfarrer, er gibt gern sein Sägen.
Er sagt zwar, er wär's nicht, aber von wegen.«

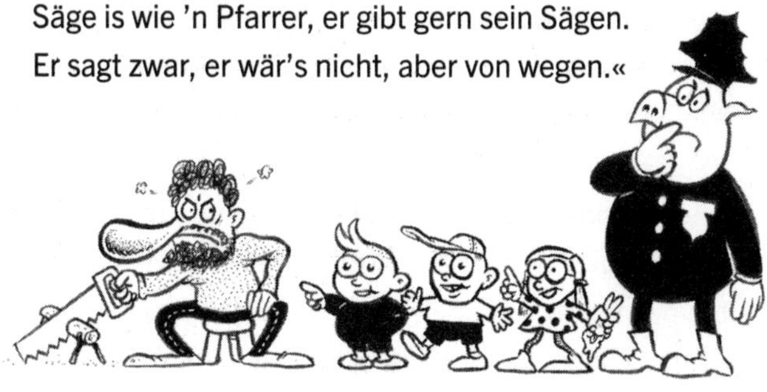

Und Wachtmeister Fred schlief weiterhin schlecht,
dachte: Wachtmeister, ey, der Name passt echt.
Lag die halbe Nacht wach, bis lange nach zehn (diese
Geschichte spielt in Darmstadt, nicht in Berlin).
Ein Detail, dachte er, habe ich übersehen.

Irgendwas ham die Kinder heute gesungen,
das hat merkwürdig unvertraut geklungen.
Unpassend, irgendwie unzeitgemäß.
Mitternacht fährt er hoch, schreit: »Ick weeß!«

Seine Frau hebt die schweren Augenlider.
»Göttergatte, wat weeßt du schon wieder?«
»Sumpfchicken«, rief Fred. »Sie ham Sumpfchicken
gesagt.«
»Wo is dit Problem?«, hat die Alte gefragt.

»Siehst du nicht, Holde«, rief Fred außer sich.
»Sumpfchicken – so heißt das doch nich.
Das Modespiel heißt Moorhuhnjagd (again: Wir reden
hier von Darmstadt, es ist nicht Berlin, dort jagen sie
noch Moorhühner).
Sie ham aber Sumpfchicken – ham sie gesagt.

Sumpfchicken meint dasselbe, klingt aber cooler,
abgefuckter, moderner, weniger old schooler,
evolviert sounded das in meinem Ohr,
wie 'n Begriff aus der Zukunft kommt mir das vor.

Sumpfchicken verhält sich zu Moorhuhn
wie chillig zu prima, verstehst du nun?«
»Ick bin nich dein Watson und will endlich penn.«
»Wie könn Kinder Zukunftsbegriffe kenn?«,

fragte sich Fred, und am nächsten Tag
versteckte er sich hinter einem Verschlag
vor der Dwayne-Johnson-Schule, wo die Kinder
hingingen
um sieben, bevor sie mit Lernen anfingen.

Und die Kinder kamen, aber du heiliges Ei,
sie gingen ja an der Schule vorbei!
Der Wachtmeister schlich ihnen heimlich nach,
sie gingen hin zum Darmstädter Bach,

überquerten die Brücke, liefen zum Wald,
liefen hinein und erreichten bald
ein halbrundes chromglänzendes Gebilde –
was führten die kleinen Racker im Schilde?

Sie drückten 'nen Knopf, eine Luke ging auf,
einfach so – niemand drückte den Lukenknauf –,
und alle Kinder kletterten rein.
Luke zu – Summen – grünlicher Schein.

Fred wartete kurz, ging dann selber hin.
Knopf gedrückt, Luke auf – schon war er drin.
»Roger Attention«, sprach ein Computer.
Wenn das hier ein Streich war, dann war es ein guter.

Das Summen ertönte, die Luke ging auf.
Und Fred machte die Augen wieder auf,
sah raus und erkannte, kein Zweifel, er war
in der Zukunft gelandet, so viel war klar.

Er sah die Kinder vor der Zeitmaschine stehn,
und jemand Erwachsenen konnte er sehn
sowie einen Sack voll mit Armen und Beinen.
Die gab der Erwachsene schweigend den Kleinen.

Er hatte einen weißen Bart
und war auch sonst recht angejahrt.
Fred dachte: Ach, du lieber Scheiß,
das ist doch Säge – aber als Greis!

»Halt, Polizei«, rief er und sprang hervor,
mit gezogenem Pistolenrohr.
»Ich wusste, dass du's warst, Säge, du Schwanz,
weil du immer nur sägst, und wer sägt, lässt nichts
ganz.«

Aus alten Augen, von Wind umweht,
sah Säge hinüber zu Wachtmeister Fred.
»Fürwahr«, sprach er, und aus der Stimme klang Hohn,
»verdächtigt habt ihr mich immer schon.«

Nur konntet ihr mir nichts beweisen,
ich musste erst komplett vergreisen,
ein Leben in Ausgrenzung hinter mich bringen,
ein Leben, wo Kinder dir Spottlieder singen.

Ein Leben voll unverschuldetem Hass,
bloß weil ich gern sägte, erklär mir mal das.
Ein Leben voll Vorurteile der Massen
brauchte es, um sie wahr werden zu lassen.

Mit eurem geballten Misstrauen, ihr Lieben,
habt ihr mich in den Wahnsinn getrieben,
und nun macht mich das Morden froh,
is wie bei Ödipus, aber nicht ganz so.«

Fred sah den Sack mit den Gliedmaßen an
und sagte: »Was ich hier nicht einsehen kann:
Du sägst in der Zukunft Menschen in Stücke
und schickst dann die Arme und Beine zurücke?

Das macht doch beim besten Willen kein' Sinn.«
»Ich sagte ja, dass ich wahnsinnig bin«,
lachte Säge. »Wer weiß, wie wir Irren ticken,
und jetzt säg ich dir deinen Kopf ab, Sumpfchicken!«

Blitzschnell zog er seine Säge hervor
und sägte dem Wachtmeister in das Ohr.
Und frisches rotes Ohrenblut
färbte Fred den Bullenhut.

Darauf, trotz großem Ohrenschmerz,
schoss Fred den Säge in das Herz.
Der brach zusammen mausetot.
»Jetzt ist die Sache ja im Lot«,

riefen die Kinder und tanzten im Kreis,
froh um den frisch gestorbenen Greis.
»Säge war böse, nun ist er kalt,
und auf seinen Grabstein, da pullern wir bald.

Da kann er sich nicht gegen wehren.«
»Könnt ihr mir bitte mal eins erklären?«,
fragte Fred. »Sagt – zum Teufel – warum
habt ihr ihm geholfen – seid ihr dumm?

Warum habt ihr die Gliedmaßen überhaupt
hier in der Zukunft zusammengeklaubt
und zurück in die Gegenwart gebracht
und dann noch verteilt – vermutlich bei Nacht?

Was versprach euch Säge als Lohn?«
»Nichts«, sagten die Kids. »Unsre Generation
ist doch die, die halt macht, was man ihr so sagt,
und Säge hatte uns eben gefragt.

Und wir ham gedacht, fürn Lebenslauf
kommt's vielleicht gut, und wenn nicht, scheiß doch
drauf.
Chill mal, Sumpfchicken, ist doch egal (in the future
pronounced: *igel*)
Herr Fred, ham Sie 'n Schokoriegel?

Wir sind doch Generation Z
und Z steht für Zucker, darum sind wir so fett.
wir wolln gamen und Karriere machen.«
Auf einmal hörte man Säge lachen,

hustend, Blut spuckend, klumpig und rot.
Fred rief: »Säge, ich denk du bist tot.«
»Ich sterb gleich, don't panic, ich find's nur so heiter,
keiner von euch Deppen denkt hier mal weiter

und fragt, wessen Arme und Beine das sind.
Ganz recht, ihr Idioten, jedes einzelne Kind,
das früher über mich gelacht,
hab ich hier in der Zukunft umgebracht.

Eure eigenen Gliedmaßen, hahaha,
habt ihr verteilt, und es war euch nicht klar.«
Genau wegen so was sind Zeitreisen schlecht,
dachte Fred, und Säge starb diesmal in echt.

Fred hatte diese Zukunft satt.
»Kommt, fahrn wir zurück, Kinder«, sagte er matt.
»Nein, lasst eure Arme und Beine hier.«
Fred wollte nach Hause, er wollte ein Bier.

Doch er wusste, es gab noch etwas zu tun,
und zurück in der Gegenwart, sprach er: »Nun
gehn wir«, sagte er zu den Kindern,
»zu Säge, die Zukunft zu verhindern.«

»Hey, das ist genial,
wir killn ihn noch mal!«,
riefen die Kinder. »Oder genauer formuliert:
Wir killn ihn zum ersten Mal, damit nichts passiert.

Wir killn ihn, obwohl er noch unschuldig ist!«
Genau wegen so was sind Zeitreisen Mist,
dachte Fred, und mit schweren Füßen,
entsichertem Colt, gefolgt von den süßen

Kindern, die riefen: »Das wird ein Spaß,
zum Glück sind wir empathielos, sonst wär's echt zu krass«,
näherte er sich Säges Haus.
»Geht so eine gute Geschichte aus?«,

fragte er sich, die Finger am Colt.
»Sagt bitte, was ihr hier schon wieder wollt«,
sagte Säge nach Öffnung seiner Tür.
»Die Morde, ich war's nicht, ich kann nichts dafür.

Ihr macht mich noch wahnsinnig mit den Verdachten.«
Und Fred, während die Kinder laut lachten,
schwieg für eine kurze Zeit
und sagte dann: »Säge, es tut mir leid.«

Er folgte einer gewagten Idee,
und er fragte: »Säge, hast du Kaffee?
Und irgendwas mit Zucker für Generation Z?«
»Was wär denn«, frug Säge, »wenn ich all das hätt?«

»Dann würden bei Zucker und Koffein
'nen Schlussstrich wir unter das Ganze ziehn.
Wir haben vieles falsch gemacht.
Vor allem das mit dem Mordverdacht.

Es tut uns leid, und wir würden dich gern
einfach mal besser kennenlern«,
sagte Fred, und die Kinder nickten,
und Säge fragte: »Wat? Bin ick denn

bei *Verstehen Sie Spaß?* Aber gut, kommt rein,
irgendwo muss noch was Essbares sein.
Ich säg 'ne Schachtel Kekse auf,
bevor ich extra neue kauf.«

Und sie setzten sich und nahmen ein Mahl,
und Fred sagte: »Säge, erzähl doch mal
von deinem Leben, wer du so bist.«
»Also, ich säg gern – wie ihr ja wisst«,

sagte Säge. »Und sonst – na ja –
ging's mir bisher eher so lala.
Meine Eltern ham mich nich lieb gehabt.«
Fred nickte und dachte: Ich glaube, das klappt.

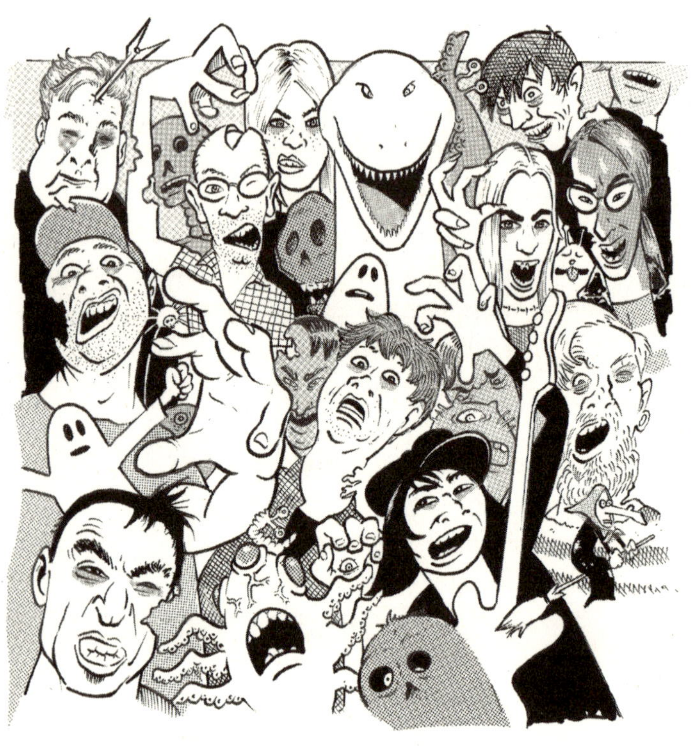